SAGGISTICA 43

ARCHIVI AMERICANI

VIRTUALITÀ, MEMORIA, ARCHEOLOGIA MEDIALE

ARCHIVI AMERICANI
VIRTUALITÀ, MEMORIA, ARCHEOLOGIA MEDIALE

A cura di
Guido Baggio, Camilla Cattarulla e Angela Di Matteo

BORDIGHERA PRESS

Library of Congress Control Number: 2025940374

This volume is published with the sponsorship of the Dipartimento di Lingue, Letterature e Culture Straniere dell'Università degli Studi Roma Tre.

COVER ART
"Chaudron," detail, by Luigi Veronesi
The Comitato Luigi Veronesi kindly grants permission for the use of Maestro Veronesi's artwork.

Printed in the United States.

Published by
BORDIGHERA PRESS
John D. Calandra Italian American Institute
25 West 43rd Street, 17th Floor
New York, NY 10036

SAGGISTICA 43
ISBN 978-1-59954-245-4

EDITORS' NOTE

I saggi di Erika Aquino Ordinola, Francesca Casafina, Camilla Cattarulla, Leo Cherri, Luigia De Crescenzo, Eduardo del Campo Cortés, Angela Di Matteo, Daniel Link e Susanna Nanni si inseriscono nel progetto di ricerca finanziato dall'Unione Europea Horizon 2020 MSCA-RISE (Marie Skłodowska-Curie Actions – Research and Innovation Staff Exchange) "Archives in Transition. Collective Memories and Subaltern Uses – TRANS.ARCH" (GA 872299).

INDICE

PREMESSA

I saggi raccolti in questo volume sono stati in buona parte presentati al V Convegno Internazionale del Centro di Ricerca Interdipartimentale di Studi Americani (CRISA) tenutosi presso il Dipartimento di Lingue, letterature e culture straniere dell'Università Roma Tre nel settembre 2023 e titolato *Archivi americani. Virtualità, memoria, archeologia mediale.*

I documenti, in quanto atti iscritti e archiviati su un qualche supporto materiale, cartaceo o digitale, sono le tracce che consentono alle memorie collettive e individuali di fondare le realtà sociali e storiche. Gli archivi che raccolgono queste tracce rivestono un ruolo centrale poiché attraverso di essi sono possibili processi di elaborazione, rielaborazione e rimessa in discussione delle memorie collettive nazionali e transnazionali interconnesse. Gli archivi permettono quindi di ripensare il patrimonio culturale di una collettività, contribuendo all'elaborazione di nuovi modelli storici e sociali. Tali processi possono aiutare a rafforzare le strutture democratiche, soprattutto quando si tratta di esperienze e conoscenze di gruppi subalterni, storicamente esclusi dai dibattiti pubblici.

Il digitale ha trasformato in maniera decisiva non solo i processi di produzione e di deposito di materiale documentario nuovo, ma anche le modalità di conservazione e di valorizzazione dei materiali storici. In un'area come quella americana, per esempio, in cui la civiltà della scrittura è iniziata quanto meno da cinque secoli – senza calcolare le forme di scrittura precolombiane – questo pone la questione della modalità di conservazione e di trasferimento degli archivi d'epoca coloniale.

La storia digitale è un approccio all'esame e alla rappresentazione del passato che sfrutta le nuove tecnologie di comunicazione. Produce e condivide conoscenza storica, attingendo alle caratteristiche dell'ambito, come database, ipertestualizzazione e reti.

Nell'era della documentalità e dei Big Data, in cui tempi e spazi geografici sono frammentati e di nuovo collegati in rete, il passaggio dagli archivi cartacei agli archivi digitali sta inoltre contribuendo a modificare il rapporto tra pubblico e privato. La crescente centralità del medium tecnico per l'archiviazione e gestione delle informazioni ci ha esposto a processi di ricostruzione di verità consolidate e a forme di strumentalizzazione del sapere collettivo attraverso la generazione di post-verità in cui la forza normativa dei documenti, intrecciata alla pervasività dei media, esaspera e spesso strumentalizza gli usi politici, storici, giudiziari, culturali e artistici altrimenti connaturati agli archivi.

Il V convegno CRISA si è offerto come occasione di indagine e problematizzazione multidisciplinare e interdisciplinare degli aspetti mediali, tecnici, culturali ed estetici della digitalizzazione del sapere. In particolare, la storia, la sociologia, l'antropologia, la filosofia, la letteratura, l'architettura, la geografia, la musica e le arti visuali sono tutte discipline che possono accostare il tema avvalendosi di differenti strumenti metodologici e apportando interessanti contributi. L'approccio multidisciplinare, infatti, permette di approfondire la condizione transitoria degli archivi, sia in termini di usi politici e culturali attuali, sia in termini di cambiamento del loro status teorico. Su queste linee le possibili declinazioni del tema sono state, tra le altre: come riscattare e riclassificare archivi già esistenti (in particolare istituzionali); la creazione e ri-creazione di archivi tematici; i rapporti tra archivi e processi democratici per il recupero di memorie collettive subalterne; archivi di scrittori e artisti; usi e questioni etiche su informazione e documentazione; processi di lettura degli archivi e archiviazione e rapporti con il potere.

Nel licenziare questo volume, voglio ringraziare tutti i colleghi afferenti al CRISA e il personale amministrativo del Dipartimento che nel corso di questi sei anni di Direzione mi hanno supportato nella realizzazione delle attività del Centro.

Camilla Cattarulla
(Direttore CRISA 2018-2024)

INTRODUZIONE
Potere arcontico e anarchivio

Il digitale ha trasformato in maniera decisiva non solo i processi di produzione e di deposito di materiale documentario nuovo, ma anche le modalità di conservazione e di valorizzazione dei materiali storici. In un'era in cui tempi e spazi geografici sono frammentati e di nuovo collegati in rete, il passaggio dagli archivi cartacei agli archivi digitali ci ha esposto a processi di ricostruzione di verità consolidate e a forme di strumentalizzazione del sapere collettivo attraverso la generazione di (post-)verità (Maddalena, Gili 2020; Ferraris 2017) in cui la forza normativa dei documenti, intrecciata alla pervasività dei media, esaspera e spesso strumentalizza gli usi politici, storici, giudiziari, culturali e artistici altrimenti connaturati agli archivi.

Infatti, se è vero che, alla luce della svolta archivistica che la digitalizzazione del nostro tempo facilita, tutto può essere documentato (Ferraris 2018), in realtà la procedura di documentazione, non essendo un'azione naturale ma il prodotto di una volontà umana, risponde necessariamente a processi di organizzazione, catalogazione e gerarchizzazione della materia documentabile che stabiliscono cosa includere e cosa escludere dalla costruzione dell'archivio. La manipolazione digitale si accompagna così a lacerazioni e ridenominazioni continue, e a una sempre maggiore indeterminatezza riguardo cosa si debba definire reale.

Se, secondo la prospettiva derridiana, un archivio è sempre il risultato di un'azione di potere che filtra e seleziona ciò che è degno di essere conservato, all'interno del dispositivo archivistico le "macchine sociali" (Deleuze-Guattari 1998) impongono uno schema che inevitabilmente riflette quello stesso schema che organizza, cataloga e gerarchizza il sistema sociale. Infatti, come spiega Foucault, "l'archivio è innanzitutto la legge di ciò che può essere detto, il sistema che regola l'apparizione degli enunciati come eventi singolari" (Foucault 2008, 170). L'archivio è quindi una legge – o un sistema di leggi – che determina la visibilità di alcuni fatti e l'invisibilizzazione di altri, dove per fatti intendiamo innanzitutto i corpi, le voci e le vite degli individui. Il processo di digitalizzazione contribuisce pertanto ad esasperare il rapporto tra potere e sapere (Lyotard 1979). La crescente centralità del medium tecnico per l'archiviazione e gestione delle informazioni, se da un lato permette una maggiore accessibilità ai vari saperi grazie a strumenti di archiviazione e comunicazione più orizzontali, dall'altro rende fortemente problematico il processo di riconoscimento e disconoscimento di categorie classicamente accolte come date, alimentando disuguaglianze sociali.

Il potere arcontico dell'archivio, come lo definisce Derrida, è proprio l'espressione di un'autorità egemonica che stabilisce e legittima i processi di ammissione o proibizione all'archivio, l'unico che può garantire un'esistenza vitale o una *damnatio memoriae*. Per questo motivo, l'archivio è profondamente implicato nell'apparizione o nell'occultamento di certi corpi – e delle loro relative istanze sociali – nello sguardo pubblico dello Stato.

Poiché "non c'è relazione di potere che non penetri simultaneamente nei corpi individuali e nei *corpora* documentali" (Tello 2018, 219), sono le relazioni di potere che, come risultato della loro sorveglianza e standardizzazione, determinano la creazione e i contenuti dei dispositivi di documentazione. E se le relazioni di potere si mostrano sempre più relazioni di potere *economico*, il legame tra chi determina quale contenuto digitale debba diventare "risorsa" e i fruitori di tale contenuto assume sempre più la natura di un rapporto asimmetrico che accresce in una spirale viziosa il valore economico e il potere politico di chi già lo detiene, poiché il sapere si trasforma in informazione che genera valore per chi lo possiede e lo mette a disposizione. Ciò significa anche che ciò che non può potenzialmente diventare risorsa economica non è digitalizzabile, venendo così escluso dal circolo del sapere.

Gli archivi digitali rischiano così di offrire una visione ristretta delle culture e delle identità poiché alcune culture e identità poco si prestano ad entrare nel processo irreversibile della trasmutabilità economico-normativa del sapere. Ciò che vive nell'archivio deve necessariamente essere una ripetizione di ciò che è destinato a vivere negli scenari del sistema normativo. I corpi visibili, cioè quelli dotati di una vita pubblica, hanno una duplicazione corrispondente nello spazio documentale. Al contrario, i corpi privati di un regime di visibilità non godono del diritto di archiviazione: sono corpi non archiviabili, la cui memoria è stata classificata come non degna del "diritto di apparire" (Butler, 2017: 31-70).

A maggior ragione il grado di digitalizzazione del sapere assume in questo quadro un'importanza significativa anche al fine di garantire la condivisione e la promozione della pluralità culturale, contribuendo a una maggiore coesione sociale e identità comunitaria, dando al contempo voce a gruppi marginalizzati, consentendo loro di esprimere opinioni, condividere esperienze e partecipare attivamente al dibattito pubblico.

La questione che si pone è, quindi, duplice e riguarda, da un lato, le modalità di intervento negli archivi, non tanto per cercare una verifica, quanto per cercarne le lacune, le incongruenze, i difetti, per cercare ciò che è stato dirottato in nome del buon governo. Come riuscire a muoverci nel mare magnum dei dati archiviati e rintracciare quelle mancanze cruciali per delineare una certa realtà qualitativa alternativa a quella riconosciuta, come nel caso delle minoranze? Come fare, in altre parole, per *disarchiviare* l'archivio? Si tratta di rintracciare dei criteri che dovrebbero guidarci nella ricognizione e valutazione degli elementi mancanti utili per costruire una conoscenza collettiva alternativa al monopolio egemonico delle tracce e così riportare alla luce narrazioni silenziate e saperi censurati. Su questo punto, una proposta interessante è l'idea di *anarchivismo* che, come scrive Andrés Maximiliano Tello in quella che potremmo prendere come sua definizione emblematica, "è l'incubo dell'ordine attuale [...], l'incubo di qualsiasi ordine sociale che pretenda di essere in vigore, in un dato tempo e luogo" (Tello 2018, 7-8).

Dall'altro lato, ciò pone in luce un altro aspetto chiave a cui siamo chiamati a rispondere: può la rete diventare uno spazio libero di dissenso? Una risposta a questa domanda è rintracciabile nella partecipazione "tecnopolitica" (Rodotà 1997), un fenomeno degli ultimi decenni in cui le tecnologie dell'informazione e della comunicazione stanno dando nuove forme alla politica, creando sfere pubbliche diverse da quelle costruite attraverso i canali politici tradizionali e modificando persino la natura delle organizzazioni sociali. I movimenti tecnopolitici producono forme di cittadinanza digitale che contrastano i discorsi dominanti attraverso irruzioni antisistemiche che guidano cambiamenti glocali che richiedono una democrazia plurale e radicale.

Disobbedendo alle leggi del monopolio delle tracce e dunque *disarchiviando* le voci indomite che non si conformano all'organizzazione egemonica delle voci autorizzate, la dimensione digitale si offre come un luogo di riscatto delle memorie occultate e, soprattutto, come un luogo di produzione di nuove pratiche e nuovi saperi in grado di poter rileggere il passato e agire concretamente sul presente.

Da questa prospettiva, risulterà chiaro che l'attivismo digitale non è virtuale. L'azione tecnopolitica non è semplicemente una chiamata alla partecipazione dalla virtualità (secondo quello che nel mondo anglosassone prende il nome di *clicktivism*), ma un'azione che utilizza strategicamente gli strumenti tecnologici come strumenti di raggruppamento e organizzazione che dalla rete arrivano a modificare la vita sociale degli individui. Nell'era dell'ipermedialità, l'attivismo digitale modifica la visione politica del mondo degli utenti e di coloro che, accedendo alle piattaforme online, entrano in contatto con un archivio di informazioni molto diverso da quello offline.

Contrastando la violenza del potere arcontico, i saggi riuniti in questo volume sono tutti espressione di differenti declinazioni di indagine che gli autori e le autrici hanno prodotto a partire dalle sfide relative a saperi e pratiche da archiviare, disarchiviare e anarchiviare.

Guido Baggio, Camilla Cattarulla e Angela Di Matteo

BIBLIOGRAFIA

Butler, Judith. *Cuerpos aliados y lucha política. Hacia una teoría performativa de la asamblea*. Barcelona: Paidós, 2017.

Deleuze, Gilles – Guattari, Felix. *El anti-Edipo. Capitalismo y esquizofrenia*. Barcelona: Paidós, 1998.

Derrida, Jacques. *Papel Máquina. La cinta de máquina de escribir y otras respuestas*. Madrid: Trotta, 2003.

Ferraris, Maurizio. *Documentalità. Perché è necessario lasciar tracce*. Bari-Roma: Laterza, 2018.

Ferraris, Maurizio. *Postverità e altri enigmi*. Bologna: il Mulino, 2017.

Foucault, Michel. *La arqueología del saber*. Buenos Aires: Siglo XXI, 2008.

Lyotard, Jean-François. *La condition postmoderne: rapport sur le savoir*. Paris: Les Éditions de Minuit, 1979.

Maddalena, Giovanni, Gili, Guido. *The History and Theory of Post-Truth Communication*. London: Palgrave Macmillan, 2020.

Rodotà, Stefano. *Tecnopolitica. La democrazia e le nuove tecnologie della comunicazione*. Roma-Bari: Laterza, 1997.

Tello, Andrés Maximiliano. *Anarchivismo. Tecnologías políticas del archivo*. Buenos Aires-Madrid: La Cebra, 2018.

Archivo, normalización y queerificación

Daniel Link
Universidad de Buenos Aires UBA
Universidad Nacional de Tres de Febrero UNTREF

ABSTRACT: Se examinarán algunas unidades archivísticas (grabaciones de arias, preceptivas de archivo, formulaciones teológicas) a partir de los cuales se propondrá una "estilística de la carne" que se desarrolla en dos direcciones diferenciales: la normalización y la queerificación de los comportamientos. Esas operaciones se pondrán en correlación con las nuevas potencias del archivar, del desarchivar y del anarchivar a la luz de los desarrollos de las humanidades digitales.

El objeto sobre el que el Centro de Investigación Interdepartamental de Estudios Americanos (CRISA) nos ha pedido este año que reflexionemos ha estallado ante nuestros ojos en los últimos años. La "transición" que el proyecto Trans.Arch preveía ha quedado en el pasado y nuestra práctica se ha vuelto cada vez más incierta porque la creciente digitalización de la documentación nos arroja a un tratamiento experimental de los materiales y a una reflexión teórica intensísima sobre los efectos de esas manipulaciones.[1]

Hace dos años, en el primer encuentro del proyecto Trans.Arch, celebrado entonces en Frankfurt, tuve la ocurrencia de reproducir las citas de los autores que mencionaba, luego de haberlas traducido, leídas por unas voces robóticas. Una de ellas era esta cita de un texto de Guimarães Rosa, "Uns índios (sua fala)".

> Hablé primero con dos, jóvenes y binominados: uno se llamaba U-la-lá, y también se llamaba Pedrinho; el otro era Hó-ye-nó, es decir, Cecílio. Poca conversación.
>
> La sorpresa que me dieron fue al oírlos conversar entre ellos en su lenguaje rápido y áspero. Una lengua que no era precisamente

---

[1] Para una revisión de algunos aspectos relacionados con esa transición, cfr. Link, Daniel. "Bien de archivo", conferencia pronunciada en el marco del II Congreso Internacional "Archivos personales en transición" organizado por el Instituto de Investigaciones en Arte y Cultura Dr. Norberto Griffa - Archivo IIAC / UNTREF, Centro de Documentación e Investigación de la Cultura de Izquierdas - CeDInCI / UNSAM y Archivo Histórico de la Universidad de la República (Buenos Aires: 15 al 17 de abril de 2019) y Link 2024.

gutural, ni guaraní, ni nasal, ni cantada; sino firme, contenida, oclu-siva y sin suavidad-lengua para gente enérgica y tierra fría. (1954, 9)

Después de mi intervención, una alumna (muy alemana, por cierto) me agradeció el placer que le había dado al desarchivar la voz de Guimarães... Quedé estupefacto y creo que todavía no me recupero del sobresalto que me produjo que alguien pudiera confundir esa voz con la de una persona existente (es verdad que el "acento" es portugués, pero la lengua es el castellano y el timbre es totalmente maquínico). Mucho más me preocupó que de todo lo que yo había dicho lo único digno de ser agradecido era precisamente la parte falsificada de mi intervención.

De modo que en la confusión de nombres y de voces que salían de mi galera como conejos enloquecidos ya estaba *in nuce* el asunto de la queerificación porque lo queer es esencialmente y sobre todo, aquello que no tiene nombre o aquello que puede adoptar cualquier nombre. Dado que el archivo no es sino la relación entre ciertas experiencias y unos nombres determinados, ¿cómo operar con esas masas de discurso cuando los nombres son llevados a su propio límite, son impugnados o se deshacen de cansancio epistémico?

Los nombres se nos escapan, pero, sobre todo, los sistemas de nombres se desmoronan, lo que pone en crisis toda la archivonomía tal y como se la practicó hasta hace muy poco tiempo, asociada muy íntimamente con nociones como normalización, gubernamentabilidad, seguridad.

Nuestra época, que se ha volcado sin hesitación a una impugnación de los esencialismos, puede encontrar en el archivo antecedentes varios de esa distancia entre el nombre, la experiencia y el gesto, es decir: *políticas inapropiadas del nombre, de la voz y de los comportamientos*, ya desde la antigüedad clásica.

No se trata de aplicar alguna hermenéutica "subversiva" a la explicación de la distancia entre nombres y experiencias sino, apenas, de sostener un *paradigma de identificación intermitente que supone una política de los gestos y de los nombres inapropiados.*[2]

---

[2] Butler dice: "Yo agregaría que la «travestida» trastoca completamente la división entre

Como el asunto que planteo supone un problema de nombres y su agenciamiento con cuerpos (y cuerpos que, como se verá, forman pueblos), conviene comenzar por el lugar donde precisamente el lenguaje (es decir: el sistema de nombres) y el cuerpo se tocan: la voz. Déjenme que les someta todavía a otro capricho y les haga escuchar tres versiones de una misma aria. Ni siquiera entera, no teman, sino fragmentos.

El aria "Son cual nave" fue compuesta en 1734 por Riccardo Broschi para su hermano Carlo, conocido como Farinelli, uno de los grandes castrati de la historia musical. Es una partitura para una voz inhumana, completamente fuera de sistema. Una voz sobrenatural que sólo podía sostenerse en un más allá de la humanidad.

Más allá de que los castrati eran producto de una regla paulina,[3] fueron convocados como soporte vocal para los roles soberanos.[4] Así fue en *Julio César* de Händel (Senesino la cantó en su estreno de 1724), en *Serse* (*Jerjes*) de Händel (estrenada en 1738), donde Caffarelli prestó su voz al Rey de Persia, o en *Artajerjes* de Carlo Broschi, en la que su hermano Farinelli[5] cantó las partes del hijo del capitán de la guardia real. Hay ahí algo misterioso, queer, que imprime a una operación completamente obvia (de industria cultural) un giro

espacio psíquico interno y externo, y de hecho se burla del modelo que expresa el género, así como de la idea de una verdadera identidad de género" (2007, 267).

[3] *"Mulieres in ecclesiis taceant"*, I Corintios, que las Cortes Vaticanas decidieron burlar mediante el grito de "evviva il coltellino!" ("¡viva el cuchillito!", en referencia a los 4 mil niños que los napolitanos castraban por año *en favor* del canto).

[4] "The stimulus to preserve the pre-pubertal male voice into adult life by castration had, in the 1rst place, come from the Church of Rome in the late 16th century. The first official provision of four castrati in the choir of the Sistine chapel was in 1589 in a papal Bull issued by Pope Sixtus V. Following this the practice spread rapidly throughout the churches, so that by 1640 castrati were members of all the main choirs of Italy. They continued to take their place in the Sistine chapel for over three centuries". (Cfr. Jenkins 1998, 1877-1880)

[5] Es conocida la relación de Farinelli con la corona española. Cuando Felipe V murió de un ataque de apoplejía en 1746, fue sucedido por su hijo Fernando VI (1713-1759). Fernando sufría los mismos problemas nerviosos que su padre. Entre sus hombres de confianza, se encontraba Farinelli. La voz del castrato aliviaba los sufrimientos del monarca que quiso extinguir a los gitanos del reino. Al morir Fernando VI en 1759, subió al trono Carlos III (1716-1788), su hermano, más aficionado a la caza que a la música. Farinelli se retiró y se estableció en Bolonia, donde recibiría visitas como la del joven Mozart. Por supuesto, hubo miles de sacrificados en el medio que nunca llegaron a las alcobas reales.

copernicano sobre lo viviente. Es por eso que conviene pensar al barroco como una ética (en la estela de Sarduy) o una biopolítica (en la de Foucault). De paso, en la película *Farinelli* (1994) se fabricó esa voz mediante la mezcla digital de la soprano Ewa Malas-God-lewska y el contratenor Derek Lee Ragin.

Existe, todo el mundo lo sabe, un sistema de clasificación de voces, un conjunto de nombres que se definen según el rango vocal:

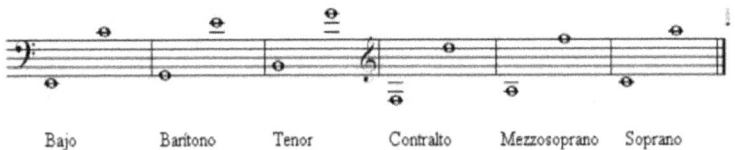

Voces masculinas: Voces femeninas:

Bajo   Barítono   Tenor   Contralto   Mezzosoprano   Soprano

Ese sistema está todavía un poco más especificado:

Voces femeninas
- **soprano**
  - **de coloratura:** soprano ligera cuando presenta agilidad en pasajes rápidos y brillantez en notas agudas (hasta Sol 5) dando a veces la impresión de canto mecánico, con facilidad para las notas de adorno como trinos, picados o mordentes. En general, el término se aplica a las voces muy desarrolladas hacia el agudo y capaces de gran virtuosismo (ej. Aria de La reina de la noche de *La flauta mágica* de Mozart, *Lakmé* de Delibes, etc.
  - **lírica:** voz un poco menos fácil en el agudo pero más potente y expresiva (Ej. *Madame Butterfly* de Puccini)
  - **dramática:** mayor volumen, potencia y amplitud, timbre generoso. Tiene a su disposición dos notas más en el grave y es intensa para papeles apasionados (Ej. Isolda de Wagner)
- **mezzosoprano:** voz intermedia entre soprano y contralto. Al mismo tiempo, ligera y capaz de una gran riqueza de expresión (*Carmen* de Bizet)
- **contralto:** voz de mujer de timbre noble y generoso que prolonga el registro medio de la mezzo hacia el grave. Es poco frecuente por lo que las mezzo las sustituyen en numerosas ocasiones (Ej. Oratorio *Elías* de Mendelssohn).

Voces masculinas

contratenor: es la más aguda y no hay que confundirla con la voz del castrado, frecuente en el repertorio renacentista y barroco. Es característica su utilización del registro de cabeza.

tenor
- **ligero:** utilizado en ópera bufa principalmente. Voz brillante y fácil en agudo (ej . Almaviva en El barbero de Sevilla de Rossini)
- **tenor lírico:** voz más amplia y timbrada que la anterior.
- **dramático:** típico en los dramas wagnerianos, también conocido como tenor heroico (Lohengrin o Tanhäuser)

barítono
- **de carácter:** ej. Pizzaro en *Fidelio* (Beethoven)
- **dramático o "Verdi":** Ej *Rigoletto* (Verdi)
- **bajo o de gran ópera:** voz enorme y rica que a veces interpreta los papeles correspondientes a la voz de bajo

El nombre está determinado por el género (femenino / masculino) y el rango (alto / medio / bajo). El castrato es una figura fuera de esa clasificación, es un indeterminado. Por supuesto, esa indeterminación está muy inscripta en las aventuras interpretativas del siglo XX, que la potenció a través de dos vías: lo neutro (lo sin predicación) y lo mezclado.

La impersonalidad intensificada (lo neutro como horizonte subjetivo, lo que se reconoce como queer), por la cual reconocemos al siglo XX (Duchamp / Rrose Sélavy / Copi), se vuelve una política de la mezcla o de lo impuro (y si no elijo este nombre es porque necesitaría más tiempo para desplegarlo, tantos sentidos religiosos tiene adherido).

Las identidades plenas estarían limitadas por lo neutro y por lo mezclado (la indecibilidad) y se resuelven en un *proceso de transustanciación* para el cual, como todos saben, es necesario un salto de fe. La transformación de una sustancia en otra (el pan en Corpus Christi, el vino en sangre) sucede *realmente*.[6]

---

[6] Auerbach dedica páginas hermosas a la transustanciación en *Figura*. Pero yo la retomo del libro de Marty, *El sexo de los modernos*: "Livingston incita a Octavia a convertirse en mujer para su propia cámara y asume así el poder de 'poseer el falo', es decir la capacidad de conferir esa feminidad, de ungir *[to anoint]* a Octavia mujer modelo. [...] Más aún, la cámara desempeña el papel de un instrumento quirúrgico y realiza la operación, convirtiéndose así

Ahora bien, ese proceso no sucede por si mismo, sino que necesita de un instrumento. Dios, en el caso del ritual católico. Estamos, entonces, frente a un acontecimiento teológico-político que se resume en el axioma: el placer está en lo mezclado / el terror está en lo puro.[7] Dios deja de ser la fuente de la Ley para transformarse en el intercesor de la transustanciación: Dios es lo transitivo del género.

El Siglo XX ha tenido lugar en una discontinuidad temporal que implica desgarramiento y redenominación (desestabilización de un conjunto de nombres y su reemplazo por otro, que no necesariamente funciona como sistema sino como *catatau*). De ahí, las políticas de lo Neutro y lo Mezclado. O también, si se prefiere: lo indeterminado y lo sobredeterminado (que no necesariamente coinciden con esas dos políticas). Luego del asesinato de Dios, la transustanciación funciona a través de otros intercesores: las drogas, las cámaras de registro, la cirugía, la manipulación digital, en fin: la antropotécnica.

Por todas partes, podríamos decir, aparece el problema de los nombres, las experiencias y las imágenes (de clase, de género, de sexualidades, de raza, sobre todo: de pueblo). Las identidades se debaten en la distancia que se quiera suponer entre nombres e imágenes o entre nombres y tradiciones o entre nombres, rangos y registros.

No me olvidé de las arias. Una de las versiones es de la diva romana Cecilia Bartoli (4 de julio de 1966). Sus cualidades vocales (advertidas por el argentino Baremboin en la televisión donde la joven Cecilia se había presentado a un concurso) la convirtieron muy pronto en uno de los grandes talentos de la ópera, no sólo por

---

en el medio por el cual la transustanciación *[tran- substantíation]* puede tener lugar. De ese modo, Livingston pasa a ser la que tiene el poder de transformar a los hombres en mujeres, y estos dependen por ello del poder de su mirada para convertirse en mujeres y seguir siéndolo" (Marty 2022, 213: todo el párrafo es una cita de Butler. *Cuerpos que importan*). Marty replica a Butler: "El travesti ya no es una mujer a la que se le para, ya no está *fetichizado*. La que la tiene parada es la lesbiana (Livingston/ Butler) en cuanto filma/ escribe y su deseo hace intrusión en el proceso de metamorfosis del travesti, y lo hace tan bien que la metamorfosis se convierte en efecto en *transustanciación:* el travesti es entonces totalmente mujer (mujer modelo/ *model woman*), la mujer absoluta, a tal punto que «los órganos restantes *[remaining organs]*» ni siquiera se mencionan..." (2022, 214).

[7] De allí se derivan dos leyes, la "ley de la atracción" (el resultado es la pérdida de la identidad) y la "ley de la feminización" en el momento de ser capturada por una relación amorosa (el resultado es la transustanciación).

sus performances sino por sus investigaciones archivísticas, es decir, por aquello que se interesó por desarchivar: partituras escritas para voces como la suya, no importa si alguna vez fueron desempeñadas por un castrato[8] o por una mujer.

Por un lado, una operación dependiente de la lógica de la sociedad del espectáculo, pero que arrastra consigo toda una concepción del canto como punto de sutura entre los nombres y lo viviente, porque inmediatamente la estilística de la carne transforma su cuerpo: Cecilia Bartoli aparece rapada, vestida de varón, toda su gestualidad acompaña lo que canta.

Bartoli ya había trabajado con los tabúes barrocos en *Opera proibita* (2005). En ese sentido, podría decirse que es una "tenora", porque ella misma se presenta en el lugar de lo prohibido, del tabú, del cuerpo ausente. Pero es en *Sacrificium* (2009) donde su voz se toca con el cuerpo transfigurado: lo sobrenatural de la voz del castrato (que no se corresponde con cuerpo natural alguno) y lo excepcional del lugar del soberano (en estado de excepción).[9]

Lo que interesa destacar de esta recuperación de un repertorio por parte de Cecilia Bartoli es que la cantante hace pasar por su propio cuerpo la voz de los socialmente excluidos. Para hacerlo, queda dicho, la Bartoli se viste de varón, proponiendo un pliegue o

---

[8] "After castration boys who showed vocal aptitude were apprenticed to a singing master or entered a *conservatorio* to embark upon a long period of instruction in vocal technique and, particularly, breath control. This intensive training, together with the effect of castration on the vocal cords and its production of a greatly increased chest capacity, resulted in the great vocal range, power and agility for which the castrati were famous. The format of opera seria with its emphasis on the da capo aria enabled them to provide the extended ornamentation so much enjoyed by audiences, although this was often to the detriment of real characterisation and dramatic expression. (…). Those with the nest voices became operatic idols. Such was their enthusiasm for the castrato that the audiences' cry was 'Evviva il costello!' ('Long live the knife!'). By the first half of the 18th century opera had spread from the great centres of Naples, Venice and Rome to many European cities, including London, where the top visiting castrati were regarded as international stars able to command enormous fees. Amongst other musicians, however, castrati were not always regarded favourably". (Jenkins 1998, 1877–1880).

[9] Por supuesto, Cecilia rindió, en su momento, homenaje a María Malibrán (1808-1836), la mítica cantante que aunaba el registro de una soprano y una mezzo y que desempeñó el papel de Romeo en *I Capuleti e i Montecchi* de Vicenzo Bellini (estrenada en 1830). Lucía Elizabeht Vestris (1797-1856), contralto, brilló en los escenarios londinenses en roles masculinos (*Don Giovanni*, entre otros). Luego se dedicó a producir espectáculos de *burlesque*. Recuérdense esos desplazamientos a la hora de hablar del camp.

un rizo barroco muy conocido por esa época de ingenios, equívocos, descentramientos y excentricidades. La voz inapropiada se liga con unos gestos inapropiados y reclama una *política de los nombres inapropiados*.

Otra de las versiones es la del contratenor australiano David Hansen, muy devoto de la Bartoli, pero que grabó en *Rivals - Arias for Farinelli & Co* (2013) una versión de "Son cual nave" con los arreglos originales, dice él, hasta ahora nunca escuchados.

Hasta aquí lo que tenemos son deslizamientos, pequeños disturbios. Un aria para castrato puede ser desempeñada por una mezzosoprano o por un contratenor o, como en el caso (malogrado, por cierto) de la película, por una voz mezclada. Son voces que, en todo caso, *rivalizan* (lo dice el título del disco de Hansen) por alcanzar lo imposible, lo inclasificable, lo inhumano.

Pero luego está la tercera versión, desempeñada por el brasileño Bruno de Sá, que sacó hace exactamente un año su primer disco, que lleva el nombre de *Roma travestita*. Bruno canta roles de castrato pero también roles de soprano. Según el papel lo demande, viste de varón o de mujer, subrayando todo lo que tiene que ver con la *performatividad*, "es decir, con la exuberancia del disfraz, la deconstrucción *queer* o la reivindicación de la indefinición del género" (Costa-Pau, 2023).

Por supuesto, la operación de queerificación no se detiene allí, sino que avanza sobre el sistema de nombres. En una entrevista ha señalado: "Sono un sopranista e quando mi definiscono controtenore mi arrabbio perché sono due registri completamente differenti" (Bruno de Sá, 2021) y a la observación de que "Dunque la voce non è una questione di 'genere'" responde

> Assolutamente no. Le emozioni non sono legate al "genere", così come non lo è l'abilità vocale. Se tutto funziona bene, anche se il compositore aveva previsto un ruolo per castrato o per voce femminile, allora perché non farlo? (Ibid.)

He ahí una impugnación a las determinaciones de género y registro según los cuales el sistema de voces fue sostenido a lo largo de los siglos. Es más, el nombre adoptado, "sopranista", excede por completo el sistema categorial e, incluso, morfológico de la lengua. Si podíamos proponer el nombre "tenora" para Cecilia Bartoli, habría que transformar "soprano" en "soprana" para poder reservar la desinencia masculina para quienes, como Bruno de Sá, viven y cantan en un umbral de indeterminación.

Como en el caso de los dos discos de la Bartoli, *Opera proibita* y *Sacrificium,* se desarchivan ciertas partituras no para reconstruir un pasado normalizado sino para proponer un mundo (un canto) nuevo, queerificado, basado en la heterogeneidad. Archivar y desarchivar son operaciones fáciles de comprender en sus alcances normalizadores; anarchivar, en cambio, supone un salto hacia otra parte en busca de los nombres que no existen, o que no pueden existir porque hay experiencias que se resisten a ser nombradas.

Bruno termina con un señalamiento que me permitirá deslizarme hacia la parte "americana" de esta presentación. "¿Qué pasa con los custodios de la tradición?", le preguntan. Y él contesta:

> Tradizione è qualcosa che si ripete immutabile nelle generazioni e qualcuno si offende se si prova a cambiarla; io non voglio assolutamente sovvertire nulla, ma mostrare la tradizione da un altro punto di vista. Il mio compito è cercare di fare arte con la mia voce e i miei sentimenti. (Ibid.)

Mostrar la tradición desde otro punto de vista: eso es la queerificación: encontrar los puntos de desmoronamiento de las certezas heredadas, escuchar la palpitación de lo que en los archivos vive todavía, desarchivar y anarchivar para no repetir inmutablemente los legados de la tradición.

Entre nosotras, el gran Giuseppe Campusano propuso en *Museo Travesti del Perú* (2003) una forma de recuperar las formas de vida precoloniales que no cupieron en los moldes veterotestamentarios. Nos propuso imaginar un pueblo. Un pueblo, naturalmente, queerificado, indeterminado, irreductible al Pueblo Nación.

En 2023 se conmemoraron en Argentina los cuarenta años de democracia ininterrumpida, luego de la sangrienta Dictadura de 1976-1983. La Universidad tal como la conocemos tiene, para las personas de mi generación, la misma edad que nuestras carreras profesionales: empezamos a dar clases con la recuperación democrática y nos integramos a un proceso de refundación o restauración de una ética, una pedagogía y unos protocolos de investigación adecuados para sepultar el oscurantismo y la censura que habían reinado en las aulas, en los gabinetes y las bibliotecas en los años previos. Asumimos nuestras posiciones profesionales comprometidas con una idea de Bien y de Justicia.

La formación (o refundación) de una nación es un proceso de alianzas y exclusiones, de normalización y separación. Ahora bien, ¿Qué es una nación sino un archivo, y quién define sus rasgos sino un arconte, un archivista o un filólogo? La democracia argentina encontró su *arkhé* en los archivos de los organismos de derechos humanos y en su práctica anarchivística y militante, que permitió que por primera vez la justicia de un país condenara a las fuerzas armadas de ese mismo país por crímenes de lesa humanidad.

En el ejercicio de la filología o la arqueología de los discursos y las genealogías del saber se debate el sentido de lo nacional y el sentido de los documentos depositados en las bibliotecas y los archivos como bienes de Estado, y se decide quién participa de esos tesoros legados al futuro y quién no. La tensión no está solamente en la "interpretación" de lo guardado ni en su canonización (gesto siempre político) sino incluso en los rasgos mismos de aquello que se guarda y en los lugares que se les asigna (para no hablar de las lenguas que se privilegian y las etiquetas que se usan).

La primera teoría moderna del archivo es el opúsculo de Baldassarre Bonifacio llamado *De archivis*, publicado en 1632 y que constituye según las palabras de Lester K. Born, quien lo tradujo al inglés en 1941 para *The American Archivist*

tal vez el ensayo independiente más antiguo existente, ciertamente uno de los más antiguos, sobre el tema de los archivos, que merece ser examinado como un ejemplo de un nuevo género de

15

literatura que surgió, casi completo, a principios del siglo XVII.[10] (1941, 4)

Baldassarre Bonifacio nació en Crema, en la provincia de Cremona, el 5 de enero de 1586, hijo de Bonifacio Bonifacio, celebrado jursiconsulto y de Paula Carniani, hija de Giovanni Francesco Carnini, también jurisconsulto y asesor. La pareja tuvo trillizos, a los que decidieron bautizar con los nombres de los reyes magos, de ahí: Baldassarre. Podríamos deducir de allí toda una política de los nombres y las signaturas: el padre tiene un solo nombre duplicado, los hijos son los que siguen la estrella, el aster. Lo que llamamos modernidad (clásica) es la persecución de un astro. Luego viene el desaster, el desastre.

Baldassarre Bonifacio propone a los archivos como condición de la gubernamentabilidad (fue funcionario de la República de Venecia):

No hay nada más útil para instruir y enseñar a los hombres, nada más necesario para aclarar e ilustrar asuntos oscuros, nada más necesario para conservar los patrimonios y tronos, todo lo público y lo privado, que un almacén bien constituido de volúmenes y documentos y registros -mucho mejor que los astilleros navales, mucho más eficaz que las fábricas de municiones, ya que es mejor ganar por la razón en lugar de por la violencia, por el bien y no por el mal. (Ibid.)

Aquí se produce un pliegue de larga proyección: saber y poder. Por un lado, los archivos garantizan la continuidad del saber, asociada con una determinada pedagogía. Pero éstos, por otra parte, garantizan una forma de gobierno que modifica la forma de la soberanía clásica.[11] Lo que Baldassarre encuentra en los archivos es,

---

[10] De finales del siglo XVI son los dos tratados de Jakob von Rammingen: *Von der Registratur und jren Gebawen (Gebauden) und Regimenten...,* Heidelberg 1571; y *Summarisches Bericht was es mit einer KünstUchen und vollkommenen Registratur für eine Gestalt,* Heidelberg 1571)

[11] Foucault, en la clase del 17 de marzo del curso *Defender la sociedad,* plantea que durante el siglo XIX se produce la estatización de lo biológico: es el nacimiento de la biopolítica

pues, una tecnología de control que, durante todo el XVII va perfeccionando un mecanismo regularizador del Estado: los "patrimonios y los tronos" quedan garantizados por los depósitos de documentos y registros antes que por los astilleros y las fábricas de municiones.[12] Los archivos desubjetivizan el poder (lo burocratizan).

La gran transformación del siglo XVII, así en *Las meninas* como en *De archivis*, es la anamorfosis representacional. Las cosas informes adquieren una forma por intervención inhumana, es decir: hay una ley, incomprensible, que ordena más allá de la representación. La *ratio archivística* ordena las experiencias de las que el archivo da cuenta según un principio que las normaliza en relación con un nombre (más o menos arbitrario).

Ahora bien, ese proceso de normalización continúa de acuerdo con las normas de la archivonomía, que discrimina entre los archivos "centrales", los archivos "intermedios" y los archivos "históricos". A los archivos intermedios se envía la documentación "una vez que haya perdido su vigencia administrativa". La gran masa de documentos se ve así reducida drásticamente (parte de ella se destruye de acuerdo con previsiones muy específicas) y permanecen en el archivo intermedio "hasta su eliminación o transferencia al Archivo Histórico".

El "ciclo vital" de la documentación usa como clave la "vigencia administrativa", es decir: la gubernamentabilidad. A medida que el archivo va perdiendo potencia de gobierno, de control, de identificación punitiva (lo que yo he puesto bajo el lema "el archivo te buscará para matarte"), se purifica (porque se desinstrumentaliza) y

---

moderna. Al mismo tiempo que se abandona la anatomopolítica (inscripción del poder en el cuerpo individual a partir de las instituciones disciplinarias: la cárcel, la fábrica, la escuela, tal como podía leerse en *Vigilar y castigar*) se produce una transformación de la soberanía.

[12] Tirando un poco de esa cuerda, llegaríamos a la relación entre soberanía y poder biopolítico propuesta por Foucault en *Historia de la sexualidad, 1*, pero también en *Defender la sociedad*. El poder soberano es presentado por Foucault como la más vieja y, ahora, más anacrónica de todas las formaciones a considerar. En el capítulo final de *Historia de la sexualidad*, se nos cuenta que el antiguo derecho de "*hacer* morir o *dejar* vivir" (faire *mourir ou de* laisser *vivre*) fue reemplazado por el poder de la modernidad de "hacer *vivir* o *dejar* morir". *Defender la sociedad* propone que "el poder de soberanía retrocede cada vez más y que, al contrario, avanza más y más el biopoder disciplinario y regulador" (Foucault 2000, 230).

pasa a otro nivel, donde las investigadoras encontramos materiales para desarchivar y, ahora sí, queerificar.

Desde el punto de vista político, nos sentimos obligadas a interrogar la reducción de la vida a un puñado de segmentos y los comportamientos a un sistema de etiquetas. El trabajo académico, por su parte, recupera la irreductibilidad de lo viviente precisamente a partir de una acumulación de restos ya normalizados según las normas de una sociedad administrada (y administrativa).

Mencioné los cuarenta años de democracia, que nos obligan a pensar también en la nación. Hay una distancia entre el pueblo singular y unos pueblos plurales. Pero, además, esa distancia queda reforzada porque "el pueblo" es determinado ("si éste no es el pueblo..." / "el pueblo unido...") mientras que "unos pueblos" son indeterminados. Toda nación, desde Italia hasta Argentina, es plurinacional y sólo una ficción administrativa permite normalizar las diferencias entre pueblos.

Para que vean los problemas de los deslizamientos del singular al plural y de lo determinado a lo indeterminado, les propongo leer como "bien de archivo" esta intervención a un congreso sobre religiosidad popular en 1976 que debemos a Lucio Gera, uno de los más importantes teólogos latinoamericanos, que tuvo un rol decisivo en la propuesta de la Teología del pueblo, cuya influencia en el Papa Francisco es muy conocida.

Gera resuelve la tensión entre singular y plural mediante un truco tipográfico (una equivalencia parentética). El "pueblo de Dios" incluye el plural "pueblos" para atender a las particularidades históricas y culturales de cada uno (y en particular el pueblo argentino, en este momento más necesitado que ningún otro de la asistencia sobrenatural).

El pueblo, dice Gera, es unario, es un sujeto único (y totalizante). "El pueblo es una pluralidad de individuos, una multitud reducida a unidad: unificada y (relativamente) totalizada" (Gera 1976).

El pueblo se autosustenta y autodetermina.

Detengámonos en esa otra categoría clásica que introduce Gera: la "multitud". Yo voy a entrar, muy brevemente (no se asusten), por la *Gramática de la multitud* (2001) de Paolo Virno, que tanta influencia tuvo entre nosotras (piensen en el libro *El género gauchesco* de Josefina Ludmer, escrito a la sombra de Virno, y la "idea de pueblo" que sostiene).

La premisa de *Gramática de la multitud* opone a Hobbes y Spinoza, cada uno de ellos asociado con la defensa de un nombre: "pueblo" (Hobbes) vs. "multitud" (Spinoza). "Pueblo", dice Virno, fue el término triunfante y "Multitud" el término derrotado.[13]

Para Spinoza, la *multitud* representa una *pluralidad que persiste como tal* en la escena pública, en la acción colectiva, en la atención de los asuntos comunes, sin converger en un Uno. La multitud es la forma de existencia política y social de los muchos en cuanto muchos: forma permanente, no episódica ni intersticial. Por supuesto, la *multitud* resiste a la normalización y es el soporte de las libertades civiles (Spinoza 1677).

Hobbes *detesta* a la multitud (como cuerpo y como concepto), y carga contra ella. En la existencia social y política de los muchos en tanto muchos, en la pluralidad que no converge en una unidad sintética, percibe el mayor peligro para el 'supremo imperio', es decir, para aquel *monopolio de las decisiones políticas* que es el Estado.
Virno potencia, pues, el papel del Estado en la formación de "pueblos" y, por lo tanto, en los procesos de normalización propios de los archivos nacionales.

El concepto de pueblo, según Hobbes, está estrechamente asociado a la existencia del Estado; no es un reflejo, una reverberación: si es Estado es pueblo. Si falta el Estado no puede haber pueblo. En *De Cive*, donde ha expuesto largamente su horror por

---

[13] "Al describir la forma de vida asociada y el espíritu público de los grandes Estados recién constituidos, ya no se habló más de multitud, sino de pueblo. Resta preguntarse hoy si, al final de un prolongado ciclo, no se ha reabierto aquella antigua disputa; si hoy, cuando la teoría política de la modernidad padece una crisis radical, aquella noción derrotada entonces nos muestra una extraordinaria vitalidad, tomándose así una clamorosa revancha". (Virno 2003, 21).

la multitud, se lee: "El pueblo es un *uno*, porque tiene una *única* voluntad, y a quien se le puede atribuir una voluntad *única*" (Hobbes 1642: XII, 8; y también VI, 1, Nota). (Virno 2003, 23)

El pueblo singular (así en Gera como en Hobbes, según Virno) es el efecto de una pastoral o de una administración normalizadora.

Antes del Estado eran los muchos, tras la instauración del Estado fue el pueblo-Uno, dotado de una única voluntad. La multitud, según Hobbes, nunca transfiere sus derechos naturales al soberano por su modo de ser (por su carácter plural) y de actuar.

Yo quisiera, para terminar, citar una tercera posición, la de Foucault en sus últimos cursos que, como saben, estuvieron orientados a definir la biopolítica, que es una política que toma a lo viviente como su objeto.

La biopolítica es un dispositivo que "se ejerce sobre el conjunto de una población" (Foucault 2006, 13), que no debe entenderse como un dato inerte, sino como el resultado de largos procesos disciplinares en el que intervienen los saberes de la medicina, de la economía política, de la filología y de la archivonomía: "Es porque estos saberes recortan sin cesar nuevos objetos que la población pudo constituirse, continuarse, mantenerse como correlativo privilegiado de los mecanismos de poder moderno". (2006, 80).

La matriz de constitución de la población está conformada por una serie de regulaciones de carácter predominantemente económico, que se aplican a la gestión de la naturaleza de manera de favorecer la concentración masiva de individuos. En términos de Foucault, "es un juego incesante entre las técnicas de poder y su objeto lo que poco a poco recortó en lo real y como campo de realidad a la población y sus fenómenos específicos" (Ibid.)

Dado que todo esto supone un régimen liberal de gobierno, Foucault subraya que esta presunta libertad es completamente funcional al dispositivo de seguridad. La libertad no equivale a la autonomía de un sujeto, ni se orienta a promover su emancipación, sino que se limita a cumplir los objetivos del dispositivo (que hasta es capaz de funcionar autónomamente respecto del poder de Estado).

Ahora bien, si la población es un conjunto meramente biológico, es decir, "natural", es también un conjunto política y económicamente ingobernable. Lo natural parece responder únicamente a su propia legalidad. Sin embargo, Foucault observa que, si bien la población está sometida a una serie de variables que condicionan sus comportamientos (clima, medio ambiente, condiciones materiales para la supervivencia), su naturaleza es, al mismo tiempo, permeable y, por ende, maleable: "es perpetuamente accesible a agentes y a técnicas de transformación, con la condición de que estos agentes y estas técnicas de transformación sean a la vez aclaradas, reflexivas, analíticas, calculadas, calculadoras" (2006, 73).

Las técnicas biopolíticas logran, así, llegar hasta donde ni el régimen jurídico-soberano, ni el control disciplinario siquiera se habían planteado, a saber: hasta ese conjunto de elementos que se hunden en el régimen general de los seres vivientes (la "especie humana").

El aspecto de la población más difícil de contrariar y de manipular es el deseo (de ahí que Foucault se propusiera una genealogía del hombre deseante, la *Historia de la sexualidad*).

Además de un problema teórico, el deseo implica un problema político. Bien manejado, el deseo se convierte en un operador ontológico, pues transforma a la población en público. ¿Qué otra cosa es el público sino "la población tomada del lado de sus opiniones, de sus maneras de hacer, de sus comportamientos, de sus hábitos, de sus temores, de sus prejuicios, de sus exigencias...?" (2006, 77). La esfera de la opinión pública es la arena donde se debate el destino de la población transformada en público.

Según la gubernamentalidad liberal, si las técnicas puestas en práctica son eficientes, producen masas globales en su doble versión de población y de público. Pero, por otro lado, la revuelta es el peligro que amenaza constantemente a una gubernamentalidad obsesionada por llevar adelante un gobierno lo más imperceptible posible (en Argentina eso se vivió en 2001 y probablemente vuelva el año que viene).

Foucault reconoce a esa figura insumisa que se forma en la revuelta con el nombre de "pueblo". En contexto biopolítico, entonces, el pueblo no es una figura del derecho producida jurídicamente, sino que es una entidad cuya autogestión sucede a partir de una crisis de gubernamentabilidad. El pueblo es la parte que se resiste a ser tratada como público. No es una figura trascendental y primigenia (como la soñó el romanticismo), ni sentimental (como la consideró siempre el marxismo), ni un significante vacío (como quieren los teóricos del populismo). El pueblo es lo indeterminado, lo que se resiste a ser normalizado, cuantificado, estadistificado y todas las demás operaciones a las que se somete lo que en el archivo vive todavía.

Si para nosotros tiene todavía algún sentido intervenir en los archivos no es en busca de una constatación sino en busca de los huecos, las inconsistencias, las fallas, en busca de lo raro y de lo que no tiene nombre o no quiere tenerlo, en busca de lo que ha sido secuestrado en nombre del buen gobierno. Y, por supuesto (debo justificar mi arrebato operístico): para encontrar las voces que nos convienen para poder inventar una historia, una lengua o un pueblo.

Una de esas voces es la que ahora recupero en la mía, la voz del Amadísimo, que siempre se resistió a ser administrado:

Giro per la Tuscolana come un pazzo,
per l'Appia come un cane senza padrone.
(…) mi aggiro
più moderno di ogni moderno
a cercare fratelli che non sono più.

BIBLIOGRAFÍA

Born, Lester K. "Baldassare Bonifacio and his essay *De archivis*", *The American Archivist*, IV (Charlottesville, Virginia: octubre 1941): 4 (traducción propia).

Bruno de Sá. (27 de mayo de 2021). *Bruno de Sá: "La voce non è una questione di genere" / Entrevistado por Alessandro Cammarano*. Le Salon Musical. https://www.lesalonmusical.it/bruno-de-sa-la-voce-non-e-una-questione-di-genere/ (Última consultación: octubre de 2024).

Butler, Judith. *Gender Trouble Feminism and the Subversion of Identity*. New York, Routledge, 1990 (trad. esp. *El género en disputa. El feminismo y la subversión de la identidad*. Barcelona, Paidós, 2007).

Costa-Pau, Aniol. (3 de febrero de 2023). *Bruno de Sá: ROMA TRAVES-TITA*. Ópera actual. https://www.operaactual.com/critica/bruno-de-sa-roma-travestita/ (Última consultación: octubre de 2024).

Foucault, Michel. *Il faut defender la societé. Cours au Collège de France, 1976*. Paris, Editions du Seuil, 1997 (trad. esp. *Defender la sociedad. Curso en el Collège de France (1975-1976)*. Buenos Aires, Fondo de Cultura Económica, 2000).

Foucault, Michel. *Sécurité, territoire, population. Cours au Collège de France: 1977-1978*. Paris, Editions du Seuil, 2004 (trad. esp. *Seguridad, territorio, población: Curso en el Collège de France (1977-1978)*. Buenos Aires, Fondo de Cultura Económica, 2006).

Gera, Lucio. "Pueblo, religión del pueblo e iglesia" (20-26 de agosto de 1976). Ponencia en la Semana organizada por el CELAM sobre religiosidad popular en América Latina, Bogotá.

Guimarães Rosa, João. "Uns índios (sua fala)". *A manhã*. Suplemento Letras e Artes. 8. 300 (Mayo 1954): 9 (traducción propia). http://memoria.bn.br/DocReader/docreader.aspx?bib=114774&PagFis=3704 (Última consultación: septiembre de 2024).

Jenkins, J. S. "The voice of the castrato", *The Lancet*, 351 (1998): 1877–1880.

Link, Daniel. "La humanista digital" en Link, Daniel y Cherri, Leo (eds). *Archivar, desarchivar, anarchivar. Memoria y estrategia*. Valencia (Tirant, 2024).

Marty, Éric. *Le sexe des Modernes. Pensée du Neutre et théorie du genre*. Paris, Editions du Seuil, 2021 (trad. esp. *El sexo de los modernos. Pensamiento de lo neutro y teoría del género*. Buenos Aires, Manantial, 2022).

Virno, Paolo. *Grammatica della moltitudine. Per una analisi delle forme di vita contemporanee*. Roma, DeriveApprodi, 2002 (trad. esp. *Gramática de la multitud. Para un análisis de las formas de vida contemporáneas*. Madrid, Traficantes de sueños, 2003).

FILOLOGÍA Y ARCHIVO EN LAS HUMANIDADES PÚBLICAS Y DIGITALES

Leo Cherri

PROGRAMA DE ESTUDIOS LATINOAMERICANOS CONTEMPORÁNEOS Y COMPARADOS, UNTREF – CONICET

ABSTRACT: ¿Es el academicismo el destino fatal de los estudios literarios? ¿Es preciso pensar a los estudios literarios como una ciencia social y, por lo tanto, en relación con el discurso científico? ¿Cuál es el alcance de pensar a la literatura y a la filología como una Ciencia de lo viviente? Este trabajo se propone explorar estos interrogantes, atravesando los tópicos de "el retorno de la filología" y la "fiebre de archivo", y los crecientes campos de las humanidades públicas y digitales. La inminente digitalización del mundo y la revitalización de cierta razón instrumental, parecen señalar que lejos de la inutilidad y la devaluación, los estudios literarios podrían perfilarse como una pieza esencial, no tanto de las Ciencias Sociales, sino de unas Humanidades que intentan salir del confort del espacio académico tradicional, para pensarse en relación con el mundo y el ámbito de lo público. Este trabajo se propone recuperar una serie de experiencias latinoamericanas a fin de reflexionar sobre estos desafíos y los futuros posibles que proyectan.

INTRODUCCIÓN: CRISIS DE LO VIVIENTE Y FILOLOGÍA

La cada vez mayor mercantilización de la cultura, la demanda en aumento de una impronta utilitarista de los trayectos pedagógicos y de los fondos de investigación parece clausurar cualquier discurso que sostenga una concepción estética de la literatura (en la estela del romanticismo), social o vital, en el caso del programa pedagógico del humanismo.

Esta crisis social y disciplinar en torno al deseo, el valor y la necesidad de un *saber por el saber*, o de un *saber porque si*, no es sólo un fenómeno que atraviesa las formas más clásicas o tradicionales de los Estudios Literarios, sino que se actualiza en el campo de las Humanidades digitales. Así, en su *The Digital Humanities and Literary Studies*, Martin Paul Eve nos insta a recuperar dicha potencia romántico-humanista preguntándonos: "¿Desde cuándo los estudios literarios deben tener un 'sentido' o una 'razón de ser'? ¿Desde cuándo le exigimos a la crítica literaria que sea útil?"

Si la tradición humanística ha sido crítica respecto de la idea (y el lenguaje) de la "utilidad" y de la "transferencia" (asociado, más bien, al paradigma científico), es incoherente que ese mismo discurso se pregunte por la "utilidad" o el "fin" de los métodos y enfoques computacionales (contar palabras, crear diagramas, visualizar datos, etc.). La existencia de ese argumento extraño y contradictorio es sintomática de una problemática más medular.

Los Estudios Literarios no sólo parecen estar sufriendo una crisis objeto, sino tensionados por múltiples campos disciplinarios y tradiciones divergentes. Tal escenario ha suscitado diversos recorridos pragmático-epistemológicos, con el fin de comprender la situación actual de la *disciplina literaria*, lo que ha llevado a pensar posibles cruces con las Ciencias Sociales (antropología, etnografía, sociología). ¿Será que los estudios literarios, en tanto disciplina, deben ser considerados una ciencia social (es decir, incorporarse a esta nueva unidad académica)? Y si la respuesta fuera afirmativa, ¿qué tipo de ciencia social podrían ser?

Han dicho que el *fervor archivístico* de los últimos tiempos expone cierto devenir ciencia social de los estudios literarios. Pienso en los trabajos de Annick Louis, en particular su último libro (*Sin objeto,* 2022) y "En passant par les archives..." (2019). Desde una perspectiva diferente, muy singular y especial, pues se trata de un enfoque que cruza Pierre Bourdieu con Jacques Derrida, las investigaciones de Analía Gerbaudo (2016) son un gran ejemplo de esta perspectiva. Acaba de publicarse por Ediciones UNL su último libro: *Tanto con tan poco. Los estudios literarios en argentina (1958-2015).* Y, por el último, cabe subrayar el exponencial crecimiento de la investigación y de las practicas "archivísticas", que tienen en su horizonte de intervención impactar en lo social: pienso en la construcción de colecciones y archivos de colectivos sexo-disidentes y migrantes; la preservación y el estudio de patrimonios histórico-culturales desatendidos; las exposiciones archivísticas que recurren a las artes como estrategia para incrementar su interés, visibilidad e impacto). En ese horizonte se inserta, por ejemplo, el proyecto internacional del que participamos varios de los aquí reunidos: *Archives in Transition: Collective Memories and Subaltern Uses*.[1]

Por otro lado, en la medida que las llamadas *Life Sciences* se han apropiado del concepto de vida, aislando la producción de la vida de lo viviente y del saber sobre ella, varias perspectivas insisten en recuperar a la filología como una práctica de lectura capaz de atravesar lo viviente y resguardar un saber sobre la vida. La filología (o posfilología para otros), así, es una ciencia de la vida, una forma renovada de humanismo que ejerce un rol crucial en la vida democrática. Y la literatura se presenta como un discurso en extremo útil, pues encarna un "saber vivir/saber sobre el vivir" total (Ette, 2007, 2015). Nuestra crisis, tal como viene insistiendo Daniel Link, no afecta meramente a la "literatura", a sus formas institucionales pedagógicas y científicas, sino a lo viviente y, por ende, a los modos de leer.[2] Pues, como nos enseñó también la literatura de Mario Bellatin, entre la vida y la escritura no hay separación posible, pues es la literatura lo que me hacer ser yo.[3]

Desde la *Scienza nuova* (1725/1744) de Gaimbattista Vico a "El retorno de la filología" de Paul de Man (1986) o de Edward Said (2004), la filología ha estado presente más allá de sus intermitencias. Esa cosa antiquísima, tanto en el Norte Global como en el Sur, se nos presenta con un semblante renovado, una práctica entendida ahora como *pos-historicista, pos-positivista, pos-colonial* y *pos-deconstructiva*, imposible de ser separada de lo viviente: una posfilología dice Michell Warren, o como prefirió Raúl Antelo, una archi-

---

[1] Para un recorrido por las intervenciones de los investigadores del proyecto Tran.Arch, se puede consultar el libro editado por Roland Spiller y Gesine Brede (Narr Francke Attempto, 2023) y el primer volumen de *Archivar, desarchivar, anarchivar* editado por Leo Cherri y Daniel Link (Tirant, 2024). Ofrecemos Acceso Abierto a nuestras publicaciones en la comunidad de Zenodo: https://zenodo.org/communities/transarch/.

[2] Desde 2015, es decir desde *Suturas*, podemos leer esta concreta formulación en el trabajo de Link, donde la posfilología (y los modos de leer) se enfrentan a una crisis de lo viviente (Agamben, Sloterdijk). Sin embargo, este enfoque atraviesa toda su obra (*Clases*, 2005; *Fantasmas*, 2009) desde, por lo menos, 1997 (Cf. Link, "Literaturas comparadas…"). Hay en estas nociones, naturalmente, una reelaboración de los *modos de leer* a partir de la *posfilología* (para un análisis detenido cf. Cherri, 2017).

[3] Ensayé esta lectura en la conclusión de mi tesis doctoral: *Imágenes finiseculares de la literatura latinoamericana: Mario Bellatin*. Disponible en: http://repositorio.filo.uba.ar/handle/filo digital/16105.

filología (2013, 2015).[4] De lo que se concluye que la crisis de lo viviente (y, por lo tanto, la crisis de las Humanidades en general) nos demandan, hoy más que nunca, un acercamiento filológico.

LA FILOLOGÍA DE UN HUMANISMO DIGITAL: EL CASO AR.DOC

La transición digital del mundo ha afectado este escenario de una manera compleja, incluso antitética. Por un lado, las constantes innovaciones tecnológicas en el campo de la computación y la digitalización democratizan el acceso a información que antes era custodiada por expertos. Este aspecto positivo, sin embargo, gracias al influjo del "régimen de la información" ha llevado a una desvalorización de los saberes en general (y del humanístico en particular), reduciéndolos a su componente informativo, hoy fácilmente producido y administrado por bases de datos, algoritmos y programas de inteligencia artificial. Tanto Bifo Berardi en *And. Phenomenology of the End* (MIT Press, 2016) como Byung Chul Han en su reciente *Infocracy* (Polity Press, 2022) insisten que con la digitalización no sólo la democracia, sino la vida pública atraviesa una crisis y transformación inédita y difícil de mesurar.

Si el cuidado por los lenguajes supone el horizonte de atención de cualquier práctica filológica, este escenario es realmente singular. Pues los dispositivos de telecomunicaciones que habían puesto en crisis a la cultura letrada hoy ya no pueden existir sin esa digitalidad (Galt Harpham 2009: 34–62), pero también la misma digitalidad comienza a dejar de ser pensada como "lo nuevo" y se revela como horizonte sino obsolescente, al menos limitado (Goebel 2023). Ante tal aceleración tecnológica, como dice Martin Paul Eve, parecería que Silicon Valley es hoy el único modelo de *scholar* posible. Sería esperable una profundización definitiva de la crisis de las humanidades y de la filología en particular. Sin embargo, este

---

[4] El debate es amplio. Además de lo ya citados, podemos destacar las contribuciones de Hans Ulricht Gumbrecht (*Los poderes de la Filología*, 2007[2003]), Werner Hamacher (*95 tesis sobre filología*, 2011); Sheldon Pollock (*World Philology*, 2015); Martin Eisner ("The Return to Philology...", *Californian Italian Studies*, núm. 2, 2011); Juan Ennis ("Los tiempos de la filología...", *Filología*, núm. 48, 2016); *The Future of Philology* editado por Hannes Bajohr y otros (2014); Cuesta Abad ("Pasiones de la filología", *RILCE*, núm. 35, 2017).

contexto totalmente negativo, parece traer una reacción renovadora con "ciertos beneficios inesperados" (Cox, 2013).

Sea la reivindicación de cierta pasión romántica desde las humanidades digitales, del devenir ciencia social de la literatura, o de la filología como ciencia de la vida, constatamos cierta reivindicación de los saberes humanísticos no ya desde un discurso centrado en su inutilidad, sino más bien disputando las antes desdeñadas nociones de "utilidad" e "impacto social" más apegadas a la cultura científica.

Un ejemplo curioso: el emergente campo de las Humanidades Digitales insiste en definirse no tanto como mero uso de las metodologías digitales o cuantitativas (cf. Moretti), sino como un modelo de aprendizaje e investigación en Humanidades que privilegia, por un lado, la realización grupal e intersectorial de *proyectos materiales* y de *trabajo en laboratorio* y, por el otro, la redefinición de la experiencia técnica como una forma no antitética sino renovada del conocimiento humanista (Allington, 2016).

Desde el Programa de Estudios Latinoamericanos Contemporáneos y Comparados de la UNTREF que coordino bajo la dirección de Daniel Link, hemos intentado (re)orientar nuestras prácticas investigativas al color de estos debates y de los desafíos que nos impone el presente.

Intentamos revitalizar la filología desde una óptica anti-positivista, insistiendo en la potencia de recuperar un saber sobre la vida en los textos y, por lo tanto, aquello que en los textos vive todavía. Esta última frase es, naturalmente, del libro *Suturas* de Daniel Link que, recomiendo volver a leer a la luz de estas nuevas discusiones. Especialmente su reflexión sobre la ontología de la digitalidad.

Mientras nuestros investigadores se preguntan de diversas maneras sobre las herramientas, métodos y ética de lo que llamaríamos ahora una "post-filología", lo que nos ha llevado a interesarnos por las vidas menores, por los escritores marginales, por los papeles dispersos, por las poblaciones minorizadas y subalternizadas; nuestros esfuerzos colectivos apuntan a pensar, en primer lugar, el acceso y la democratización (a los textos, a los archivos, a los documentos), que es la condición de posibilidad de cualquier filología. Y, en segundo lugar, la creación y difusión de esos textos, y de su filología con la sociedad, lo que podríamos reconocer como una pedagogía y un compromiso con el saber entendido como una forma de lo público.

Quiero comentar aquí algunas iniciativas que hemos emprendido desde el PELCC con el apoyo de otras Universidades e Instituciones, y varios proyectos de investigación, en particular del proyecto internacional Archives in Transition.[5]

Quiero detenerme en una iniciativa en particular que por su naturaleza, pero también por razones personales, me permitirá reflexionar sobre nuestro trabajo y sobre algunas de las problemáticas que enfrentan los estudios literarios en el Nuevo Mundo digital. Me refiero al Archivo Rubén Darío Ordenado y Centralizado.

El Ar.Doc (por sus siglas),[6] nace en 2016 –tras el congreso que desde UNTREF le dedicamos a Rubén Darío– con el objeto de digitalizar y poner en línea todos los documentos de escritura relativos al poeta (1867-1916).

El punto de partida de la iniciativa, cito a Link y Caresani –directores del proyecto–, es el "estado calamitoso de las ediciones darianas", por un lado, y, por otro, la posibilidad de llevar adelante con múltiples actores e instituciones "un ejercicio de arqueología común [...], un régimen de participación abierto y espontáneo" que busca –yo subrayo– *unificar* materiales que si bien algunos "ya están digitalizados en otros archivos", se encuentran *dispersos* a lo largo del mundo, y por lo tanto, en cierta medida, *invisibilizados* (Link - Caresani 2018: 44; el resaltado es mío).

Entonces, por un lado, hay que subrayar el carácter abierto y colaborativo de Ar.Doc: tras siete años, la red de investigación y cooperación de Ar.Doc es cada vez mayor. El último éxito de esa red es el proyecto *Rubén Darío: Critical Editions Project* (National Endowment for the Humanities). Incluso, sería justo decir que una de las iniciativas que impulsaron nuestro *Archives in Transition* fue el tipo de intervención archivística que supone Ar.Doc.

---

[5] Para más información, consultar el sitio web: https://trans-arch.org/. Puede consultarse también el libro colectivo que editamos con Link, y que reúne nuestras investigaciones más recientes: *Archivar, desarchivar, anarchivar. Memoria y estrategia* (2024, Tirant).

[6] https://archivoiiac.untref.edu.ar/index.php/rub-n-dar-o

¿A qué me refiero con esto? Como habrán apreciado en la cita, Ar.Doc subraya el término "centralización". Los archivos asociados a una vida, en este caso la de Rubén Darío, se encuentran dispersos. Así, la digitalización y la posibilidad de almacenar esos documentos en un mismo espacio virtual intentan reunir algo que se dispersó en el mundo producto de las políticas de las instituciones que adquieren y custodian dichos documentos.

Reunir los archivos implica, por tanto, el cuidado de una experiencia, de un paso de vida; pero también, facilitar el acceso a la comunidad y, por lo tanto, democratizar esa experiencia, y los saberes que la atravesaron.

De esto último se desprende el criterio de "ordenado". Se trata de ordenar de manera tal que se pueda experimentar "determinados pasos de vida" (Link - Caresani 2018: 45). Para eso se apela a un orden cronológico –por ejemplo, en el plan de Obras Reunidas que ya tiene tre tomos-, y que en las series (y subseries) que estructuran el archivo está relacionado a un orden vital: la dirección de periódicos, la escritura en prensa, la escritura de cartas, las primeras ediciones, etc.

Al trabajo de ordenación realizado por las series, se le suma el aportado por los metadatos asignados al documento, y la hipervinculación a través de etiquetas como "Materias", "Personas", "Creadores", etc. Cada registro, además, contiene una "nota de investigación" con información histórico-biográfica y potenciales perspectivas de estudio y análisis; y una "nota de reproducción" con un listado provisorio de las republicaciones del texto en vida del autor, sus principales variantes y las ediciones críticas que lo recogen.

Cada registro, como vemos, despliega una filología erudita, adaptada a su vez, por las herramientas digitales. El resultado es, para usar un término que nos gusta mucho, *anarchivístico* (Tello 2018): pues pone en crisis la noción de "orden natural del registro", porque la comunidad podrá contrastar, refutar, verificar, relacionar, corregir o ampliar el conjunto de indicios y series que el archivo ofrece, lo que provocará, naturalmente, un movimiento en el propio archivo, una apertura, un efecto de futuridad.[7]

Basta realizar una búsqueda como "fotografía" o "Brasil", para que Ar.Doc nos presente una serie que podría ofrecernos una experiencia de lectura novedosa, un camino poco transitado por la crítica dariana.

Es lo que hice yo, movilizado por necesidades pedagógicas. Por ejemplo, cuando tenía que dictar un Seminario sobre la relación Imagen y Literatura, y me pregunté, por ejemplo: ¿Hay una reflexión particular de Darío sobre la experiencia de la imagen, en particular, sobre la experiencia fotográfica como forma artística? O, cuando tenía que dictar un seminario sobre Imaginarios Latinoamericanos, me pregunté: ¿Será que Rubén Darío repara en algún momento de la participación diferente de Brasil en la Imagen de América Latina? Los resultados de esas preguntas pueden verse en un artículo que publiqué en la revista de romanística de Olomouc, y otro que leí en la Universidad de Notre Dame en un Simposio sobre Rubén Darío, auspiciado por Trans.Arch, y que en breve aparecerá en un dossier de la revista *Anales de Literatura*.

¿A qué voy con esto? A señalar, simplemente, que alguien como yo, especializado en Teoría de la Imagen, Filología, y latinoamericanismo de mediados de siglo XX al presente, difícilmente podría haber pensado algo sobre estos temas en Darío, en un período

---

[7] Si el archivo es la fuerza positiva de sus enunciados, el anarchivo es la forma de discutir las tradicionales funciones normalizadoras, objetivistas e institucionales del archivo, *desautorizando* las nociones de sentido común, cultura de élite, buen gusto, superioridad moral o discurso objetivo; contra el *protocolo* del archivo, las perspectivas *anarchivísticas* abrazan aquellos saberes del archivo que suponen un *prototipo* extitucional, mundano y provisional (Link y Caresani 2018). Para Maximiliano Tello La *ratio archivística* es la "voluntad de restauración del origen de los registros", que atraviesa "la constitución moderna del campo de las llamadas ciencias humanas y se instaura al mismo tiempo como un intento general de reconstitución del 'ordenamiento original' o del 'orden primitivo' del archivo" (2018, 23). En ese sentido, la *ratio archivística* moderna está enlazada con la aspiración historicista de develar los acontecimientos "tal cual como han ocurrido". El peligro de esta episteme, tal como insistió Benjamín, es que en el ordenamiento y la restauración de los sucesos históricos (lo que equivale a los registros transformados en su *fuente*), se postula una "imagen 'eterna' del pasado" que "suministra la masa de los hechos para llenar el tiempo homogéneo y vacío" (Oyarzún 1995: 63). En ese sentido, un movimiento anarchivístico es todo aquél que perturbe el orden de los registros y deconstruya cualquier modo de racionalidad archivística presentado como natural.

histórico que conozco poco y en apenas un año de investigación. Apreciarán que no se trata en este ejemplo de que las máquinas lean por nosotros. No estoy apelando a herramientas computacionales como el text-mining, para acceder, comprobar o visualizar algo así como un dato o, muchísimo menos, una verdad del texto (sea semántica, estructural o relacional). Parto más bien de una pregunta (cualitativa podríamos decir), que esconde una hipótesis o una curiosidad del saber, esperando que la máquina que es Ar.Doc me devuelva –casi como un azar objetivo– una serie de lecturas acotadas, que luego recortaré o haré proliferar según otras series y criterios. Es decir: la centralización de textos ha descentralizado el saber, y agilizado la posibilidad de realizar con él un uso académico, más o menos erudito. Y, por otro lado, algo no menor, esta lógica parece oponerse a la lógica del algoritmo: quiero decir, la tendencia del algoritmo a la burbuja.

Entusiasmados con Ar.Doc hemos creado su hermano menor, el AWOC: el archivo Juan Rodolfo Wilcock Ordenado y Centralizado. Naturalmente, replicamos las bases de Ar.Doc. La comunidad colaborativa inició con un proyecto CUIA-CONICET que coordina Diego Bentivegna por la parte argentina, y Susanna Nanni por la parte italiana. Mutó en red social a través de Facebook. Y siguió extendiéndose y ramificándose a raíz del coloquio que le dedicamos a Wilcock en UNTREF en agosto de 2023.

Sin embargo, las características del AWOC nos imponen nuevos desafíos:

- Se trata de un archivo que no existía previamente, sino que estaba disperso en otros archivos como fondos editoriales (como los de Adelphi), archivos de revistas como AHIRA, o el de la Biblioteca Nacional Argentina, etc.
- Es un archivo bilingüe. Lo que nos demanda pensar los metadatos y la creación de etiquetas en dos lenguas.
- Nos planteamos mejorar el motor de búsqueda ofreciendo, en una segunda etapa, transcripciones y traducciones colaborativas de los textos entre investigadores argentinos e italianos, principalmente. Eso nos demandará pensar un método digital

adecuado. Como, por ejemplo, *From the page*. A los fines de realizar transcripciones y traducciones simultáneas y en línea. Lo que supone un desafío muy grande y una nueva experiencia filológica mediada por herramientas digitales.

CONCLUSIÓN: EL LADO OSCURO Y LA FUERZA DE LAS HUMANIDADES (DIGITALES)

Todas estas experiencias se han ido convirtiendo en distintas pedagogías, enmarcadas en nuestra Maestría de estudios literarios latinoamericanos y ahora en la reciente Maestría en humanidades digitales. Como señalamos anteriormente, nos interesa pensar la transmisión y diseminación del saber en su dimensión con lo público. En ese sentido, creemos crucial pensar las Humanidades Digitales en la dimensión de lo que se viene denominando *Humanidades públicas* (en el contexto norteamericano) y *Humanidades ciudadanas* (en el contexto europeo).

Las promesas más comunes de las Humanidades Digitales radican en el intercambio de datos, resultados y herramientas para distribuir el conocimiento de una manera justa y más amplia y en nuevas formas de representar, compartir y discutir el conocimiento. Sin embargo, este prometedor escenario tiene que ser resguardado de lo que algunos especialistas han llamado el *lado oscuro* de las Humanidades Digitales: es decir, la lógica utilitarista y tecnocrática que puede caer en la mera producción de herramientas, reflejo de una política neoliberal de educación e investigación; el desequilibrio educativo, laboral, institucional y ético que puede producir un campo que se enfoca en el diseño, desarrollo y producción de artefactos digitales, sin el necesario análisis crítico y cualitativo de los fenómenos socioculturales (Grousin 2014).

Justamente por eso, sostenemos que es crucial disputar la utilidad de las HD no tanto desde una lógica tecnocrática, sino por las nuevas formas de producir conocimiento y trabajo colaborativo, ciudadano y público que suponen y permiten. Esa es, a nuestro entender, la fuerza de las Humanidades Digitales, y en esa fuerza habrá que insistir.

Es preciso, por lo tanto, aprovechar y amplificar las innovaciones de los medios digitales en la medida que han facilitado que los académicos y distintos grupos de la sociedad civil construyan redes de reflexión y de acción, creen espacios de memoria y de preservación patrimonial, y entornos menos verticales y de mayor alcance (Hinck 2017: 103-6). Cada vez son más comunes los archivos y colecciones "no profesionales" que desafían el control de las instituciones tradicionales sobre la valoración, la conservación y el acceso a documentos y fuentes primarias. Pensemos, por ejemplo, en el Museo Travesti de Perú creado por Giuseppe Campuzano o en el Archivo de la Memoria Trans. Lo que en principio no tiene mucha similitud (la preocupación por la preservación de las memorias de disidencias sexo-genéricas y Rubén Darío), pueden encontrarse en el presente en tanto modos de intervención similares que articulan el trabajo con archivos, la preservación de la memoria, la generación de una comunidad, el uso de herramientas digitales y la intervención en lo público. Así, la idea de *centralización* de Ar.Doc bien podría funcionar para pensar en la posibilidad de, por ejemplo, un Archivo Centralizado de las Disidencias Latinoamericanas.

Es algo que, sin tenerlo como un objetivo concreto, ya vienen haciendo muchos colegas. Por ejemplo, cuando llegó el fondo del poeta Miguel Ángel Lens al Archivo de UNTREF, Mariano López Seoane entendió que allí residía una experiencia minorizada e inadvertida, que permitía repensar ciertas formas de vida de la comunidad gay de los ochenta y noventa en Argentina. Gracias al trabajo de Martín Paz, director del Archivo IIAC, esos materiales se digitalizaron,[8] mientras que López Seoane junto a Francisco Lemus procedieron a realizar una muestra en el Museo de Inmigrantes de Buenos Aires, con el fin de poner a circular esos documentos en la comunidad más allá del espacio propiamente académico. Al percibir que preocupaciones e intervenciones similares con archivos latinoamericanos surgen a lo largo y ancho del globo,[9] caemos en el

---

[8] Se encuentran disponibles aquí: https://archivoiiac.untref.edu.ar/index.php/fondo-miguel-angel-lens.

[9] Pensemos por ejemplo en el archivo queer y de arte latinoamericano de Arkhé fundado en 2016 por Halim Badawe y Pedro Felipe Hinestrosa (cf. la entrevista realizada por Lucía

mismo diagnóstico que Ar.Doc: hay un archivo disperso y fragmentado, cuya reunión podría motivar efectos de resonancias entre los documentos, pero también entre la comunidad reunida en torno a ese archivo; lo que indudablemente generará nuevas experiencias de lectura y de conocimiento.

Las HD no son ni malas ni buenas. Así, frente al "lado oscuro" siempre podemos seguir el camino de la fuerza. En ese sendero lo que importa no son tanto las herramientas, sino qué hacemos con ellas. La fuerza de las Humanidades digitales pasa por recuperar la potencia de lo "técnico", para realizar el deseo de una intervención en lo público basada en la curiosidad romántica por el saber, en la creación de espacios comunitarios, en la exploración azarosa de modos de leer. Frente a la creciente utilización de modelos predictivos de procesamiento de texto y de discurso basados en los desarrollos últimos de la Inteligencia Artificial, las Humanidades digitales nos permiten volver a recolocar todas las inquietudes aquí planteadas en un horizonte en el que se juega ya no el futuro de una disciplina sino la concepción misma de la verdad y del sentido, lo que nos obliga, más que nunca, a sostener los estudios literarios y a la filología como saberes esenciales para este Nuevo Mundo (digital).

BIBLIOGRAFÍA

Antelo, Raúl. "Por una archifilología latinoamericana." *Cuadernos de Literatura*, XVII.33 (2013): 253-281.

Antelo, Raúl. *Archifilologías latinoamericanas. Lecturas tras el agotamiento.* Villa María: EdUViM, 2015.

Allington, Daniel et al. "Neoliberal Tools (and Archives): A Political History of Digital Humanities." *Los Angeles Review of Books* (May 1, 2016), (https://lareviewofbooks.org/article/neoliberal-tools-archives-political-history-digital-humanities/) (Última consultación: septiembre de 2024).

Cox, Jordana; Tilton, Lauren. "The digital public humanities: giving new arguments and new way to argue." *Review of Communication* 19.2

Cytryn en *El lugar sin límites* 9 (2023).

(2013). (https://www.tandfonline.com/doi/full/10.1080/15358593.
2019.1598569). (Última consultación: noviembre de 2024).

Cherri, Leo - Link, Daniel (a cura di). *Archivar, desarchivar, anarchivar: memoria y estrategia*. Madrid: Tirant, 2024.

Eve, Martin Paul. "Las humanidades digitales y los estudios literarios." (Trad. Julieta Vanney y Leo Cherri) *Chuy. Revista de estudios literarios latinoamericanos* 10.15 (July 2023):164-191.

Ette, Ottmar. "La filología como ciencia de la vida" [Literaturwissenschaft als Lebenswissenschaft], in Sergio Ugalde (a cura di), *La filología como ciencia de la vida*. México: Universidad iberoamericana, 2015.

Galt Harpham, Geoffrey. "Roots, Races, and the Return to Philology." *Representations* 106.1 (2009): 34-62.

Gerbaudo, Analía. *Políticas de exhumación: Las clases de los críticos en la universidad argentina de la posdictadura (1984–1986)*. Santa Fe: Ediciones UNL / Ediciones UNGS, 2016.

Göbel, Bárbara. "¿Más participación o más desigualdades? La transformación digital en los archivos." in *III Coloquio Internacional: Archivar, desarchivar, anarchivar: Memoria y estrategia*. Buenos Aires: Rectorado UNTREF: 2023. (https://www.youtube.com/watch?v=4RbiXg1ybTU&t=8262s). (Última consultación: septiembre de 2024).

Grousin, Richard. "The Dark Side of Digital Humanities: Dispatches from Two Recent MLA Conventions.", *Differences* 25.1 (spring 2014): 79-92.

Hinck, Ashley. "Community, Membership Fluid Identities Groups and Catalyst for Political and Social Action", in Aaron Hess and Amber Davisson (a cura di), *Theorizing Digital Rhetoric*. New York: Routledge, 2017.

Jay, Gregory. "The Engaged Humanities: Principles and Practices of Public Scholarship and Teaching." *Imagining America* 15 (2010). (https://surface.syr.edu/ia/15). (Última consultación: octubre de 2024).

Louis, Annick. *Sin objeto*. Buenos Aires: Colihue, 2022.

Louis, Annick. "En passant par les archives…" *Fabula/Les colloques*, Les écritures des archives: littérature, discipline littéraire et archives. París: CNRS-EHESS, 2019. Disponible en: <http://www.fabula.org/colloques/document6316.php>. (Última consultación: septiembre de 2024).

Moretti, Franco. *A una certa distanza. Leggere i testi letterari nel nuovo millennio*. Roma: Carocci editore, 2020.

Moretti, Franco et al. *La letteratura in laboratorio*. Napoli: FedOA Press, 2019.

Nussbaum, Martha. *Not for Profit*. New Jersey: Princeton University Press, 2010.

Link, Daniel. "Literaturas comparadas, estudios culturales y análisis textual: por una pedagogía." *Filología*, 30 ½ (1997): 5-13, 1997. Disponible en: http://dspace5.filo.uba.ar/bitstream/handle/filodigital/5731/uba_ffyl_IFLH_a_Filolog%C3%ADa_30%281-2%29_5-13.pdf?sequence=1&isAllowed=y (Última consultación: septiembre de 2024).

Link, Daniel. *Suturas: escrituras, imaginación, vida*. Buenos Aires: Eterna cadencia, 2015.

Link, Daniel – Caresani, Rodrigo. "Saberes del archivo en la era de la reproductibilidad digital: un prototipo para Rubén Darío." *Virtualis* 9.17 (2016): 36-54.

Said, Edward. *Humanism and Democratic Criticism*. New York: Columbia University Press, 2004.

Sloterdijck, Peter. *Normas para el parque humano*. Ediciones Siruela: Madrid, 2000.

Tello, Andrés Maximiliano. *Anarchivismo. Tecnologías políticas del archivo*. Ediciones de La Cebra, 2018.

La digitalizzazione del sapere come compimento della postmodernità. Alcune questioni aperte

Guido Baggio
Università degli Studi Roma Tre

ABSTRACT: Il contributo offre una riflessione a partire dalla teoria di J.F. Lyotard elaborata in *La condizione postmoderna*. La tesi che avanzo è che la digitalizzazione del sapere, la trasformazione della conoscenza in informazione e le conseguenze di tale cambiamento nel rapporto tra sapere e potere che stiamo vivendo riveli (con buona pace del dibattito filosofico contemporaneo) il compimento della condizione postmoderna del sapere teorizzata da Lyotard nel 1979.

Introduzione: dalle metanarrazioni alla società postindustriale

Nel 1979 Jean-François Lyotard dava alle stampe *La condition postmoderne. Rapport sur le savoir*, un *pamphlet* in cui veniva tracciata una cartografia della condizione del *sapere* nelle società democratiche occidentali del secondo dopoguerra. La diagnosi di Lyotard rintracciava nel processo di trasformazione e gestione delle forme del sapere inaugurato dalla rivoluzione informatica l'espressione ultima e più esasperata dell'intreccio problematico tra potere e sapere.[1] Secondo il filosofo francese, infatti, le trasformazioni tecnologiche di informatizzazione della conoscenza che stavano segnando la società occidentale post-Hiroshima – ultima frontiera di un progressivo spostamento, iniziato nella seconda metà dell'Ottocento, delle questioni scientifiche sul piano linguistico-concettuale e della fusione del linguaggio scientifico con quello tecnico – stavano alimentando il passaggio dall'idea moderna di diffusione del sapere come leva di emancipazione sociale a una concezione postmoderna di possesso e sfruttamento della conoscenza come strumento di potere economico e politico.

Nello specifico, se l'intreccio tra sapere e potere, le cui origini Lyotard faceva risalire alla *Repubblica* di Platone, aveva trovato la propria legittimazione nei *"grands récits"* della modernità, ovvero

---

[1] Per uno sguardo alla genesi del termine vedi Köhler (1977); Ferraris (2006).

nelle metanarrazioni speculative (Hegel), emancipative (Marx) o mitologiche (nazismo e fascismo) che affondavano le proprie radici nel progetto illuministico di matrice kantiana di un progresso umano grazie all'emancipazione dall'ignoranza e dalla schiavitù,[2] a partire dalla seconda metà dell'Ottocento la fiducia in questi sistemi filosofici era entrata in crisi a causa dei mutamenti storici, sociali, politici e culturali. Gli avvenimenti che si erano poi susseguiti nella prima metà del Novecento, sfociati nei totalitarismi e nella Seconda Guerra Mondiale, avevano segnato il completo abbandono di ogni pretesa visione unitaria di emancipazione e progresso dell'umanità. Se, però, la consapevolezza riguardo alla capacità tecnica di autodistruzione dell'essere umano, insieme alla tensione che questa consapevolezza accompagnava (la guerra fredda e la minaccia nucleare), aveva lasciato l'umanità destabilizzata e priva di ideali regolativi,[3] d'altro lato, a partire dagli anni Cinquanta e Sessanta si era assistito nella società occidentale a uno sviluppo economico molto rapido, accompagnato da una progressiva espansione dei mercati e da un aumento diffuso del benessere materiale. Tra i vari fattori che avevano favorito il boom economico c'era stata soprattutto la serie di rivoluzioni tecnologiche nel campo della comunicazione e dell'informatizzazione che aveva segnato il passaggio da una società industriale di produzione, fondata sulla meccanica, a una società post-industriale basata sull'informazione.[4]

POSTMODERNITÀ E SOCIETÀ DIGITALE: L'ATTUALITÀ DI LYOTARD

Ora, punto centrale dell'analisi lyotardiana che si rivela particolarmente interessante per una riflessione sugli archivi digitali oggi è

---

[2] Cfr. Lyotard (2005, 61-87).

[3] Paradigmatiche a riguardo sono a mio avviso, da un lato l'interpretazione della società americana postindustriale che è stato proposto dal sociologo Cristopher Lasch (1979; 1984), dall'altro alcune opere letterarie riconducibili alla letteratura postmoderna americana, come, ad esempio, *La fine della strada* di John Barth (1958) o *Americana* di Don DeLillo (1971). Per un approfondimento mi permetto di rimandare a Baggio (2022, 89-96).

[4] Questa trasformazione ha portato con sé una progressiva omogeneizzazione della cultura che si inscrive «nel *complesso* sociologico costituito dall'economia capitalista, dalla democratizzazione dei consumi, dalla formazione e lo sviluppo del nuovo salariato e dei valori dei *white collars*», diventando all'interno delle classi sociali promosse dal nuovo salariato, «il luogo comune, il veicolo di comunicazione tra questi differenti strati e differenti classi» (Morin 1963, 41).

la natura e il ruolo del sapere in cui sono immerse le società occidentali odierne. In particolare, per quanto il *rapport* di Lyotard sia su alcuni aspetti datato, essendo ormai passati quasi cinquant'anni dalla sua pubblicazione, esso evidenzia un aspetto chiave palese nell'attenzione quasi spasmodica che al giorno d'oggi si dà alle competenze e alla cosiddetta "economia della conoscenza", ovvero la messa a valore economico delle informazioni (Drucker 2006). Ciò riguarda, in particolare, il passaggio da una concezione qualitativa del sapere, il cui possesso si rivelava strumento di potere per l'emancipazione dall'ignoranza e dal soggiogamento sociale, alla sua declinazione in termini quantitativi di competenza tecnico-comunicativa e di accessibilità, criteri dipendenti da trasformazioni tecnologiche di traducibilità sintattico-semantica della conoscenza in messaggi/informazioni fruibili attraverso linguaggi-macchina. Ciò ha comportato una drastica riduzione del tipo di articolazioni semantiche proprie delle conoscenze analogiche e una correlata influenza sui modi determinanti della ricerca, archiviazione e trasmissione delle conoscenze. La crescente egemonia dell'informatica ha infatti imposto alla natura analogica del sapere non quantitativo una logica binaria: l'archiviazione e trasmissione del sapere si mostra sempre più limitata dalla sua potenziale digitalizzazione.[5]

Di questo processo di mutazione dei connotati del sapere ne risentono in modo particolare quegli elementi che caratterizzano il portato identitario e specifico delle differenti culture e che giustificano le richieste di riconoscimento e le azioni di autodeterminazione dei singoli e delle collettività. Tale mutazione, infatti, che riconduce la conoscenza non più a un processo cognitivo che coinvolge capacità di comprensione critica e di costruzione di una memoria collettiva, ma a mero possesso di informazioni, ovvero di dati preorganizzati per una fruizione performativa da parte dei singoli utenti, rende

---

[5] Come scriveva nel 1950 Norbert Wiener, il padre della cibernetica: «la società può essere compresa soltanto attraverso lo studio dei messaggi e dei mezzi di comunicazione relativi ad essi; [...] nello sviluppo futuro di questi messaggi e mezzi di comunicazione, i messaggi fra l'uomo e le macchine, fra le macchine e l'uomo, e fra macchine e macchine sono destinati ad avere una parte sempre più importante.» (Wiener 1950, 23-24 [trad. it.]). Cfr. Bell (1973); Touraine (1968).

l'accesso a tali informazioni centrale per il funzionamento delle co-siddette *"démocraties médiatiques"*, ovvero di quei sistemi politici in cui i mezzi di comunicazione sono il principale luogo di influenza e potere.[6]

Il processo di digitalizzazione delle conoscenze, vale a dire della loro trasformazione in dati da archiviare in banche dati, ha alimentato, dietro l'apparente illusione di una democratizzazione di accessibilità del sapere grazie all'orizzontalità dello strumento di archiviazione, comunicazione e fruizione, un ampliamento delle disuguaglianze sociali dovuto alla crescente egemonia dei pochi soggetti detentori delle banche dati.[7] Il rapporto tra chi detiene il sapere e i suoi fruitori, infatti, diventa un rapporto egemonico ed economico tra i possessori di dati – proprietari delle banche dati – i mediatori, ovvero intermediari che mettono insieme tali dati e ne forniscono una interpretazione sotto forma di informazione, e gli utenti fruitori finali, che si servono di queste informazioni preformate. Come aveva già anticipato Lyotard, le banche dati sono diventate le nuove enciclopedie che eccedono i singoli fruitori, e chi possiede tali banche dati sono soggetti economicamente appetibili,[8] poiché ciò che detengono assume valore economico: le informazioni sono la principale forza produttiva, sono merce di scambio il cui possesso offre un vantaggio anche su un piano politico, dato che chi ha il potere economico ha più possibilità di accesso alle informazioni e ciò permette di avere degli elementi per accrescere ulteriormente la propria capacità previsionale e decisionale, in un circolo vizioso che si autoalimenta.[9]

A riprova di questa tesi è il problema odierno del divario digitale tra chi ha accesso alla rete, e quindi alle informazioni digitalizzate, e chi invece non ha connessione. Il *Digital Divide* è uno degli aspetti principali di radicalizzazione del rapporto problematico tra accesso

---

[6] Per uno sguardo più recente sul rapporto tra media e democrazia rimandiamo, fra i numerosi studi, a Soroka & Wlezien (2022); Zarka (2002); Monière (2018).

[7] Cfr. Nielsen (2014); Asswad & Marx Gómez (2021).

[8] Cfr. Lyotard (1979, 94 [trad. it.]). Vedi anche Cukier & Mayer-Schönberger (2013); Weinberger (2012); Sartori (2006, 146 ss).

[9] Cfr. Lyotard (1979, 14 [trad. it.]).

al sapere ed esercizio del potere, economico e politico, dato che tale divario è principalmente dovuto alla mancanza di risorse economiche: la maggior parte della popolazione mondiale, soprattutto nei Paesi in via di sviluppo, al giorno d'oggi non ha accesso ad internet, sebbene tale accesso sia oramai una priorità per lo sviluppo economico di una popolazione, oltre che – e questo è l'aspetto centrale che più ci interessa nel quadro delle nostre riflessioni – della costruzione e ricostruzione della memoria collettiva condivisa. Si tratta di un diritto fondamentale ma non riconosciuto a tutti.[10] Se l'accesso a internet fosse garantito, infatti, potrebbe essere utilizzato da minoranze o da soggetti collettivi sottorappresentati per fini politici come il cyberattivismo, la connessione e il mantenimento di relazioni tra popoli, la creazione di archivi digitali per preservare e promuovere la cultura e la costruzione e ri-costruzione di una memoria pubblica condivisa.[11]

Su quest'ultimo punto si aprono, però, alcuni aspetti problematici che riguardano la formazione e il ruolo degli archivi digitali.

Archivi digitali: alcune questioni da considerare

Una volta superata la barriera dell'accesso a internet, la possibilità di costruire archivi digitali è legata alla questione della selezione delle fonti a cui attingere. In che modo il rapporto tra chi si occupa dei contenuti (chi ha la conoscenza da trasmettere) e chi si occupa di costruire gli archivi digitali (chi ha la competenza tecnica per archiviare) condiziona le possibili scelte? Prendendo anche qui spunto da Lyotard, è possibile notare che nell'era della digitalizzazione vi è stata una crescente marginalizzazione di figure un tempo riconosciute come portatrici del sapere collettivo, figure che, in quanto soggetti di memoria che attraverso la narrazione dell'identità di una comunità ne legittimavano la sopravvivenza, garantivano il legame sociale che sulla memoria di tale sapere collettivo si radicava. Al posto di queste figure si sono affermati manager e

---

[10] Tra i numerosi studi rimandiamo a Sambuli (2016); James (2010); Kuika Watat & Mekonnen (2020).

[11] Per una ricognizione delle varie ricerche sul tema vedi tra i molti, Beel *et al.* (2017); Korostelina & Barrett (2023); Haskins (2007); Dever (2019); Bishop (2017).

professionisti della "information and communication technology (ICT)", ovvero "competenti" (e non "sapienti") di archiviazione e gestione delle informazioni, vale a dire di selezione, conservazione, utilizzo e diffusione performativa dei dati digitalizzati. In questo rapporto di mediazione squilibrato fra chi ha il sapere e chi è in grado di gestirne il passaggio al digitale e costruire quindi un archivio di tale sapere, vi è il rischio di una selezione delle informazioni in base alla loro traducibilità in linguaggio informatico, per cui il criterio tecnico influenza la selezione del contenuto da archiviare e, una volta archiviato, rendere fruibile o cancellare nel momento in cui sia necessario fare spazio a nuove informazioni. In altre parole, la digitalizzazione del sapere ha portato a una crescente importanza di soggetti che, esterni alla costruzione del sapere, ne condizionano la possibilità della sua persistenza e diffusione poiché sono responsabili dell'archiviazione e gestione delle conoscenze, esacerbando in tal modo il problema tra chi detiene il sapere e chi lo rende fruibile.[12]

Perché, ad esempio, abbiamo accesso ad alcuni tipi di fonti digitalizzate e non ad altre? Seguendo la prospettiva delineata da Lyotard, potremmo rispondere a questa domanda evidenziando che il processo di valorizzazione economica del sapere digitalizzato coinvolge necessariamente anche la valutazione sui dati da archiviare, su quelli archiviati da tenere o da cancellare definitivamente e sul tipo di accesso ai dati.[13] Ne va, in altre parole, della costruzione della memoria stessa di una cultura, di una popolazione, di un soggetto pubblico o privato.

Il tema della selezione e gestione dei dati evidenzia un'ulteriore questione: come riuscire a riconoscere nella miriade di dati archiviati quelli che mancano ma che si rivelano centrali per la delineazione di una certa realtà qualitativa (pensiamo ai dati riguardo alle minoranze)? In altre parole, qual è il criterio per valutare quali dati ritenere informazioni utili a costruire una conoscenza collettiva? Tali

---

[12] Cfr. Pearche-Moses & Davis (2008).
[13] Cfr. Ferraris (2021). Cfr. Bella (2025).

questioni si rivelano centrali per poter valorizzare una prospettiva propositiva di costruzione e utilizzo di memorie collettive digitali.[14]

A questa questione si intrecciano altri aspetti critici, come quello riguardante i partenariati pubblico-privato, che guidano sempre più gli sforzi di digitalizzazione del materiale, e queste pressioni modellano l'accesso a particolari insiemi di fonti.[15] Vi è infatti uno squilibrio di base che favorisce pesantemente gli interessi aziendali del diritto d'autore e sfavorisce gli interessi pubblici e dell'accesso pubblico (Mulligan & Schults 2002).

Si rischia, quindi, che gli archivi digitali possano arrivare a rappresentare una comprensione ristretta della cultura e dell'identità,[16] o che vengano utilizzati al fine di strumentalizzare documenti archiviati per usi politici, storici, giudiziari, culturali e artistici altrimenti connaturati agli archivi per la costruzione di verità "alternative".[17] A tale rischio di una limitazione della rappresentabilità del sapere si connette quello ancora maggiore della cancellazione di una certa conoscenza, proprio a causa della perdita dei dati archiviati. Come ha notato recentemente Abigail De Kosnik (2021), la fragilità stessa dei dati digitali e dei siti internet, così come il fatto che i contenuti digitali siano così inclini alla scomparsa e alla perdita, deve interrogarci sull'illusione di una durata eterna dell'archivio digitale. È infatti molto probabile che la maggior parte degli archivi digitali attualmente esistenti non arriveranno al prossimo secolo. Questo anche perché un problema tutt'altro marginale che si sta palesando riguarda la crescente difficoltà di gestione del volume dei dati memorizzati: se il progresso tecnologico ha permesso la memorizzazione in vari formati, strutturati e non strutturati, tale varietà è diventata troppo ampia, soprattutto perché connessa alla

---

[14] Per un approfondimento rimandiamo a Ernst (2012); Oliver *et al.* (2011).

[15] Cfr. Thylstrup (2019); Kriesberg (2015).

[16] In linea con quanto aveva affermato Foucault: «L'archivio è innanzitutto la legge di ciò che si può dire, il sistema che regola l'apparizione delle dichiarazioni come eventi unici». Foucault (1969, 170).

[17] Cfr. Derrida (1995, 15n): «non c'è potere politico senza controllo dell'archivio, se non della memoria. Un'effettiva democratizzazione può essere misurata in base a questo criterio essenziale: la partecipazione e l'accesso all'archivio, alla sua costituzione e alla sua interpretazione.» Sulla manipolazione delle informazioni e la costruzione di post-verità cfr. Maddalena, Gili (2017); Ferraris (2017).

velocità del flusso di dati dipendente anche dal ritmo con cui devono essere raccolti, analizzati e recuperati tali dati eterogenei (Pence 2014-2015). La quantità di dati a disposizione rende infatti difficile dare rilievo a quelli riconosciuti come fruibili, e quindi come dati da preservare in un archivio digitale. Inoltre, insieme al problema del metodo di selezione, si sta facendo sempre più incombente il problema della disponibilità di infrastrutture, tecnologie e competenze per selezionare e gestire l'abbondanza di tali dati.

CONCLUSIONE

Se nell'era della digitalizzazione la conoscenza viene assimilata al possesso della maggior quantità di informazioni da mettere a profitto grazie a *know how* specifici connessi alla loro produzione e gestione,[18] il rischio è quello di ritrovarci immersi in un mondo che non ci chiede più di essere compreso attraverso le dinamiche di sapere tradizionali ma richiede piuttosto una capacità di gestione di una crescente mole di informazioni. Gli effetti che i mutamenti legati all'informatizzazione hanno portato sulla gestione, trasformazione e diffusione del sapere pongono una questione chiave riguardo al nostro destino in quanto membri di una società paradossalmente sempre più frammentata sebbene iperconnessa. In questo contesto ognuno di noi si ritrova immerso in un mondo che alimenta ansia e inquietudine perenne dal momento che siamo chiamati continuamente a selezionare, elaborare e giudicare sulla base di un continuo bombardamento di informazioni. Le nostre libertà si rivelano sempre più condizionate dalle nostre capacità di smascheramento delle dinamiche di dominio di un sistema che dietro alla promozione della diffusione del sapere riduce sempre più l'espressione della libertà all'assecondare le stimolazioni che ci incitano a lasciarci guidare dalla scelta che si "consuma" nell'immediato.

---

[18] Come è stato recentemente notato il possesso di dati sta portando a una nuova economia in ascesa e sta cambiando radicalmente il modo in cui vengono condotte le attività commerciali. Cfr. *Data Is Giving Rise to a New Economy*, in «The Economist», 6 maggio 2017 (https://www.economist.com/briefing/2017/05/06/data-is-giving-rise-to-a-new-economy); Davenport *et al.* (2012); Wamba *et al.* (2015).

Dovremmo allora insistere su un piano politico sulla proposta di Lyotard, ovvero quella di promuovere una maggiore trasparenza delle informazioni e delle conoscenze tecniche a disposizione e un accesso sempre più libero alle banche dati. Inoltre, sarebbe necessario, da un punto di vista formativo, che anche chi si occupa di conoscenze umanistiche apprendesse competenze tecnico-informatiche utili alla costruzione di archivi digitali, al fine di porsi su un piano di discussione meno asimmetrico con chi esercita le competenze tecniche per contribuire attivamente ai processi di selezione e archiviazione delle conoscenze da digitalizzare per il mantenimento delle tracce di memoria essenziali alla legittimazione delle storie dell'umanità.

BIBLIOGRAFIA

"Data is giving rise to a new economy. How is it shaping up?," *The Economist*, 6 maggio 2017 (https://www.economist.com/briefing/2017/05/06/data-is-giving-rise-to-a-new-economy) (Ultima consultazione: settembre 2024).

Asswad, Jad-Marx Gómez, Jorge. "Data Ownership: A Survey," *Information*, (12 (11), 465, 2021): 1-32.

Baggio, Guido. *Filosofia e patologia in D.F. Wallace. Solipsismo, noia, alienazione e altre cose (poco) divertenti*. Torino: Rosenberg & Sellier, 2022.

Barth, John. *The End of the Road*. New York: Doubleday, 1958 (trad. it. *La fine della strada*. Roma, minimum fax, 2004).

Beel, David E.-Wallace, Claire D.-Webster, Gemma-Nguyen, Hai-Tait, Elizabeth-Macleod, Marsaili-Mellish, Chris. "Cultural resilience: The production of rural community heritage, digital archives and the role of volunteers," *Journal of Rural Studies*, (54), 2017: 459-468.

Bell, Daniel. *The coming of Post-industrial Society*, New York: Penguin, 1973.

Bishop, Catherine. "The Serendipity of Connectivity: piecing together Women's Lives inrchive," *Women's History Review*, (26:5, 2017): 766-780.

Bella, Michela. *Archivi e plusvalore. Una riflessione sulla* documanità, in C. Cattarulla, A. Di Matteo, G. Baggio (a cura di), *Archivi americani: virtualità, memoria, archeologia mediale*, Bordighera Press, New York 2025, pp. 50-64.

Cassirer, Ernst. *The Myth of the State*. New Heaven: Yale University Press, 1945 (trad. it. *Il mito dello stato*, Milano, Longanesi, 1971).

Cukier, Kenneth-MAYER-SCHÖNBERGER, Viktor. *Big Data: A Revolution That Will Transform How We Live, Work and Think*. New York: Houghton Mifflin Harcourt, 2013.

Davenport, Thomas H.-BARTH, Paul-BEAN, Randy. "How 'Big Data' Is Different," *MIT Sloan Management Review*, (54:1), 2012.

De Kosnik, Abigail. *Rogue Archives. Digital Cultural Memory and Media Fandom*. Cambridge MA, MIT, 2021.

DeLillo, Don. *Americana*. Boston: Houghton Mifflin, 1971 (trad. it. *Americana*, Torino, Einaudi, 2008).

Derrida, Jacques. *Mal d'Archive*. Paris: Galilée, 1995.

Dever, Maryanne (ed.). *Archives and New Modes of Feminist Research*. New York: Routledge, 2019.

Drucker, Peter F.. *The Effective Executive: The Definitive Guide to Getting the Right Things Done*. New York: HarperCollins, 2006.

Ernst, Wolfgang. *Digital Memory and the Archive*. Edited by Jussi Parikka. Minneapolis: University of Minnesota Press, 2012.

Ferraris, Maurizio. *Tracce. Nichilismo moderno postmoderno*. Milano: Mimesis, 2006.

Ferraris, Maurizio. *Documanità*. Roma-Bari: Laterza, 2021.

Ferraris, Maurizio. *Postverità e altri enigmi*. Roma-Bari: Laterza, 2017.

Foucault, Michel. *L'archeologie du savoir*. Paris, PUF, 1969.

Haskins, Ekaterina. "Between Archive and Participation: Public Memory in a Digital Age," *Rhetoric Society Quarterly*, (37:4, 2007): 401-422.

Köhler, Michael. "'Postmodernismus': Ein Begriffgeschichtlicher Überblik." *Amerikastudien/American Studies* (22/1977): 8-18 (trad. it. "'Postmodernismo': un panorama storico-concettuale", in AA. VV., *Postmoderno e letteratura. Percorsi e visioni della critica in America*. Milano: Bompiani, 1984. 109-122.

Korostelina, Karina V.-Barrett, Jocelyn. "Bridging the digital divide for Native American tribes: Roadblocks to broadband and community resilience," *Policy & Internet* (15/3, September 2023): 306-326.

Kriesberg, Louis. *Realizing Peace: A Constructive Conflict Approach*. New York: Oxford University Press, 2015.

Kuika Watat, Josue-Mekonnen, Gideon. "Breaking the Digital Divide in Rural Africa," *AMCIS 2020 Proceedings. 2*, 2020 (https://aisel.aisnet.org/amcis2020/global_dev/global_dev/2) (Ultima consultazione: settembre 2024).

James, Jeffrey. "Mechanisms of access to the Internet in rural areas of developing countries," *Telematics and Informatics*, (27/4, November 2010): 370-376.

Lasch, Christopher. *The Minimal Self: Psychic Survival in Troubled Times*. New York: W. W. Norton & Company, 1979 (trad. it., *L'io minimo. La mentalità della sopravvivenza in un'epoca di turbamenti*. Milano: Feltrinelli, 2004).

Lasch, Christopher. *The Culture of Narcissism: American Life in an Age of Diminishing Expectations*. New York: W. W. Norton & Company, 1991 (trad. it. *La cultura del narcisismo*. Milano: Bompiani, 1992).

Lyotard, Jean-François. *La condition postmoderne: rapport sur le savoir*. Paris: Les Éditions de Minuit, 1979 (trad. it. *La condizione postmoderna. Rapporto sul sapere*. Milano, Feltrinelli, 2007).

Lyotard, Jean-François. *Le postmoderne exliqué aux enfants*. Paris, Galilée, 2005.

de Onìs, Federico. *Antología de la poesía española e hispanoamericana (1882-1932)*. Sevilla: Edición y estudio introductorio de Alfonso García Morales, Editorial Renacimiento, 2012.

Maddalena, Giovanni-GILI, Guido. *Chi ha paura della post-verità?* Bologna: Marietti 1820, 2017.

Monière, Denis. *Démocratie médiatique et représentation politique*. Montréal: Presses de l'Université de Montréal, 2018.

Morin, Edgar. *L'industria culturale. Saggio sulla cultura di Massa*. Bologna: il Mulino, 1963.

Mulligan, Deirdre K.-Schults, Jason M. "Neglecting the National Memory: How Copyright Term Extensions Compromise the Development of Digital Archives, 4 J.," *App. Prac. & Process*, (451, 2002).

Nielsen, Michael (2014). *Who Owns Big Data?* (https://www.bbvaopenmind.com/wp-content/uploads/2014/03/BBVA-Open Mind-Who-Owns-Big-Data-Michael-Nielsen.pdf.pdf) (Ultima consultazione: settembre 2024).

Oliver, Gillian-Chawner, Brenda, Liu, Hai Ping. "Implementing digital archives: issues of trust," *Archival Science*, (11, 2011): 311-327.

Pearce-Moses, Richard-Davis, Susan E. (eds.). *New Skills for a Digital Era*. Chicago IL: Society of American Archivists, 2008 (http://files.archivists.org/pubs/proceedings/NewSkillsForADigitalEra.pdf) (Ultima consultazione: settembre 2024).

Pence, Harry A. "What Is Big Data and Why Is It Important?" *Journal of Educational Technology Systems*, (43/2, 2014-2015): 159-171.

Sambuli, Nanjira. "Challenges and opportunities for advancing Internet access in developing countries while upholding net neutrality," *Journal of Cyber Policy*, 1(1) 2016: 61-74.

Sartori, L., *Il divario digitale*. Bologna: Il Mulino, 2006.

Soroka, Stuart. N.-Wlezien, Christopher. *Information and Democracy. Public Policy in the News*. Cambridge MA: Cambridge University Press, 2022.

Thylstrup, Nanna Bonde. *The Politics of Mass Digitization*. Massachussets: MIT, 2019

Touraine, Alain. *La société post-industrielle. Naissance d'un société*. Paris: Denoël, 1968 (trad. it. *La società postindustriale*, Bologna, Il mulino, 1970).

Wamba, Samuel Fosso-Akter, Shahriar-Edwards, Andrew-Chopin, Geoffrey-Gnanzou, Denis. "How 'Big Data' Can Make Big Impact: Findings from a Systematic Review and a Longitudinal Case Study," *International Journal of Production Economics*, (165), 2015: 234-246.

Weinberger, David. *Too Big to Know: Rethinking Knowledge Now That the Facts Aren't the Facts, Experts Are Everywhere, and the Smartest Person in the Room is the Room*. New York: Basic Books, 2012.

Wiener, Norbert. *The Human Use of Human Beings*. Boston: Houghton Mifflin Company, 1950 (trad. it. *Introduzione alla cibernetica*, Torino, Boringhieri 1966).

Zarka, Yves Charles. "Démocratie et pouvoir médiatique", *Cités* (2002/2, n° 10): 119-129.

Archivi e plusvalore
Una riflessione sulla *Documanità*

Michela Bella
Università del Molise

ABSTRACT: Il contributo si basa sugli ultimi lavori di Maurizio Ferraris, concentrandosi in particolare su *Documanità* (2021), la cui tesi è che la società digitalizzata occidentale, dominata dall'archiviazione di atti consapevoli e inconsapevoli, testimoni un momento storico in cui, con le dovute distinzioni, sono presenti mai come prima molte delle condizioni prospettate da Marx ed Engels per la realizzazione del comunismo. In particolare, il potere della rete di registrare dati modifica da un punto di vista ontologico le azioni in documenti, e l'archiviazione di tali documenti produce plusvalore economico che va riconosciuto e ricompensato.

INTRODUZIONE

Da diversi decenni per parlare della società contemporanea si è passati dalla metafora della solidità a quella ormai unanimemente più accreditata della fluidità, a partire dalla ben nota metafora sociologica di Zygmunt Bauman (2002). La fluidità, intesa come individualizzazione estrema, continuo e rapido cambiamento e precarietà, è stata articolata anche come una modalità di ricezione della critica, che ha perso di vista le strutture sociali per guardare, invece, ai singoli individui consumatori. Nella frammentazione della sfera pubblica e sulla scorta della spinta di accelerazione impressa dalle nuove tecnologie ai mutamenti sociali, il modo in cui definiamo cosa è *sociale* e come la concezione di socialità sia andata così rapidamente trasformandosi è un tema centrale non soltanto per le scienze sociali ma anche per la psicologia e la filosofia. L'analisi e la comprensione profonda dei fenomeni sociali richiedono approcci che sappiano guardare alle conseguenze, alle ricadute e agli effetti di breve e lungo corso di tali cambiamenti nelle pratiche quotidiane. Sebbene la costruzione di un'ontologia sociale non sia l'obiettivo primario delle scienze sociali, la comprensione epistemologica e ontologica del modo in cui i soggetti individuali e collettivi si riconoscono e riconoscono i fenomeni sociali attraverso il tempo e il cambiamento è necessaria per elaborare gli strumenti metodologici più adeguati all'analisi degli stessi fenomeni sociali (Donati 2021).

Al fine di contribuire a elaborare una cornice teorica di riferimento, in questo articolo si presenta una breve analisi della proposta teoretica del filosofo torinese Maurizio Ferraris. Da tempo, infatti, il suo interesse per l'ontologia sociale e per le trasformazioni che le nuove tecnologie hanno introdotto nelle pratiche umane è al centro di numerosi dibattiti. L'intento di questo breve saggio è di approfondire in modo particolare la sua recente filosofia del mondo nuovo o della documanità quale contributo filosofico utile alla disamina della centralità della memoria nella forma di documenti nella vita della società e dei singoli e, quindi, della pratica controversa della loro archiviazione. In questa prospettiva, un aspetto chiave della sua proposta di guardare senza vittimismo e disfattismo alla crisi contemporanea è l'idea che "in un ambiente capace di archiviazione, la passività, il bisogno, che può venire capitalizzato, si trasforma in attività" (Ferraris 2021, 313). Si accennerà in conclusione ad alcune criticità della visione documediale nella prospettiva di una concezione di realismo ricco (Maddalena, Gili 2020).

UNA SOCIETÀ ISTERETICA

Quello di Ferraris è un lavoro di sintesi e sviluppo di precedenti sforzi di ragionare sull'ontologia del telefonino (Ferraris 2006) e sulla documentalità (Ferraris 2009) al fine di inserirli nel rapidamente mutato contesto odierno. Già in *Documentalità* (2009), Ferraris sottolineava il ruolo preminente per la vita sociale di iscrizioni e registrazioni. Proprio perché la memoria e l'imitazione sono funzioni alla base di accordi e comportamenti sociali, i documenti e gli archivi svolgono un ruolo centrale nella storia dell'umanità, tanto più di quella recente, in cui la quotidianità di miliardi di persone è stata trasformata profondamente dall'uso pervasivo di computer, telefonini e web. Già in questo testo, Ferraris chiariva come i recenti fenomeni sociali avessero rivelato il fatto che la realtà sociale sia basata in modo sostanziale (e non accidentale) su iscrizioni e registrazioni. Rispetto a questa presa di coscienza, il filosofo torinese ha continuato a sviluppare la sua riflessione tenendo conto di come il Web sia divenuto il più grande apparato di registrazione sviluppato dall'umanità. L'umanità è oggi più che mai connessa e "[q]uesta connessione, ogni giorno, produce un numero di *oggetti socialmente rilevanti* maggiore di quanto non ne producano tutte le fabbriche del mondo: una mole immane di atti, contatti, transazioni e tracce codificati in 2,5 quintilioni di byte" (Ferraris 2021, 6).

La registrazione, come vedremo, produce oggetti sociali e tali oggetti sono dati disponibili per l'archiviazione e potenzialmente per la loro manipolazione in una quantità e velocità che non hanno precedenti. Se non si parte da questa consapevolezza, senza allarmismi o pessimismi inconcludenti, non è possibile cogliere la rivoluzione in corso, i suoi rischi e soprattutto le sue potenzialità. La rivoluzione in corso, che Ferraris definisce *documediale* "perché si basa sulla intersezione fra la crescita della documentalità, la produzione di documenti in quanto elemento costitutivo della realtà sociale, e quella della medialità, che nel digitale non è più uno-a-molti bensì molti-a-molti" (2021, vii), sta producendo un mondo nuovo, un capitale nuovo e una nuova umanità documediale da comprendere profondamente e con cui cominciare a fare i conti praticamente.

Nell'indagare il fenomeno della registrazione che è divenuto centrale con il Web, Ferraris intende la "registrazione" nel senso husserliano di "ritenzione"[1] che approfondisce ricorrendo al concetto speculativo d'*isteresi*, da "hysteron" (dopo), ossia quel "fenomeno di *ritardo* per cui un evento precedente interviene nel presente, e deve dunque essere tenuto in conto" (2021, 8). L'isteresi non è altro che "la sopravvivenza degli effetti alle proprie cause," "la possibilità di un sistema di tener traccia degli stati precedenti" (Ferraris 2020, 69, 96; cfr. Mayergoyz, Bertotti 2005) e viene articolato da Ferraris come un principio metafisico di cui tenta di rintracciare le implicazioni ontologiche, tecnologiche, epistemologiche e teleologiche. Un esempio che consente di illustrare questo processo che caratterizza non soltanto la società odierna ma l'essere in quanto

---

[1] Tuttavia, evitandone le implicazioni psicologiche, cfr. Ferraris (2020), Husserl (1998), Stiegler (2011).

tale è quello della goccia che fa traboccare il vaso, una goccia quantitativamente uguale alle precedenti ma che capitalizzando l'accumulo produce conseguenze di più ampia e differente portata.

Se la registrazione di documenti è vitale per il mondo sociale e la produzione di memorie, archivi, tradizioni e linguaggio, il Web ha avuto il merito di rendere manifeste ed esasperare le funzioni che in essa operano: "l'*iterazione* (che qualcosa si ripeta), l'*alterazione* (che qualcosa, nel ripetersi, subisca un mutamento) l'*interruzione* (che prima o poi tutto finisca)" (Ferraris 2020, 97). La registrazione, che è esplosa con il Web è, secondo Ferraris, ciò che tiene insieme la rete. Le reti che permettono la trasmissione e lo scambio – codici, archivi, memoria, trasmissione – ne hanno favorito lo sviluppo, senza reti non ci sarebbero il linguaggio, le istituzioni, la tecnologia, la politica e la storia. In questa visione, il Web può sembrare una naturale evoluzione di altre reti di cui è stata costellata la storia dell'umanità e tuttavia funge da lente di ingrandimento delle reti precedenti. Il web è "uno spazio in cui il passato è ripetuto dalla materia e ricordato dalla memoria" e in cui sussiste una solidarietà profonda di spazio e tempo (Ferraris 2021, 11). La registrazione consente i fenomeni di acculturazione e capitalizzazione, ossia la conservazione di quel che è stato in vista di un suo nuovo utilizzo o messa a frutto. Lo sviluppo tecnologico ha potenziato l'efficacia della registrazione consentendo di superare i limiti delle memorie individuali e il formarsi di archivi comunitari di sempre più vasta estensione. Si tratta di fenomeni estremamente utili e funzionali, in quanto, anche da un punto di vista evolutivo, l'idea di perdere memoria dell'esperienza pregressa e dover reimparare sempre da zero implicherebbe un dispendio di sforzo e tempo non conveniente.

La riflessione di Ferraris mette meglio in luce l'iterabilità della registrazione. La possibilità di registrazione di eventi potenziata dalla quarta rivoluzione tecnologica consente di ripetere qualcosa di passato come presente, di tenerne traccia nel presente per un tempo e in uno spazio indefiniti, rafforzando in questo senso anche gli stessi meccanismi di "normatività, l'accumulo di energia, il potenziamento tecnico, la tradizionalizzazione" (2020, 95) che riposano sulla possibilità di reiterazione. All'iterazione è strettamente connessa la funzione di alterazione nella trasmissione di pensieri, ma soprattutto di azioni. L'alterazione di ciò che viene iterato è forse la trasformazione più profonda che il web rende visibile e anche quella che consente l'emergenza del nuovo, il fatto che il presente si ricrea nella reiterazione del passato. Più del mettere in rete o in relazione documenti esistenti, il Web ha il potere di alterare la natura delle azioni trasformandole in documenti. Se la documentazione o registrazione di atti intenzionali, quelli che Ferraris definisce "documenti forti" o "dati" (2021, 43), è tradizionalmente parte della realtà sociale, in quanto gli atti registrati divengono oggetti sociali, l'avanzamento tecnologico consente un potenziamento della funzione di alterazione proprio della registrazione. Infatti, possono essere documentati e archiviati non soltanto gli atti che desideriamo acquistino un valore sociale – come le nascite, i matrimoni e i decessi – ma anche i fatti ("metadati" o "documenti deboli", cfr. Ferraris 2009, 299) che li accompagnano.[2] Si tratta soprattutto di fatti non intenzionali, quali i dati biometrici, le preferenze di consumo, le opinioni, i movimenti, i contatti, le relazioni. Questa possibilità ha aperto a nuovi e vasti scenari di capitalizzazione documediale sulle cui implicazioni si tornerà più avanti. Infine, vi è la funzione d'*interruzione* dell'iterazione e dell'alterazione che conferisce un senso all'intero processo. "L'interruzione è crisi, ossia la cessazione di un sistema di registrazione e iterazione, in forma definitiva o transitoria. Come tale non va concepita come semplice negatività, dal momento che costituisce la condizione di possibilità del significato e della libertà" (2020, 114). La fine di qualcosa (o qualcuno) ne rivela il fine, capiamo quanto teniamo a cose o persone quando muoiono e ordiniamo il mondo dei valori nell'ottica di questa interruzione irreversibile. Ciò rimanda all'evidenza, secondo Ferraris, che sono gli esseri umani a conferire senso e scopo alla tecnologia: la consapevolezza della fine rende la traccia e la sua registrazione così importanti, crea l'esigenza stessa di lasciare

---

[2] Per l'intuizione dell'importanza della registrazione per la costituzione degli oggetti sociali lo stesso Ferraris rimanda a Derrida (1997 [1971]) e prende, invece, le distanze da Austin (2019 [1962]).

traccia. Le macchine non sono organismi, non hanno urgenze e bisogni propri, registrano le forme di vita umana e i dati che noi umani riteniamo essere importanti. In breve, scrive Ferraris, "quando si dice che la memoria non si limita a registrare, ma per l'appunto itera (ossessione), altera (invenzione) e interrompe (oblio) non si fa che riportare sul piano della nostra esperienza diretta un fenomeno metafisico che coinvolge la totalità di tutto ciò che è. È proprio per questo che, per spiegare il fondamento metafisico tanto della esplosione della registrazione in quanto essenza della rivoluzione documediale quanto della centralità della capitalizzazione nella rivelazione della natura umana, sono passato dal termine generico di 'registrazione' e da quello principalmente antropomorfico di 'memoria' a quello di 'Isteresi'" (Ferraris 2020, 112).

I SEGNI DELLA DOCUMANITÀ

Il passaggio dalla tecnologia analogica a quella digitale è stato una rivoluzione talmente profonda da condurre l'umanità dentro un nuovo ecosistema che bisogna imparare a comprendere per poter agire efficacemente. Per caratterizzare l'umanità che dovrà confrontarsi con le nuove sfide poste dalla rivoluzione in corso, Ferraris individua quattro segni: 1) la rivoluzione documediale, 2) il passaggio dalla produmanità alla documanità, 3) il rapporto tra signoria e servitù, e 4) l'umanità a venire. Partendo dal primo segno, come anticipato, Ferraris definisce la rivoluzione in corso come "documediale" in quanto "si basa sulla intersezione tra la crescita della documentalità, la produzione di documenti in quanto elemento costitutivo della realtà sociale, e quella della medialità, che nel digitale non è più uno-a-molti ma molti-a-molti" (2021, vii). Tale rivoluzione è radicale in quanto dipende dal funzionamento delle tecnologie e, nello specifico, dalla centralità della registrazione e delle funzioni che in essa operano. Nella società documediale è entrato in gioco un nuovo capitale rivoluzionario e saldamente legato alla tecnologia, che non è il capitale delle rivoluzioni industriali e neanche quello della rivoluzione finanziaria. Si tratta, appunto, del capitale legato alla produzione di documenti in un ambiente, il

Web, in cui la medialità è molti-a-molti. Come scrive Ferraris, il passaggio dal guardare un programma in televisione, su un medium analogico, al guardare un video sul web, medium digitale, è una vera "rivoluzione copernicana". La chiave per comprendere tale rivoluzione è legata alla tecnologia del medium capace di registrare e archiviare abitudini e preferenze degli utenti.

"Nel primo caso, siamo noi che guardiamo il video, passivamente, tanto è vero che prima o poi ci addormentiamo. Nel secondo, per così dire, è il video che guarda noi, tenendo traccia delle nostre abitudini e preferenze, dei commenti che facciamo, delle persone a cui inviamo il link, della frequenza con cui ritorniamo, e stimolandoci ad azioni, tanto è vero che non credo che nessuno si sia addormentato davanti al telefonino, a meno che lo usasse come televisore, ma anche in quel caso, a differenza del televisore, il telefonino annotava impassibilmente l'ora, il giorno, l'illuminazione ambientale e tante altre cose" (Ferraris 2021, vii).

In breve, Ferraris insiste su come il Web abbia innescato un cambiamento rivoluzionario, rimodellando costantemente la natura dei contenuti che archivia. In particolare, oltre a conoscenze e informazioni, in rete si accumulano atti sociali ed è per questo che internet diviene una piattaforma importante per la costruzione della realtà sociale, seppure a differenza delle aspirazioni dei suoi inventori, sia ancora una realtà da indagare e conoscere.

L'esigenza di un ripensamento antropologico accompagna la comprensione filosofica della rivoluzione documediale. Ferraris traduce questa necessità nel passaggio dalla "produmanità" alla "documanità" facendo leva sulla tesi del consumo-valore, ossia che il consumo sia una forma di lavoro e che in quanto tale produca valore.

"Se al centro della rivoluzione industriale, fatta di materia, c'era la produzione, al centro della rivoluzione documediale, fatta di memoria, c'è il consumo. Le macchine possono produrre infinitamente più e meglio degli umani. Ma nessuna macchina potrà mai consumare, e anzi deve necessariamente farlo per tenersi in vita" (2021, viii).

Per Ferraris il consumo è il *proprium* dell'umano, "il bisogno organico inserito in un contesto sociotecnico" (2021, 331). Partendo dal presupposto che le macchine non conoscono fatica, sete, stanchezza, sogni e ideali, la rivoluzione documediale prosegue il sogno tecnologico di riuscire in un tempo più o meno lungo a sollevare gli esseri umani dalle tipologie di lavoro che costano fatica e producono alienazione. Tale processo per quanto non sarà mai completo del tutto, perché vi saranno sempre aree geografiche che rimarranno escluse dalla rivoluzione, sarà un processo che ingenererà una crisi sociale senza precedenti per la sua radicalità e potenziale pervasività. A differenza delle rivoluzioni industriali, infatti, che potevano essere localizzate nelle fabbriche e aree industriali, con le dovute cautele, si può dire che l'ubiquità del web possa consentire alla rivoluzione documediale di arrivare ovunque e che questa potenziale onnipresenza ne esasperi in modo radicale la potenza e la conseguente messa in crisi del sistema sociale e lavorativo ancora ampiamente vigente.[3] Nell'ottica di Ferraris, tuttavia, la crisi lavorativa e sociale che lo sviluppo tecnologico ha già iniziato a produrre va guardata non tanto come una minaccia quanto come un'occasione che necessita di una profonda comprensione filosofica e che, nella migliore delle ipotesi, può realizzare emancipazione rispetto a una concezione di lavoro che sta rapidamente diventando obsoleta. In breve, nella mutata cornice storico-sociale-politica in cui sta già avvenendo questa crisi, le macchine porteranno via una concezione di lavoro che è bene finisca e, in ogni caso, non prenderanno il potere.

L'esclusione dei lavoratori e delle lavoratrici dal lavoro inteso come produzione meccanica non significa escluderli dalla produzione di valore. Ferraris rilancia la dialettica hegeliana servo/padrone a favore della signoria dell'umanità sulla tecnica e si domanda, retoricamente, che senso avrebbe un romanzo giallo o un caricabatterie in un mondo di automi? La rapida evoluzione tecnologica ci

---

[3] L'apparente ubiquità della rete si scontra con la necessità di ubicare moderni data center che ospitano le infrastrutture IT e con le vaste aree territoriali occupate dai magazzini delle società che vendono online, con le relative ripercussioni ambientali e occupazionali.

invita a riconsiderare in profondità la natura umana, i suoi bisogni e le sue modalità di stare al mondo. L'automazione è al servizio dell'umanità ed è inutile se considerata in modo indipendente da usi e fini che le vengono posti. Serve cambiare prospettiva sui rapporti di potere tra umanità e tecnica e prendere consapevolezza che è la forma di vita umana a dare senso, direzione e obiettivi alla produzione tecnologica. E soprattutto che non esiste una "natura umana" definita una volta per tutte, ma che l'umanità è un progetto che può (o meno) crescere in sensibilità rispetto a ingiustizie e disparità. Ecco perché, per Ferraris, "prendersela con il web per il populismo è come prendersela con la radio per il nazismo" (2021, xii); la schiavitù rispetto alla tecnica è la scusa di governanti vittimistici che predicano una rassegnazione morale alla tecnica e non mettono in campo programmi di emancipazione politica. Dal canto loro, i filosofi e le filosofe sono chiamati a lavorare in vista di una comprensione profonda degli eventi storici e per rilanciare la centralità dell'educazione nella reinvenzione dell'umanità nel mondo nuovo.

PLUSVALORE DOCUMEDIALE E RICONOSCIMENTO

Il punto chiave della tesi di Ferraris è la concezione del consumo come lavoro. La mobilitazione dell'umanità prodotta senza apparente fatica fisica e alienazione produce valore nel processo di documedializzazione, quindi di registrazione, archiviazione e trasformazione di azioni in documenti accumulabili, analizzabili e monetizzabili.[4] Nella prospettiva di un neomarxismo liberale, è cruciale risignificare il concetto di valore-lavoro all'interno del nuovo contesto economico, scientifico e culturale introdotto dalla rivoluzione documediale. Ferraris si muove all'interno di una concezione di capitalismo come economia di scambio generalizzato di merci che fa da cornice alla teoria del valore-lavoro marxiana, in cui nella lettura di Bellofiore (2020) è "[l]a forza-lavoro vivente, acquistata col salario, [che] diviene 'parte' (variabile) del capitale. Messa in movimento, come lavoro vivo, produce il neovalore e dunque il plusvalore, che investito dà origine a *tutto* il capitale." A sua volta, Ferraris insiste sul

---

[4] È ben noto il caso della società di consulenza Cambridge Analytica.

valore come frutto del lavoro impiegato per produrre le nuove merci che sono documenti e sulla nuova forma di lavoro che è il consumo digitale connesso alla registrazione e alla possibilità di produzione di documenti in un ambiente, il Web, capace di archiviazione. Se, dunque, le azioni dell'utente divengono documenti-valore nel momento del loro trasferimento alle piattaforme, allora nell'atto stesso della registrazione si produce la *"capitalizzazione istantanea della mobilitazione umana"* (2021, 303). In questa prospettiva, il capitale documediale si divide, infatti, in una parte semantica, quella prodotta sui social network e immediatamente leggibile, e una parte semiotica, che costituisce secondo Ferraris il vero capitale prodotto dai tracciamenti di una moltitudine di abitudini e preferenze che, attraverso un processo di interpretazione, diviene capitale semantico. La documentalizzazione trasforma il consumo passivo in lavoro attivo, ossia produce valore connesso alla registrazione, iterazione e alterazione di atti. Solo in apparenza, perciò, c'è uno scambio equo e reciprocamente gratuito di dati tra utenti e piattaforme. Nel processo di produzione documediale c'è a sua volta un plusvalore da rintracciare e di cui va ottenuto riconoscimento sociale ed economico. Lo sfruttamento del lavoro che si produce nel sistema economico documediale, tuttavia, è più difficile da individuare perché a differenza dalle forme di lavoro produmane, che avvenivano in ambienti preposti producendo fatica e alienazione, il consumo di contenuti digitali è legato alla mobilitazione dell'umanità che è espressione della vita biologica e sociale – guardare previsioni, cercare un ristorante o informazioni di cronaca. Tuttavia, a una lettura più profonda, rimane che tra utenti e piattaforme vi sia uno scambio iniquo di dati: molti dati e più preziosi (come i metadati sui comportamenti) dell'utente vengono scambiati con pochi dati e meno preziosi da parte delle piattaforme (previsioni meteo).[5] Per vedere riconosciuto questo plusva-

---

[5] Tra le critiche principali mosse da Ferraris alla concezione di infosfera di Floridi (2020), c'è proprio l'impossibilità di riconoscere lo sfruttamento del lavoro se si considera il web una infosfera. Per il filosofo torinese, infatti, "l'infosfera è la schiuma superficiale, e particolarmente torbida, di un mare ben più vasto, che definisco 'docusfera'" (Ferraris 2021, 41). La docusfera, inoltre, dipende dalla biosfera, rivelando il ruolo centrale degli esseri umani in quanto portatori di bisogni e urgenze, non di conoscenze (cfr. Ferraris 2021, 36ss).

lore documediale Ferraris auspica una trasvalutazione di tutti i lavori sulla base della concezione del consumo-valore che si lega alla registrazione. Infatti, in un ambiente capace di archiviazione, la rivoluzione documediale implica una rivoluzione dei rapporti fra attività e passività: l'atto della registrazione trasforma azioni e bisogni apparentemente passivi e inutili in attività capitalizzabili. Se la documentalizzazione produce valore è lavoro: ad esempio, la collezione degli atti un tempo considerati privi di valore hanno contribuito a migliorare l'automazione e lo sviluppo di machine learning (AI). È dunque il lavoro alienato degli utenti, nel cedere documenti alle piattaforme, ad avere un valore economico che va riconosciuto. In questo processo di presa di consapevolezza dei consumatori non deve ostacolarci né una concezione classica di lavoro, né una concezione negativa del consumo e dell'ozio.

La proposta di un Webfare liberale e le sue criticità

La società documediale sta creando una forma rinnovata di lavoratori-consumatori. Ferraris parla di mobilitazione dell'umanità perché il consumo legato alla mobilitazione o la mobilitazione in vista del consumo non implicando fatica non viene percepita come lavoro in senso classico. La crisi apparentemente inevitabile e forse auspicabile di forme di lavoro produttive usuranti, a cui contribuisce fortemente la rivoluzione documediale, può instaurare un circolo virtuoso tra automazione e mondo della vita. Se la produzione meccanica è destinata all'automazione, infatti, il consumo materiale e spirituale che, per Ferraris, come abbiamo visto, non può essere automatizzato e produce valore (trasformando così il consumo in lavoro), rimane ciò che conferisce fine a ogni produzione automatizzata e senza di cui nessuna automazione avrebbe senso. A questa visione si accompagna la proposta politica di un *Webfare* (Welfare digitale) liberale, ossia un sistema di redistribuzione del plusvalore documediale sull'impronta del modello illiberale di Webfare introdotto dalla Cina. Nelle parole provocatorie di Ferraris, siamo oggi più che mai vicini a una forma di "comunismo realizzato"[6] e pertanto nelle condizioni migliori per elaborare un comunismo rivisto in senso liberale: "da ognuno secondo le sue capacità, a ognuno secondo i suoi bisogni" (2021, 285) a cui aggiungere le libertà personali, un diritto ormai difficilmente alienabile nelle democrazie occidentali. La tassazione sul plusvalore documediale andrebbe pagata dalle piattaforme, Ferraris ipotizza un'accisa sui documenti prodotti sul web frutto di una negoziazione politica a livello europeo. Questa tassazione potrebbe arrivare a costituire un reddito minimo universale: una forma di "retribuzione di una forza lavoro indispensabile per la sopravvivenza delle piattaforme" (2021, 329).

Questa proposta politica necessita evidentemente di una visione culturale di lungo corso in cui si investa nell'educazione delle nuove generazioni a una comprensione profonda della tecnologia e dei suoi meccanismi, dei rapporti di potere tra umanità e tecnologia, nonché della consapevolezza collettiva della pervasività con cui le scelte di consumo incidano sul futuro dell'umanità. Ciò richiede una comprensione filosofica della natura umana e della sua capacità di autopoiesi: "la natura umana, i suoi diritti e doveri costituiscono un divenire storico" (2021, xii). In questa prospettiva è possibile risignificare il lavoro nel senso di consumo, conferendogli una dignità legata alla concezione incarnata dell'umano e dei suoi bisogni materiali e spirituali, da questo punto di vista è difficile tirare una linea netta di confine tra consumo organico, biologico, religioso ed estetico. La vera sfida è ripensare, reinventare l'umanità nel momento in cui cambia la concezione di lavoro e cambia l'identificazione storicamente consolidata dell'umano col suo lavoro. Si chiede Ferraris, "Che cosa è l'essere umano nel momento in cui non

---

[6] Ferraris elenca una serie di condizioni che caratterizzano l'odierna realizzazione del comunismo: i lavoratori sono proprietari dei mezzi di produzione (telefonino); aumenta il lavoro intellettuale (più che materiale); la società senza classi (non c'è identità lavorativa, vi sono differenze di reddito ma non sono un criterio di prevedibilità); la società senza Stato (email, criptovalute, rappresentanza politica-social, contractors); la globalizzazione realizza l'internazionale dei consumatori; la diminuzione della proprietà privata (rinunciamo a diritti d'autore, privacy per servizi, servizi riducono la convenienza della proprietà privata, es. auto in leasing); il populismo come dittatura del proletariato (gli elettori dettano propria agenda ai politici), cfr. Ferraris 2021, 284ss.

è più identificato con il lavoro? Finito lo sfruttamento, incomincia l'educazione" (2021, 335).

Tra le principali criticità della proposta teorica di Ferraris, vi è la stessa consapevolezza del filosofo che si tratti di una visione utopica. Di fatto, una tale proposta, per quanto potenzialmente pervasiva, non arriverebbe a intaccare le sacche di povertà esistenti che ne rimarrebbero escluse. Ciò è dovuto anche al presupposto individualista della visione di Ferraris che non gli consente di considerare gli effetti negativi della disintermediazione e della mancanza di corpi intermedi sulla capacità di incidere della collettività. Ipotizzare che questa ricomposizione delle esigenze dei singoli lavoratori sfruttati ed educativamente impoveriti possa prodursi sul piano delle politiche neoliberiste europee sembra quantomeno improbabile.

La provocazione di leggere la contemporaneità politica come una forma di comunismo realizzato, per quanto interessante e stimolante per certi versi, risulta eccessivamente esasperata per altri. Tra le condizioni che Ferraris elenca come caratteristiche dell'odierna realizzazione del comunismo ve ne sono di contestabili. Che i lavoratori-consumatori siano proprietari dei mezzi di produzione in quanto possessori di un telefonino (cfr. Ferraris 2021, 286) forza evidentemente il fatto che i lavoratori non siano proprietari né dei server né dell'expertise necessaria a gestirli, che, come sottolinea lo stesso Ferraris, è nelle mani delle piattaforme. La stessa idea che il lavoro stia già ampiamente diventando lavoro intellettuale più che lavoro materiale di fatica fisica, non sembra tenere in considerazione il numero effettivo di lavoratori che ancora svolgono a livello globale lavori usuranti e le nuove forme di sfruttamento precarie. Se anche è possibile per pochi diventare influencer di professione, per cui la registrazione del consumo-mobilitazione diviene strumento di potere individuale, il telefonino è anche strumento di controllo-sfruttamento del lavoratore, come è stato portato ben alla luce nel caso dei Rider – che, per altro, in ottemperanza alla strategia del *greenwashing* vengono fatti sfrecciare su biciclette ecologiche per città con tassi di incidenti stradali elevatissimi o con temperature inadeguate. Infine, non viene messo a tema quanto le nuove forme intellettuali e flessibili di lavoro "giovanile" siano divenute usuranti dal punto di vista della prospettiva economica e della (im)possibilità materiale di progettazione della vita familiare. La stessa diminuzione della proprietà privata che, come ben nota Ferraris, si riduce negli individui e si concentra in pochissime piattaforme di intermediazione, non significa tuttavia necessariamente che l'offerta di servizi proposta renda conveniente la rinuncia alla proprietà privata ad esempio di un'automobile. Se anche il leasing è più economicamente sostenibile a breve termine molte volte non si tratta di una scelta: l'utente è costretto a rinnovare il contratto e rinegoziare a suo svantaggio la rata per l'impossibilità di acquistare l'auto. La dittatura del proletariato non sembra stata mai più distante dall'agenda politica, la percentuale degli elettori effettivi rispetto agli aventi diritto al voto sprofonda in tutti i paesi europei con assai poche eccezioni (ne è un esempio secondo turno delle recenti elezioni in Francia) e in misura maggiore esprimono disaffezione alle elezioni europee. Infine, la frammentazione del tessuto sociale esasperato dalla globalizzazione non sembra poter realizzare una internazionale dei consumatori quanto, invece, creare un capitalismo non più ma meno solidale. Il consumo digitale sembra per altro introdurre nuove forme di alienazione, su cui anche Ferraris si interroga, e di cui vedremo gli effetti nel tempo.

Forse una concezione di "realismo ricco", come recentemente proposta da Giovanni Maddalena e Guido Gili (2020), che concorda con Ferraris sulla necessità di appropriarci della conoscenza dei media e delle pratiche connesse di cui siamo attrici e attori spesso a nostra insaputa, potrebbe prospettare una via alternativa per riannodare i legami tra realtà e conoscenza in vista di uno sviluppo democratico della società.[7] In particolare, la proposta di questi autori insiste sull'importanza sociale, politica ed educativa di associazioni e comunità, ossia di quelle forme istituzionali di intermediazione della società civile che consentono di mettere in discussione criticamente lo status quo senza scadere nello scetticismo ma facendo leva sulle relazioni umane e il loro potere trasformativo. Quest'ottica,

---

[7] Sul nuovo ritorno del realismo nel dibattito filosofico, si veda Ferraris (2012), De Caro, Ferraris (2012).

seppure forse distante dall'accettazione propositiva di un indivi-
dualismo estremo e globale prospettato da Ferraris, ne accoglie la
centralità attribuita all'educazione al mondo nuovo come costruzione di una proposta teorica concreta che metta al centro il tema
del rapporto lavoro-umanità e delle nuove forme di lavoro e umanità rese possibili dallo sviluppo tecnologico.

BIBLIOGRAFIA

Austin, John L. *Come fare cose con le parole*. Genova: Marietti1820, 2019.

Bauman, Zygmunt. *Modernità liquida*. Bari-Roma: Laterza, 2002.

Bellofiore, Riccardo. *Smith Ricardo Marx Sraffa*. Torino: Rosenberg & Sellier, 2020.

De Caro, Mario - Ferraris, Maurizio (a cura di). *Bentornata realtà. Il nuovo
realismo in discussione*. Torino: Einaudi, 2012.

Derrida, Jacques. *Margini della filosofia*. Torino: Einaudi, 1997.

Donati, Pierpaolo. *Lo sguardo relazionale. Saggio sul punto cieco delle scienze
sociali*. Milano: Meltemi, 2021.

Ferraris, Maurizio. "Isteresi: per una teoria del tutto," *Critical Hermeneu-
tics. Biannual International Journal of Philosophy*, 2 (2020): 69-119.

Ferraris, Maurizio. *Documanità. Filosofia del mondo nuovo*. Bari-Roma: Laterza, 2021.

Ferraris, Maurizio. *Documentalità. Perché è necessario lasciar tracce*. Bari-
Roma: Laterza, 2009.

Ferraris, Maurizio. *Dove sei? Ontologia del telefonino*. Milano: Bompiani, 2006.

Ferraris, Maurizio. *Manifesto del nuovo realismo*. Bari-Roma: Laterza, 2012.

Floridi, Luciano. *Pensare l'infosfera. La filosofia come design concettuale*. Milano: Raffaello Cortina, 2020.

Husserl, Edmund. *Per la fenomenologia della coscienza interna del tempo*
(1893-1917). Milano: FrancoAngeli, 1998.

Maddalena, Giovanni - Gili, Guido. *The History and Theory of Post-Truth
Communication*. London: Palgrave Macmillan. 2020.

Mayergoyz, Isaak, Bertotti, Giorgio (eds.). *The Science of Hysteresis*. Cambridge (Mass.): Academic Press, 2005.

Stiegler, Bernard. *La Technique et le Temps 3. Le temps du cinéma et la question
du mal-être*. Paris: Galilée, 2001.

FRAGMENTOS DE ARCHIVOS Y RECUERDOS EN EL RELATO ÍNTIMO DE UNA HISTORIA COLECTIVA

Susanna Nanni

UNIVERSITÀ DEGLI STUDI ROMA TRE

ABSTRACT: Malena Scunio (Buenos Aires 1971) es hija de un coronel del ejército argentino responsable del secuestro y desaparición de personas durante la última dictadura cívico-militar, muerto por suicidio en 1986. Recién a partir de 2014, con la mención a su padre en un juicio de lesa humanidad en la ciudad de Rosario, la mujer empieza a reconstruir su actividad como oficial de inteligencia y a anotar fragmentos, procurando completar la esfera pública y la privada de una tragedia que marcó la historia reciente de un país entero. De tal manera, a través de recuerdos fragmentarios y borrosos de su infancia, y recurriendo a una amplia variedad de fuentes, la autora ofrece su relato íntimo de una tragedia colectiva desde el interior de la familia de un represor. El presente capítulo pretende abordar el tema promovido por el congreso focalizando la atención en los archivos públicos y privados a los que ha recurrido la autora a lo largo del proceso de escritura de *La sal del recuerdo* (2023) para la recuperación de una memoria individual que se inscribe en la colectiva, denunciar los crímenes de lesa humanidad y aportar su contribución a las políticas de la memoria y los derechos humanos.

> Seguir huellas, volver a armar fragmentos y reconstruir restos es estar implicado en un ritual que culmina en la resucitación de la vida, en el devolverles la vida a los muertos reintegrándolos en el ciclo del tiempo, de un modo que encuentren en un texto, en un artefacto o en un monumento, un lugar que habitar, desde el que continúen expresándose. (Mbembé, 2020: s.n.)

El presente trabajo pretende situarse en el inestable y poroso terreno de debate sobre archivo/s y literatura, o sobre archivos – físicos e inmateriales, estáticos y dinámicos, exhibidos y ocultados – *en* la literatura, tomando como objeto de análisis una obra "en vida", inédita y en constante evolución, que recibí en forma mecanografiada de parte de la autora,[1] Malena Scunio, para su lectura

---

[1] Desde su primera versión, la autora ha aportado diversos cambios en la obra determinados por la evolución del texto original – como, por otra parte, son evolutivos todos los procesos memoriales de reconstrucción de un pasado traumático – y por los acontecimientos políticos y judiciales acaecidos en Argentina en los últimos meses. Por esta razón, al no tener números de página fijos y exactos, las referencias bibliográficas que acompañan las citas se limitan a señalar el capítulo del cual está extraídas en la última versión recibida (marzo de 2024), tal

dramatizada en teatro y para su próxima edición italiana: *La sal del recuerdo*.[2]

En esta ocasión me voy a focalizar sobre algunos temas recurrentes – memoria (y su fragmentariedad y conservación), cuerpos (y su ausencia), nombres (y su falta), herencia (y su rechazo), identidad filial (y su recuperación, aun cuando ya haya lazos biológicos) – en un texto que invita a pensar en los archivos de distintas maneras y múltiples declinaciones: archivos públicos, privados, judiciales, periodísticos, militares, familiares, archivos como lugares (que guardan u ocultan documentos), o, lugares, objetos, gestos, citas, como archivos de una memoria familiar que se desvela inscribiéndose en la colectiva.

Malena Scunio, es hija de un coronel del ejército argentino responsable del secuestro y desaparición de personas durante la última dictadura cívico-militar, quien se suicidó en 1986, en el marco del Juicio a las juntas, cuando ella tenía 15 años. Tras muchos años de dudas e investigación sobre el rol paterno en la maquinaria represiva del Estado, recién a partir de 2014, con la mención a su padre en un juicio de lesa humanidad en la ciudad de Rosario, la mujer pudo empezar a reconstruir su actividad como oficial de inteligencia en esa ciudad y a anotar fragmentos.

Ahondando en los recuerdos borrosos de su infancia, y recurriendo a una amplia variedad de fuentes, documentos y archivos, la autora ofrece el relato íntimo de una historia colectiva desde el interior de la familia de un represor, procurando completar la esfera pública y la privada de una tragedia que marcó la historia reciente del país. Una combinación, la que se da entre lo público y lo privado, que a nivel textual se produce mediante citas de fuentes de distinta procedencia: declaraciones de testigos, familiares y sobrevivientes en el juicio de Lesa Humanidad en la ciudad de Rosario; informes en

---

como se publicó en la edición italiana editada por Susanna Nanni (2024).

[2] La *mise en espace* de una primera versión reducida de la obra, "Frammenti de *Il sale del ricordo*", tuvo lugar en el Teatro Palladium de Roma el 23 de mayo de 2023, en el marco del segundo ciclo de la reseña teatral "Herencias. Scritture di memorie e identità", gracias a la dirección y dramaturgia de Natasha Czertok (Teatro Nucleo de Ferrara) y a la presencia de la autora. La representación puede verse en línea: https://www.youtube.com/watch?v=9xaO4A6tImY&list=PLwC3U32kRobW21kYr8F-DA greYDJoziYW&index=4.

que se ofrecen descripciones de secuestros, allanamientos y otros actos criminales; un Memorándum de inteligencia del 2 de agosto de 1976; una sentencia; leyes; legados y documentos del Archivo General del Ejército; fotografías, públicas y privadas; un artículo del padre titulado "San Martín, Oficial de Inteligencia", publicado en 1982 en la *Revista de la Academia Nacional de la Historia*; cartas personales, hojas sueltas, cuadernos, libros de historia, diarios y carpetas secretas escondidas entre las estanterías de la biblioteca familiar; una prescripción médica; citas de lápidas y letras de tango.

Malena Scunio escribe desde un lugar diferente, descentrado, respecto al de las víctimas de la dictadura, pero transitado por parte de esa "segunda generación" que abarca a hijos de desaparecidos, de exiliados, de militantes políticos y víctimas de la dictadura y, más recientemente, hijos de represores, que ofrecen una amplia variedad de producciones artístico-literarias testimoniales con la intención común de reconstruir y dejar huella de su experiencia en una narrativa humanitaria basada en la ética (Crenzel, 2008) a través de lenguajes y modalidades expresivas extremadamente heterogéneas.[3] En particular, el de los hijos de represores es un lugar de producción cultural ético-memorial, no desconocido en Europa ni en la Argentina,[4] pero solo recientemente explorado por la crítica,[5]

---

[3] Sobre el tema de la narrativa de la memoria en la segunda generación en América Latina, véase, en particular, el reciente número monográfico de *Hispanic Issues* (2023), titulado significativamente "Generación Hijes", coordinado por Carolina Añón Suárez y Ana Forcinito.
[4] En relación con el contexto europeo, piénsese por ejemplo en *Nacidos culpables* de Sichrovsky (1991), o en *Hijos de nazis* de Crasnianski (2016), donde empiezan a aparecer voces de hijos de jerarcas alemanes que repudian a los padres (mezcladas con las de quienes los reivindican). En ámbito argentino, cabe recordar la creación del colectivo "Historias desobedientes. Familiares de genocidas por la Memoria, la Verdad y la Justicia" en 2017, con motivo de las manifestaciones populares contra el fallo "2x1" de la Corte Suprema de la Nación; la creación de la agrupación "Ex hijas y ex hijos de genocidas" y algunos antecedentes literarios que – a través de distintas voces, formas y géneros – abordan las variadas experiencias vividas por los hijos de los militares, como *Papá* (2003), de Federico Jeanmaire; *Los topos* (2008), de Félix Bruzzone; la historia de Vanina Falco en *Mi vida después*, de Lola Arias (puesta en escena, por primera vez, en 2009 y publicada en 2016); *Una misma noche* (2012), de Leopoldo Brizuela; *Soy un bravo piloto de la nueva China* (2011), de Ernesto Semán; *La mujer sin fondo* (2011), de Stella Duacastella, o el artículo "Hijos de represores: 30 mil quilombos", de Félix Bruzzone y Máximo Badaró, publicado en la revista *Anfibia* (2014).
[5] Entre los estudios pioneros, véase el Prefacio de Carolina Bartalini a *Escritos desobedientes* (2018) y los ensayos críticos de Teresa Basile (2018, 2019, 2020) señalados en la Bibliografía,

que abre paso a un nuevo terreno de indagación y debate sobre el sentido mismo de la memoria o, en palabras de Arfuch (2017), "del infinito devenir de la memoria".

MEMORIA, OLVIDO, INDICIOS

El nombre de la autora, Malena, se debe al célebre tango escrito en 1941 por Homero Manzi y en un verso de su letra se inspira el título de la obra: "Tu canción / tiene el frío del último encuentro, / tu canción / se hace amarga en *la sal del recuerdo*".[6] En un juego literario inter- e intra-textual, la cita se repite hacia el final del texto para reafirmar el contraste entre la disolución de la impunidad en el olvido y la capacidad de la memoria de contrarrestar este proceso: "La impunidad estuvo asegurada por demasiados años. Fue definitiva en muchos casos y diluida en el olvido. Pero no en nuestra memoria, no en esta sal del recuerdo" (cap. 30).

Ya a partir del título, la memoria protagoniza la escritura revelando la propia elaboración en toda su complejidad: la fragmentariedad de *lo que queda* (como la sal en la naturaleza), la importancia de la *conservación* de la memoria (tal como la función primaria de la sal – la conservación – que ya desde la antigüedad le otorga el valor simbólico de incorruptibilidad y purificación), y la relación entre la memoria y el nombre "Malena" (por ende, entre memoria e identidad).

La narración se desenreda entretejiendo los hilos de la memoria y el olvido en una misma trama, para destacar, por un lado, la voluntad y necesidad de olvidar, para algunos y, al mismo tiempo, la dificultad de la protagonista – "lidiando con el vacío de cada palabra en un texto deformado" (cap. 15) – para reconstruir un mosaico de imágenes fugaces, recuerdos fragmentarios, lagunosos, secretos, ocultados en el seno de la familia de un represor: es "Una historia del pasado que quieren olvidar o ya olvidaron. Un conjunto de escenas

---

además de *Nosotrxs, Historias Desobedientes* (Estay Stange y Bartalini eds., 2020) y *Desobediencia de vida* (Estay Stange comp., 2022).

[6] La cursiva es mía. El texto fue escrito por Homero Manzi, con música de Lucio Demare, en 1941. Fue estrenado por la orquesta de Demare en el salón Novelty y cantado por Juan Carlos Miranda. El 8 de enero de 1942 la canción fue grabada por la orquesta de Anibal Troilo con la voz de Francisco Fiorentino.

que se llaman familiares, que transcurren en las diferentes partes de una casa, entre las personas que componen el cuadro de relaciones sobre el que debí extender los primeros lazos" (cap. 12).

El texto está sembrado de objetos, símbolos e indicios de un enigma sobre la participación del padre en la maquinaria represiva de la dictadura. En el hogar – que parece "inspirado en una ergonomía en cuyo centro habita una pistola" (cap. 5) – los crímenes y la violencia se disfrazan de lo cotidiano: se limpian armas mientras se escucha un tango o música de ópera; municiones y balas se re-arman de varias maneras según el tamaño y la función doméstica y así se convierten en ceniceros, cubiletes para los lápices, pie de lámparas o guarda paraguas. Objetos y gestos son espías del crimen cometido, desde las pistolas y los Ford Falcon que poseía su padre, pasando por su violenta relación con los perros, hasta ciertos detalles que se pueden vislumbrar al ver una película. Captada por las imágenes de un diálogo entre dos actrices, Malena reconoce algo muy familiar en algunas secuencias de la película *La Historia Oficial*:

El secreto es ese rostro de mujer rubia que habla, relata en un idioma extrañamente conocido algo muy familiar mío, íntimo, que se estira hasta las voces de ellas, las horroriza y vuelve, y yo conozco todos los lugares, entiendo lo que dicen y me parecía que también ellas me conocían a mí. Me asaltaban preguntas o detalles nimios, un nombre, un pedazo de rostro. Chirridos de neumáticos, olores, algunas esquinas, una colección de fragmentos sin sentido resonaban sin transformarse en ningún recuerdo (cap. 12).

Sin embargo, la ocultación de la prueba del delito en el seno de la familia, así como en la sociedad, no basta para ocultar la evidencia de los crímenes cometidos por los militares, de los que toda la naturaleza – esbozada en sus cuatro elementos – da testimonio:

Quemados con armas de *fuego*, múltiples disparos, varios calibres, distintos ángulos. Ocultados bajo *tierra*, enterrados en fosas, arrojados por el *aire* desde aviones, caen, colgados de las ramas de los árboles, o arrojados a las *aguas*, a los ríos, fondeados con pesos, mordidos por peces. Se hunden y vuelven, atraviesan el río con una moneda debajo de la lengua, flotan, trabados en las raíces de la orilla, se enredan en camalotes, las manos y los pies atados, envueltos, embolsados, aparecen en las costas (cap. 28).[7]

La memoria, no tanto como cura, porque las heridas – personales y sociales – causadas por los crímenes paternos no pueden sanarse: memoria, más bien, como *deber* para con la sociedad; la escritura de esta memoria, como rechazo íntimo y público a un legado que no se quiere recibir, como aportación ética, estética y pragmática a la lucha por la Verdad y la Justicia impulsada por los organismos de Derechos Humanos; la palabra, como forma de búsqueda personal y gesto de ruptura al pacto de silencio enarbolado por la casta militar frente a la justicia y la sociedad entera.

MEMORIA Y CUERPOS. CUERPOS Y NOMBRES

La memoria pasa por el cuerpo, lo atraviesa, lo cambia o transforma su esencia. Al descubrir la verdad sobre la responsabilidad del padre en los crímenes cometidos, comienza la catarsis que, además de imprimirse en la escritura, también plasma el cuerpo de la hija:

Los globos de los ojos se ablandan y me queman, estoy repentinamente vieja, como si el tiempo finalmente se hubiera soltado. Se me mueve la cara y me salen las arrugas. Se me encorva la espalda y el pelo se transparenta. Necesito anteojos. Ando por las esquinas muda con la sentencia en la mano. Treinta y ocho años después, acaba de suceder (cap. 15).

Pero la memoria también pasa por la ausencia de los cuerpos, de los desaparecidos, de los cuales quedan fotografías y nombres, evocados en las plazas, pintados en las calles, gritados en los actos para devolver su presencia en el "ahora y siempre", o grabados en los memoriales, espacios y archivos en construcción permanente: "Solo quedaban las huellas o figuraciones, fotos chatas de rostros sin

---

[7] La cursiva es mía.

cuerpo, sin cabeza, sólo las caras, los nombres y su número de registro contabilizándolos. Listados de personas desaparecidas" (cap. 12).

En el ámbito militar (público y privado), en cambio, faltan los nombres por el secreto del crimen y el pacto de silencio, pero sí, los cuerpos están ahí, y de forma muy evidente: son cuerpos militares, rígidos, inflexibles, amenazantes, viriles, violentos:

> Al contrario, el uniforme militar era puro cuerpo presente, espeso, un volumen tridimensional. Cuerpos fuertes y fibrosos, gorras verdes con el escudito dorado de ojos que todo lo ven, me miran, zapatos acordonados con látigo, bigotes tajeantes, tubos de carne los brazos y las piernas verde oliva, me abrazan autómatas y yo tengo que retribuir, fuerte y bestial, apoyando mi boca. Estos existían y tenían cuerpo, olor, pero no tenían nombre, ni cara, ni número, porque nunca se supo bien quiénes eran, llegaron y no se identificaron. Estaban de civil, disfrazados. Y fueron muchos, muchos más de los que se cree y a muy pocos se los reconocía en aquella época por la calle. No se sabían sus nombres ni sus caras, ni sus casas, seguían escondidos a la vista de todos.

A diferencia de los hijos de desaparecidos, que intentan colmar la ausencia buscando recuperar el vínculo con figuras paternas que no están, los hijos que denuncian a los padres represores tienen que lidiar con su presencia. En el caso de Malena, el descubrimiento de la verdad hace aflorar la figura del padre (que se había suicidado años antes) y se convierte en una instancia de recuperación de su propia identidad en cuanto hija, esto es: una asunción voluntaria de identidad, que se inscribe en un acto necesario de reconocimiento de la figura paterna – como militar, como represor – para poder escribir sobre él y romper el lazo:

> sucede lo más extraño: si yo nunca lo había sentido verdaderamente como un padre, ahora por primera vez me siento su hija y lo reconozco. Es algo nuevo, como si fuera una nueva tragedia, un

duelo al revés, algo que comienza justo cuando debería terminar. Pero esta es la única forma de tomar la palabra (cap. 15).

MAL DE ARCHIVO, MAL DE LOS ORÍGENES. NOMBRES, HERENCIAS E IDENTIDADES

Si los hijos de desaparecidos buscan su identidad a partir del dato genético (y la mayoría de ellos, una vez que descubre su origen, reivindica y recupera los apellidos de los padres biológicos), los hijos de represores – también a partir del lazo sanguíneo – llegan, en algunos casos, a solicitar la anulación legal del apellido paterno, por considerar esta herencia un estigma y para redefinir su propia identidad desde la ética. El rechazo del vínculo biológico, que niega un parentesco hereditario por temor a ser contaminado, es un gesto inédito (Basile 2020: 135) que se contrapone a la centralidad del ADN en la lucha de las Abuelas de Plaza de Mayo y, al asumir una identidad nueva por *elección*, se distancia de la lógica del "familismo" (Jelin, 2010) arraigada en los organismos de Derechos Humanos.[8]

Malena Scunio no cambia su apellido, pero sí, lo rechaza textualmente a través de la negación del nombre paterno mediante una serie de estrategias narrativas: 1) nunca menciona su apellido, salvo a través de cita de fuentes documentales sacadas de archivos históricos, militares o jurídicos; 2) a partir del descubrimiento de la verdad, ni siquiera se refiere al él con el apelativo "padre", sustituyéndolo por un más genérico pronombre ("él"); 3) además, para explicar la ausencia del apellido paterno en los relatos de los sobrevivientes que había leído o escuchado hasta 2014, hace referencia al uso de *seudónimos*, práctica muy frecuente en los años setenta para

---

[8] Se hace aquí referencia, no sólo a la centralidad de los datos genéticos en la lucha de las Abuelas, gracias a los cuales la ciencia ha contribuido activamente a la búsqueda de hijos de desaparecidos a través del "índice de abuelidad", sino también a la importancia del ADN en la restitución de la identidad de las víctimas, en caso de que sus restos sean encontrados por el EAAF (Equipo Argentino de Antropología Forense). En su experiencia profesional, que desde 1984 hasta la fecha ha permitido el hallazgo de 1.500 cadáveres y la identificación de 850 de ellos, los miembros del EAAF han sido testigos de hasta qué punto el reconocimiento de los restos de las víctimas trae alivio a los familiares de desaparecidos, permitiéndoles iniciar la elaboración del duelo (https://eaaf.org/quienes-somos/que-hacemos/).

mantener secreta la identidad, por un lado de los represores y, por otro, de los militantes:

> Pero yo creía saber de uno. Estaba segura de saber el nombre completo y verdadero de uno que nadie sabía. El mío. Pero no había pruebas, no aparecía nombrado en ningún lado, como si nunca hubiera existido (cap. 12).

> […] Pero tal vez no fuera que no lo nombrasen. Tal vez sí lo estaban nombrando, pero con un seudónimo que yo no conocía. (cap. 13)

Se establece una paradoja, con el padre de Malena haciendo alarde de su nombre en el arduo trabajo de inventar unos orígenes, es decir, escribiendo libros de historia nacional. La relación entre nombre, identidad y genealogía se refuerza en un fragmento que vincula la responsabilidad del padre en el secuestro y desaparición de personas con su voluntad de ocultar el crimen mediante una metafórica búsqueda del elemento básico de la identidad, el ADN. Esto es: buscar el origen para recrear una genética que anule el crimen:

> En un arduo trabajo de creación y sostén de un nombre, mi padre inventa unos orígenes y diseña unos escudos, escribe libros donde exhibir orgulloso su apellido junto a otros, pasajes oscuros con vistas a profundos ríos donde peces nadan entre los tesoros que son prueba irrefutable de sus delitos. Es ahí donde realmente se acuña un nombre, el último latido que le arrancan a un cuerpo.
>
> Y corre, muerto o vivo, llevando sus mensajes cual chasqui de su propio desierto, de posta en posta, hasta la querencia de la porción más elemental de la identidad: la molécula de ADN. La fórmula secreta y única llave que permite la cesación del crimen y tuerce su destino. El árbol genético se vuelve transparente y distribuye las procedencias, los cuerpos y la vida, una historia y una forma de muerte que muchas veces reverbera de generación en generación, como traspasando junto a unos rasgos y unas voces (cap. 21).

En este archivo del crimen constituido por la biblioteca paterna – archivo como *arkhé*, según el estudio etimológico derridiano de la palabra griega: lugar de comienzos y lugar donde se ejerce la autoridad (Derrida, 1997) – se conservan libros sobre la superioridad de la civilización occidental, se leen fragmentos que glorifican las masacres y los tormentos infligidos a los indígenas – *primeros desaparecidos* de la historia argentina (Viñas, 2003) – durante la campaña del desierto. La búsqueda genealógica se dirige hacia antecedentes de extrema violencia. No es casualidad que las páginas de los libros de autoría paterna estén "apadrinadas por los autores de sus prólogos" (cap. 20): Elbio Anaya, segundo al mando en la represión de los peones patagónicos en 1921 y padre de Leandro Anaya, comandante del II Cuerpo de Ejército hasta 1973; o el brigadier Zuviría, hijo de Hugo Wast. Como en una puesta en abismo, estos libros son

> espejos enfrentados que multiplican padres dentro de hijos y dentro de los hijos otros padres […].
> Al cerrar el libro veo la última pieza del espejo, la dedicatoria en la primera página: "*A mi padre, el Mayor Alberto Scunio, soldado del Ejército de ayer.*" Es que mi padre era hijo de otro militar que tenía su mismo nombre. Increíble y jocosa dedicatoria este halo heroico para aquel viejo (cap. 40).

El rechazo de Malena a la herencia paterna, por tanto, pasa también por estas páginas, sea a nivel intertextual, como *mise en abyme*, sea manifestando una repulsión física hacia lo que se considera el sello de la identidad por excelencia[9] o, en algunos casos, la firma del crimen: las huellas digitales, que la mujer imagina "siguen pegadas más de treinta años después, en la tapa y en las hojas" de estos volúmenes (cap. 20).

---

[9] Como seña de identidad por antonomasia, no es casualidad que la huella digital sea un símbolo muy presente en las prácticas artísticas y políticas de los organismos que luchan por el derecho a la Identidad en la Argentina: se la puede encontrar, por ejemplo, en lugares de memoria, en portadas de libros, en las páginas web de H.I.J.@.S., Abuelas de Plaza de Mayo, CoNaDi y en los sitios web de iniciativas y proyectos dedicados a encontrar a los hijos de desaparecidos, como el reciente "Huellas Digitales de la Memoria" (2021).

Entre los libros "de hojas oxidadas por el tiempo y capas de polvo" (cap. 26), en los estantes más recónditos, la biblioteca alberga y esconde carpetas con fotos e informaciones sobre personas (como "Suele usar barba, se lo conoce con varios nombres, estuvo en Chile", cap. 26), y cuadernos con anotaciones cifradas, abreviaturas o códigos. La biblioteca paterna representa el centro del hogar donde descansa el crimen, el núcleo de la trama familiar, el lugar de tensión entre lo público y lo privado, entre violencia y lazos genéticos (buscados, inventados, o rechazados). Y también, la biblioteca-*arkhé* sirve como telón de fondo a las fotos que el padre le había sacado a Malena cuando aún era niña asignándole una determinada fisionomía estética, construyendo un rostro a través de su mirada, esto es: gesto patriarcal que traduce la imposición de una identidad.

ÚLTIMO CAPÍTULO, ÚLTIMO GESTO: DESARCHIVAR EL CEMENTERIO

La tensión entre identidad elegida e identidad impuesta, memoria y olvido, presencia y ausencia, se inscribe escrituralmente en el camino de liberación de la figura paterna, y lo que queda de él, de parte de la hija. El suicidio del padre, como último acto y cifra inmutable de su acción criminal, refuerza el pacto de silencio, obstaculiza el proceso de justicia, no deja lugar al perdón, niega la palabra, conduce al parricidio en su forma más extrema e integral. En un gesto definitivo, y final en la elaboración semántica y estructural de la obra, la hija se deshace de lo que queda del cuerpo de su padre, quien, a diferencia de los cuerpos de los desaparecidos, ha sido entregado a los familiares. Por ello, en el último capítulo Malena retira las cenizas paternas en el panteón militar de la Chacarita. El cementerio, territorio-archivo de historias y memorias individuales y colectivas, es un lugar altamente heterotópico "puesto que comienza con esa extraña heterocronía que es, para un individuo, la pérdida de la vida, y esa cuasi eternidad donde no deja de disolverse y de borrarse" (Foucault, 1967: 5).[10] El cementerio se vuelve archivo, guardando las historias personales, familiares o de pueblos enteros, otorgándoles la inmortalidad: "Allí conviven, breves habitantes de diversas épocas, personas enlazadas por los cuerpos de sucesivos nacimientos y muertes, que comparten a lo largo del tiempo un mismo nombre, un patrimonio físico en común" (cap. 30), una tradición. Con ese último gesto, Malena saca el padre del archivo, como desmoronamiento del legado, como no-repetición de la tradición: "Me despido – concluye la narradora – y camino en dirección al contenedor, con la bolsa de cenizas en la mano. Allí las vuelco, como al pasar. En el último gesto aprieto la carnosa bolsa de crujientes cenizas de hueso" (cap. 30).

La eliminación de cualquier vestigio de supervivencia de la figura paterna no borra el horror, no hace reaparecer a los desaparecidos, no alivia el dolor de la tortura sufrida por las víctimas, no devuelve la vida y ni siquiera la verdadera identidad a los cientos de niños – hoy adultos – sustraídos de sus familias biológicas durante el terrorismo de Estado. Pero es la cifra del repudio absoluto a las acciones criminales que atraviesa también el vínculo filiativo; es el resultado de una elección ética, política e ideológica que niega el legado y cuestiona su categoría; es la manifestación de un preciso posicionamiento personal y social, en defensa de los sobrevivientes, las víctimas y sus familiares.

FINAL DE ACTO, ACTOS DE MEMORIA

El archivo que cierra la obra como aparato paratextual es constituido por la lista de las víctimas de terrorismo de Estado de la Ciudad de Rosario, en el mes de agosto de 1976, es decir, mientras Malena vivía con su familia en esa ciudad y el padre estaba a cargo de los servicios de inteligencia: "es la prueba de que una vida verdaderamente existió, de que algo realmente sucedió, de algo de lo que puede dar cuenta" (Mbembé, 2020: s.n.). Este "final de acto" establece un vínculo ético, estético y político muy significativo con

---

[10] Se cita aquí "De los espacios otros", la traducción en español a cargo de Pablo Blitstein y Tadeo Lima de la Conferencia dictada por Michel Foucault, "Des espaces autres", el 14 de marzo de 1967 en el Cercle des études architecturales.

el final de los "actos" de memoria en la Argentina, momentos de fuerte intensidad emocional en que los familiares de desaparecidos evocan la presencia de sus seres queridos y de los 30.000 desaparecidos en el "ahora y siempre". La escrita final "Si tenés dudas sobre tu identidad y naciste entre 1975 y 1983, comunicate con Abuelas de Plaza de Mayo" sigila el pacto de la autora con la lucha por la Memoria, Verdad y la Justicia.

BIBLIOGRAFÍA, SITOGRAFÍA, FILMOGRAFÍA

Añón Suárez, Carolina - Forcinito, Ana. "Generación Hijes: memoria, posdictadura y posconflicto en América Latina." *Hispanic Issues*, 30 (2023).

Arfuch, Leonor. "Nuevas voces de la memoria. Las otras infancias clandestinas." *Revista Anfibia*, 25 de mayo de 2017.

Arias, Lola. *Mi vida después y otros textos*. Buenos Aires: Penguin Random House, 2016.

Bartalini, Carolina. "Prefacio. Lo que se puede *decir* sobre el *decir*," en *Escritos desobedientes. Historias de Hijas, hijos y familiares de genocidas por la memoria, la verdad y la justicia*. Buenos Aires: Marea, 2018. 15-27.

Basile, Teresa. "Padres perpetradores. Perspectivas desde los hijos e hijas de represores en Argentina." *Kamchatka*, 15 (2020): 127-157.

Basile, Teresa. "Infancias violentas. Los relatos de los *otros* HIJOS." *Politika*, 26 de junio de 2018.

Basile, Teresa. *Infancias. La narrativa argentina de HIJOS*. Villa María: Editorial EDUVIM, 2019.

Brizuela, Leopoldo. *Una misma noche*. Buenos Aires: Alfaguara, 2012.

Bruzzone, Félix. *Los topos*. Buenos Aires: Mondadori, 2008.

Bruzzone, Félix - Badaró, Máximo. "Hijos de represores: 30 mil quilombos." *Revista Anfibia*, 23 de abril de 2014.

Crasnianski, Tania. *Hijos de nazis*. Madrid: La esfera de los libros, 2017.

Crenzel, Emilio. *La historia política del Nunca Más. La memoria de las desapariciones en la Argentina*. Buenos Aires: Siglo XXI, 2008.

Derrida, Jacques. *Mal de archivo. Una impresión freudiana*. Valladolid: Trotta, 1997.

Duacastella, Stella. *La mujer sin fondo*. San Miguel: Cecyc, 2013.

EAAF, Equipo Argentino de Antropología forense (1984). Portal web: https://eaaf.org/ (Última consultación: octubre de 2024).

Estay Stange, Verónica - Bartalini, Carolina (eds.). *Nosotrxs, Historias Desobedientes*. Buenos Aires: Ediciones AMP, 2020.

Estay Stange, Verónica (ed. y comp.). *Desobediencia de vida. Familiares de genocidas por la Memoria, la Verdad y la Justicia*. Buenos Aires: Chirimbote, 2022.

Foucault, Michel. "Des espaces autres." Conferencia, 14 de marzo de 1967 (trad. esp. "De los espacios otros"). En línea: http://www.fadu.edu.uy/estetica-diseno-i/files/2017/07/foucalt_de-los-espacios-otros.pdf (Última consultación: octubre de 2024).

Huellas digitales de la memoria (2021). Portal web: https://www.huellas-delamemoria.com.ar (Última consultación: octubre de 2024).

Jeanmaire, Federico. *Papá*. Buenos Aires: Editorial Sudamericana, 2003.

Jelin, Elizabeth. *Pan y afectos. La transformación de las familias*. México: FCE, 2010.

Manzi, Homero. "Malena" (tango). Música de Lucio Demare, 1941.

Mbembe, Achille. "El poder del archivo y sus límites." *Orbis Tertius*, 25. 31 (junio-noviembre 2020). En línea: https://www.orbistertius.unlp.edu.ar/article/view/OTe154/12428 (Última consultación: octubre de 2024).

Puenzo, Luis. *La historia oficial*. Película. Argentina, 1985.

Scunio, Malena. *La sal del recuerdo*. Obra inédita (tr. it. de Susanna Nanni, *Il sale del ricordo*, Roma, Nova Delphi, 2024).

Semán, Ernesto. *Soy un bravo piloto de la nueva China*. Buenos Aires: Mondadori, 2011.

Sichrovsky, Peter. *Nacidos culpables. Hijos de familias nazis*. México: Sámara, 1991.

Viñas, David. *Indios, ejército y frontera*. Buenos Aires: Santiago Arcos, 2003.

LA (NO) MEMORIA DE LA VIOLENCIA SEXUAL EN LOS INFORMES DE LAS DICTADURAS DE CHILE, ARGENTINA Y PERÚ[1]

Erika Aquino Ordinola

PONTIFICIA UNIVERSIDAD CATÓLICA DEL PERÚ

ABSTRACT: En el siguiente texto, sostengo que los informes nacionales de tres países de Latinoamérica que enfrentaron procesos dictatoriales en el siglo XX —Informe *Rettig* (Chile, 1991), Informe *Nunca más* (Argentina, 1984) y el Informe *Final* (Perú, 2003)— construyeron una memoria oficial que ha coincidido con una perspectiva genérica masculina; en ese marco, excluyeron o no abordaron de manera crítica la violencia relacionada con el género, en particular, la sexual. Se analizará que, en el caso del Informe *Rettig*, operaron procesos de ocultamiento con respecto al género, bien sea por una focalización en los eventos o por una neutralización de género femenino. En relación al Informe Nunca más, se observa la profusión del genérico masculino y la exclusión del campo semántico asociado a la violencia sexual. Finalmente, con respecto al Informe Final, si bien se distingue de los anteriores por su enfoque de género, se problematizan las condiciones contextuales de su producción (presión ejercida por grupos feministas y antecedentes internacionales) y recepción. Se concluye que, más allá de la importancia de estos documentos en sus respectivos países, su perspectiva "totalizadora" resulta problemática pues no permite visibilizar, entre otras muchas, la violencia sexual que se ejerció contra el cuerpo femenino.

LA MEMORIA DE LOS INFORMES DE LOS PAÍSES DE LA DICTADURA COMO NARRATIVA UNIFICADORA DE LA VIOLENCIA

Los procedimientos de transición democrática de las últimas dictaduras latinoamericanas, especialmente las que nos convocan en este estudio (Chile, Argentina y Perú), han estado mediados por procesos narrativos centrados en la escucha del otro. No obstante, como todo acto en el cual intervienen no solo los sujetos (testimoniantes y comisionados), sino también el propio lenguaje, existieron mecanismos en los cuales inevitablemente se escuchó, negoció, desoyó, seleccionó, nombró, silenció y se camufló la información. En ese

---

[1] Agradezco al Vicerrectorado de Investigación, por haberme concedido el Fondo de Apoyo a la Investigación FAI PUCP 2023 y haber hecho posible mi presencia como ponente en el evento V Congreso CRISA "Archivos Americanos: virtualidad, memoria, arqueología de los medios", Roma 2023.

marco, los procesos posdictatoriales se deben leer como transacciones (orales y escritas) que legitimaron una memoria (la "oficial") y anularon, al menos desde la oficialidad, otras (las "subterráneas"). En general, se trató de una política de la memoria donde, al no ser posible preservar todo, las elecciones las interpretaciones y estructuraciones fueron necesarias (Derrida 2002, 62-63).

Además de eso, se debe considerar que en estos procesos posdictatoriales se buscó la "verdad". No obstante, esta búsqueda ha sido selectiva, es decir, la verdad se convirtió en un capital simbólico en disputa donde primaba lo colectivo con el fin de mantener un discurso "oficial". Durante estos momentos, se generarán pues mecanismos de represión asociados con el olvido. Si bien desde el psicoanálisis se sabe que el olvido puede ser un sistema de defensa frente al trauma, también es cierto que ha existido un olvido operado de forma "institucional" que se ha permeado en los diferentes documentos nacionales (informes). Esta omisión no es inocente, mucho menos inocua. Como señala Derrida "La amnesia nunca es accidental [...] [sino que es] Una operación selectiva, jerarquizante que organiza [y produce] la herencia" (1992, 200-201). En otras palabras, esta selección se puede leer como una herramienta mediante la cual operó una violencia subrepticia que, como vuelve a advertir Derrida, a través de un tamiz, tematiza la memoria, de tal forma que se jerarquiza un único (o casi único) tópico. Visto en términos generales, en función a los procesos de reconstrucción de memoria en Latinoamérica a los que estamos haciendo alusión, se trataría de "una amnesia nacional [...] organizada" (Derrida 1992, 201). Ante esto surge la pregunta de qué es aquello que ha quedado fuera del tópico de la violencia generalizada.

En ese sentido, planteo que los informes nacionales han tamizado una memoria oficial que ha coincidido con lo genérico masculino. Esto se vuelve más problemático, puesto que estudios posteriores a la presentación oficial de estos documentos, han concluido que la violencia en el contexto de las dictaduras no fue homogénea, sino que marcó diferencias significativas en relación con el género. Jelin (2002) ha revelado, por ejemplo, que la represión en el Cono Sur se sostuvo, en general, por un discurso que tendió a feminizar a la

Patria (madre Patria), lo cual permitió legitimar el discurso "complementario": la protección de las Fuerzas Armadas como símbolo de masculinidad. En ese sentido, en el contexto de estas guerras, se buscaba que tanto hombres como mujeres adopten sus lugares "inherentes". En particular, como las mujeres históricas y "oficialmente" no han tenido lugar en los espacios públicos ni en las guerras, se buscó que ellas regresen a donde correspondía según el sistema de género dominante: los espacios privados. Su cuerpo se convirtió así en el lugar especial de los torturadores y, por esa misma razón, la violación sexual fue recurrente. Como daremos cuenta a continuación, a partir del propio lenguaje, podemos analizar qué se incluyó y que se omitió en los informes y demostraremos que estos se constituyen como un discurso casi unificador de la violencia, en el que se percibe entre otras muchas cuestiones, un evidente silenciamiento con respecto con la violencia de género, especialmente la sexual.

EL OCULTAMIENTO Y ATENUACIÓN DE LA VIOLENCIA SEXUAL EN EL INFORME *RETTIG* (CHILE, 1991)

En cuanto al informe de Chile, a pesar de que uno de los objetivos del gobierno de turno, expresado en palabras del Presidente Aylwin en su mensaje del 24 de abril de 1990, fue "individualizar a sus víctimas" (Carroll 2009, 58), lo individualizante terminaría tomando un matiz más genérico asociado a lo masculino. Como ya ha estudiado Carroll, en este documento, cuando se hace alusión a una mujer, en la mayoría de los casos esta es definida en relación con un hombre ("la mujer de" "la hermana de"), lo cual revela un entramado textual de construcciones discursivas en las que se asume la naturalización de los roles (2009, 59-61). En definitiva, como señala también Carroll, se crea un discurso en el que, al ser la mayoría de las víctimas hombres, la violencia de la mujer y sus especificidades se reducen a cuestiones casi desapercibidas (2009, 62).

En general, en su arquitectura textual, operan procesos de ocultamiento con respecto al género, bien sea por una focalización en los eventos o por una neutralización del género femenino. Con respecto al primero, al focalizar los hechos (véase la estructura del informe) se intenta crear una narrativa que, al pasar por alto a los agentes discursivos, omite las diferencias de género propias de estos. Por ejemplo, al abrir un apartado denominado "Algunas formas de violación a los derechos humanos", la focalización recae en las formas de violación más que en los o las victimarias; en ese sentido, al emplear el sintagma "derechos humanos" o "violación" se apela a un sentido genérico que anula los matices de género.

Con respecto a lo segundo, se tiende a neutralizar el género femenino. Así, en el tomo II, donde se explican las diversas violaciones a los derechos humanos cometidas por agentes del Estado entre 1974 y 1990, y los efectos sociales y familiares que estas generaron, los patrones discursivos son neutrales; es decir, hay una referencia general a la violencia indiferenciada (para los agentes priman los vocablos "víctimas", "personas", "agentes" y para los actos prima la palabra "violencia"). Si se rastrea el léxico en el mismo apartado (y en todo el informe) nunca aparece la denominación "violación sexual" (solo aparece "vejaciones de tipo sexual"). Además, la "violación sexual" se incluye dentro del apartado "Torturas" (Informe *Rettig*, Tomo II, 748). La única mención explícita como "vejámenes de tipo sexual" aparece en la página 738, en la cual se describe a las formas de tortura que se llevaban a cabo en "La Discotéque" o "La Venda Sexy", uno de los principales recintos de detención y tortura de la DINA: "Los métodos de tortura se diferenciaban del de los otros recintos en cuanto se enfatizaban las vejaciones de tipo sexual. La violación de las detenidas y otros abusos sexuales de parte de guardias y agentes eran práctica corriente. También los detenidos varones eran víctimas de tales vejaciones" (Informe *Rettig*, Tomo II, 738). Como se deja entrever, la descripción en relación con la violencia sexual es demasiado exigua, lo que contradice el hecho de que en el mismo texto se señale que era un método habitual; asimismo, se despersonaliza dicha actividad al usarse la forma impersonal para referir a esta ("se enfatizaban las vejaciones"), lo cual genera ocultamiento del agente o agentes violadores. Además, al usarse un eufemismo "vejaciones" se atenúa la carga semántica de la verdadera palabra, lo cual por añadidura generaría el mayor confort no solo de quien escribe, sino de quien lee o leerá. Si bien, en el siguiente enunciado, se deja claro que los que cometieron dicha violencia fueron "guardias" y "agentes", nuevamente el énfasis de la construcción oracional recae en el hecho, pero no en los agentes. Finalmente, el último enunciado funciona como un agregado que atenúa ("también") nuevamente la violencia sexual, pero, además, la emplaza a un estatus genérico e indiferenciado.

Cabe destacar que, después de doce años, se estableció la Comisión Nacional sobre Prisión Política y Tortura, cuyo objetivo, según el Decreto 1040, era realizar un análisis profundo y detallado del período de la dictadura, con el fin de reconocer a las víctimas que hasta entonces no habían sido identificadas, es decir, "conocer la verdad de manera completa" (Biblioteca del Congreso Nacional de Chile). Sin embargo, esta búsqueda de la "verdad", plasmada en el Informe *Valech* (2003), respondía, sobre todo, a la identificación de las víctimas producto de la presión de los familiares de los desaparecidos. Es verdad que, gracias a diversas iniciativas feministas, se incorporó un apartado con enfoque de género. No obstante, el planteamiento aún es limitado, puesto que se trataría más bien de lo que Scott denomina "perspectiva suplementaria" cuyo enfoque es tomado solo para "contar el otro lado de la historia" [...] [por lo que no se llegan a transgredir] las oposiciones binarias basadas en el sexo biológico ni la heterosexualidad compulsoria" (citado por Carroll 2009, 65).

García y Cabral, en un interesante estudio, han examinado cómo es posible identificar el discurso de la violencia a través de representaciones sociosimbólicas, entre las cuales se encuentran las prácticas y los procesos judiciales. Estas representaciones evidencian un modelo androcéntrico que suele ocultar la violencia dirigida hacia las mujeres, incluyendo la violencia sexual, la cual estaría fundamentada en una racionalidad logofalocéntrica (1999). En ese marco, el Informe *Rettig* correspondería una práctica discursiva arqueologizada instalada en el imaginario colectivo que atravesó el proceso judicial transicional chileno mediante el cual minimizar, generalizar u omitir el problema de la violencia sexual revelaría que esta es tácitamente aceptada y/o tolerada por quien comunica, en este caso emisor/emisores/comisionados del informe y, por quien recibe el mensaje.

LA EXCLUSIÓN DISCURSIVA FEMENINA Y LA OMISIÓN DE LA VIOLENCIA SEXUAL EN EL INFORME *NUNCA MÁS* (ARGENTINA, 1984)

El enfoque de este documento no dista mucho en relación con el Informe chileno. Si se observa la superestructura del mismo, se puede percibir una narrativa que está focalizada en los eventos y no en los agentes (véase el índice), de tal modo que la dictadura se reduce a una condición despersonalizada en la que los sujetos se han omitido. De hecho, esto aún resulta más revelador cuando al revisar cada uno de sus apartados se observa un vocabulario genérico masculino: "secuestradores", "rehenes", "prisioneros", "guardias", "muertos", "políticos", "funcionarios", "desaparecidos", "religiosos", "conscriptos". Además, cuando se examinan los testimonios, prevalecen los de hombres (se cuentan dieciséis testimonios en total) y no tanto los de mujeres (se cuentan cuatro en total) y aún son nulos aquellos pertenecientes a comunidades sexuales disidentes; cuestión parecida sucede cuando se refiere a los desaparecidos. Esta profusión de léxico asociado en mayor o menor medida a lo "masculino" dejaría entrever que los participantes del proceso de la "dictadura" argentina fueron sobre todo hombres. De ese modo, el informe refleja el imaginario social según el cual el sujeto masculino históricamente ha tenido un rol público ligado a la guerra.

Además, la posición discursiva del sujeto femenino es nula o tiene poca representatividad; y esta última está asociada a actividades o funciones ligadas a lo históricamente "femenino". De hecho, los momentos en los que se describen situaciones de violencia en relación con este género son dos: en los acápites (1) "Niños desaparecidos y embarazadas" (representación en su función reproductiva) y (2) "La familia como víctima" (representación en su función materna). Con respecto a esta última atribución, en un subapartado del acápite 1, se incluye "La Familia - Las abuelas" y resulta significativo que se afirme que el estado de los familiares de las prisioneras en gestación era "harto angustiante y peculiar", pero que no

84

se haya indagado de modo prolijo en qué consistió dicha "angustia" y "peculiaridad". Ahora bien, en este mismo apartado la narración se limita a relatar dos testimonios de las Abuelas de Plaza de Mayo en su labor de búsqueda de los nietos, situación que vuelve a consolidar el rol que ha sido designado a este género, pero se omite el trabajo político que estas desplegaron.

¿Qué implicaciones tiene dicha invisibilización femenina, incluso en este informe mucho más evidente que en el anterior? Jean-Claude Bourdin (2010) señala que la invisibilidad es una forma de violencia puesto que introduce homogeneneidad allí donde es altamente importante que aparezcan las discontinuidades o diferencias (19). En ese sentido, el Informe *Nunca más* se configura como un archivo nacional, que está construido discursivamente de tal modo que las mujeres al no "verse", no se perciben como parte del proceso político; como si en el reparto de la Historia, aunque contemporánea, nuevamente hubiesen tenido unos más y otras muy poco. Sin embargo, en los atisbos en los que sí aparecen representadas, estas son asociadas a actividades en relación con los estereotipos de su género.

Como se da cuenta, el lenguaje opera para normalizar relaciones de poder, en el que los agentes son básicamente masculinos. Fairclough ha propuesto el término colonización discursiva para hacer alusión a "la construcción de (…) sentidos comunes desde la lógica del poder, que permiten controlar discursos y, por lo tanto, sustentar ciertas prácticas discursivas por sobre otras prácticas alternativas posibles" (1993, 4). Se trata entonces, en este caso específico, de una colonización patriarcal del lenguaje, dicho de otro modo, de un texto cuyo lenguaje construye discursivamente una narrativa que naturaliza los roles de género. En ese sentido, si la profusión masculina sirve para marcar la colonización discursiva de este documento nacional, la invibilización de lo femenino revelaría una exclusión discursiva. Esta invisibilización revelaría aún más, entre otras cuestiones, el ocultamiento de la violencia sexual femenina. En el informe *Nunca más* no existe ningún apartado a nivel macrotextual donde se haga alusión a esta. En el apartado "Torturas", en el que se podría encontrar alusión a la violencia sexual, se transcribe un "testimonio prototípico" en el cual se deja deslizar que la violación era un método frecuente de los prisioneros: "me violaron introduciéndome en el ano un objeto metálico"; y además, en las declaraciones de un testimoniante se desliza la idea de que violaron a su esposa "[…] me mostraron un trapo manchado de sangre […] me dijeron que era una bombacha de mi mujer" y a sus hijas "[…] mostrándome otros trapos ensangrentados, me dijeron que eran las bombachitas de mis hijas" (Informe *Nunca Más*), pero no se incide mucho en esto.

En ese marco, se puede decir la "(violencia) violación sexual" es un término excluido dentro del campo semántico de la violencia al que se alude en el informe. Esto es revelador porque implica que al excluirlo se niega la posibilidad de su existencia o hace alusión a la incompatibilidad con el campo semántico (violencia) al que pertenece. No obstante, esta proyección es contrapuesta a la realidad social y a la violencia de la dictadura que sí tuvo un componente genérico significativo en la última dictadura argentina. Sobre esto Aucía y otros (2011), Balardini Oberlin y Sobredo (2011), D'Antonio (2011, 2012), Ciriza (2014) entre otros han dado cuenta. Así, por ejemplo, Rodríguez y D'Antonio (2019) han analizado a partir de diversos testimonios, que no aparecen en el Informe y que han sido recogidos mucho tiempo después de publicado este, de qué forma la represión estatal en argentina entre 1976 y 1983 tuvo un carácter sexo-genérico en los circuitos legales e ilegales de detención. En ese marco, hubo una sistemática represión y castigos sexuados, entre los cuales la desmaternalización y la violencia sexual. Si bien es cierto, y esto coincide con el testimonio antes descrito, que también se cometió violencia sexual contra los hombres, "para las mujeres [estas prácticas] tuvieron un carácter rutinario y extendido" (Rodríguez y D'Antonio, 2019, 59), lo cual desde lejos desmiente la supuesta inexistencia (por omisión) de estas prácticas en el informe. Al mismo tiempo, saca a relucir algo inesperado: que quizá no incluir la violencia sexual en este docu-mento era una manera de exponer subrepticiamente que el término era in-compatible dentro del gran campo semántico de la violencia porque dicho el fenómeno estaba normalizado en la sociedad argentina. Como señala Vasallo la violencia sexual es un *continuum* que, en general, no permitió establecer límites definidos entre esta violencia cometida en el marco del proceso dictatorial o de delitos comunes (2011). Eso también podría explicar por qué este informe tuvo una aceptación masiva, como indica Camacho (2008), en Argentina.

En resumidas cuentas, el informe pretende ser objetivo apelando a las acciones más que los agentes, pero en realidad lo que termina revelando es la ideología según la cual la posición discursiva del sujeto masculino es de agente de la dictadura y hay una consistente invisibilización de la violencia y violación sexual. Al hacerlo de este modo, el Informe *Nunca más* no cuestiona la dictadura más allá del orden político, sino que en realidad la desplaza.

EL *INFORME FINAL* (PERÚ, 2003) COMO DISCURSO SIN MAYOR IMPACTO EN FUNCIÓN AL ENFOQUE DE GÉNERO

El *Informe Final* elaborado por Comisión de la Verdad y Reconciliación (Perú, 2003) marcó un hito significativo al incorporar un análisis del impacto diferenciado de la violencia por razones de género, además de incluir un capítulo específico sobre violencia sexual contra las mujeres. Como señala Mantilla, fue la primera comisión de la verdad en el mundo en contemplar una perspectiva de género (2006, 324). Este se puede observar de forma explícita en el Tomo VI, Sección cuarta, destinada a los crímenes y violaciones de derechos humanos donde se incluye la violencia sexual hacia la mujer (122 páginas) y se hace un análisis pormenorizado de esta cuestión. Además, en el tomo VIII, en la segunda parte, se explican los factores que determinaron la violencia y se incluye la desigualdad de género como uno de ellos.

No obstante, hay que señalar dos cuestiones importantes que podrían problematizar esta perspectiva. En primer lugar, la incorporación de este enfoque no estuvo contemplada desde el inicio, sino que se logró debido a la presión de agrupaciones feministas y a los diferentes testimonios que empezaron a aparecer (Mantilla 2012, 205). De hecho, fue Julissa Mantilla, una académica feminista, quien pocos días después de la publicación oficial del Decreto

Supremo que creó la Comisión de la Verdad, publicó un artículo de opinión en un periódico denunciando que el decreto no hacía mención alguna a las mujeres y a la violencia contra ellas durante el conflicto (Guillerot citado en Mendia 2020, 83). En segundo lugar, se trata de una perspectiva impulsada desde afuera, puesto que hubo dos precedentes internacionales que motivaron la incorporación del enfoque de género: la Comisión para el Esclarecimiento Histórico de Guatemala (CEH), cuyo informe final editado en 1994, incluyó un capítulo sobre la violación sexual contra las mujeres; y la Comisión de la Verdad y Reconciliación de Sudáfrica, la cual fue creada en 1995 para investigar las violaciones de derechos humanos ocurridas durante el régimen del Apartheid establecido entre 1960 y 1994, e hizo una reflexión sobre la perspectiva de género a partir del documento de trabajo elaborado por el Centre for Applied Legal Studies (CALS) de la Universidad de Witwatersrand (Mantilla 2010, 203).

Desde el análisis del discurso, no solo se evalúa el texto mismo sino también los modos de producción de este, es decir, su pragmática. En otras palabras, se trata de evaluar las condiciones de producción del discurso como los factores mismos que lo constituyen para interpretar mejor la realidad inmersa en estos informes. Así, desde esta perspectiva, para interpretar el discurso político habría que estudiar "las condiciones de producción de [...] este, las estrategias [comunicativas] y fines que derivan del uso efectivo que un emisor hace del lenguaje en una situación de comunicación" (Murillo 2001, 171). Partiendo de esto, la situación de comunicación (contexto) en la cual se produce el *Informe Final* de la CVR está enmarcada mundialmente en un momento en el que el Feminismo se está imponiendo como una política de género. Como se ha señalado, no solo hay un mandamiento implícito (las dos comisiones anteriores con enfoque de género) sino también explícito (la presión del grupo feminista). En ese sentido, si bien Mantilla usa como estrategia política comunicativa expresar su rechazo a la omisión de género a través de un medio de comunicación de masas (periódico) y de ello se deriva el imperativo de incluir el enfoque de género en el informe, esta intervino únicamente como representante de un grupo (feminista), al menos en ese momento, no hegemónico en la sociedad peruana, por lo que el enfoque no llegó a deconstruir las estructuras sociales en las que se enmarcó dicho documento. En palabras simples, las condiciones sociales de la época determinaron la inclusión de la perspectiva de género, pero únicamente como un mandato, cuya valía no se llegó a comprender totalmente.

A esto había que agregar el hecho de que la significación de un discurso/acto no solo debe quedar en el enfoque mismo (documento) ni en las condiciones de producción, sino en los significados que los receptores (en este caso, un colectivo) le otorgan. Es decir, la funcionalidad o eficacia del discurso dependerá también del uso que los usuarios (receptor) hacen de este (Murillo 2001, 182). Como plantea Murillo, para que el contenido de un discurso sea totalmente aceptado, debe estructurarse o ser un modelo en función a las expectativas del destinatario o, al menos, conforme a la significación imaginaria de este (Ossipow 1979 citado por Murillo 2001, 185). En ese sentido, el destinatario del informe fue el colectivo peruano al que le podríamos llamar "nación" cuyos esquemas mentales, en ese momento al menos, no estaban asociados al enfoque de género. De ese modo, se aprehendió el discurso de modo genérico, pero no se percibió la particularidad del enfoque. De hecho, ello se explica por dos razones. La primera porque, como ha señalado Mendia,

> Dicha inclusión quedó circunscrita de forma concreta a dos capítulos descriptivos de las violaciones de derechos humanos sufridas por las mujeres, y no logró tener una incidencia clara en el diseño de las recomendaciones (ni en las reformas institucionales ni en las reparaciones); es decir, no logró la transversalidad deseada. (Guillerot 2010, 98)

La segunda se explica porque este enfoque no fue eficaz en la recepción de los destinatarios. En un interesante estudio sobre la percepción del conflicto armado interno en el Perú, 1980-2000, realizado el 2006, David Sulmont concluye que los recuerdos que más se asocian con este período están relacionados con la violencia en general (terrorismo matanza, hiperinflación, caos económico, escasez de alimentos). Resulta revelador que ninguna de las respuestas sobre la memoria de este conflicto se asocie con un enfoque de género. En ese sentido, la violencia sexual contra las mujeres no es parte de lo que se suele recordar. Se evidencia pues la incompatibilidad del enfoque en función a la percepción de los destinatarios. De ese modo, se incluyó el enfoque pero no se reestructuró el imaginario, así operaron dos discursos: uno que podríamos llamarle "real", y en este caso implícito, que funcionó como un constructo homogéneo que percibió a la violencia de manera generalizada y otro "oficial" que incluyó el enfoque de género pero que solo fue percibido por quienes habían internalizado dicho enfoque (feministas, teóricas, etc.)

CONCLUSIONES FINALES

Como se observa, los informes se construyeron como documentos totalizadores que excluyeron, en menor o mayor medida, o no problematizaron, la violencia con respecto al género, específicamente la sexual. Esto resulta problemático porque fueron documentos que guiaron los procesos transicionales de Chile, Argentina y Perú, y como tal construyeron imaginarios en torno a la violencia que se concretó en los gobiernos dictatoriales. Esto no implica que el trabajo de las diferentes comisiones no haya sido exitoso para mantener la memoria de los acontecimientos, sino que se "ha dejado fuera la discusión sobre los derechos de la mujer" (Carroll 2009). Habría que preguntarse entonces qué implicancias tiene que la ideología dominante (relacionada con lo genérico masculino) se reproduzca en los discursos ocultando, deformando la realidad e impidiendo la conciencia de los sujetos sobre su subordinación.

Pese a lo anterior, se debe considerar que la memoria que tamiza estos documentos no es un acto consumado. Como ha señalado Jelin (2002), la memoria es un trabajo incesante, persistente y dialéctico, un acontecimiento político en continua labor que, como tal, confronta supuestos y, al hacerlo, disloca asunciones que se creen verdaderas o naturales y remueve "memorias subterráneas" u olvidadas; en otras palabras, el trabajo de la memoria permitiría confrontar la memoria oficial (que estaría representada por los informes que hemos analizado) y rasgarla de tal modo que se rev(b)elen aquellas me-morias que han sido olvidadas, neutralizadas o minimizadas (que, según nuestro estudio correspondería a la violencia sexual) a las que Pollak denomina "subterráneas".

BIBLIOGRAFÍA

Biblioteca del Congreso Nacional de Chile. *Decreto 1040. Crea Comisión Nacional sobre Prisión Política y Tortura, para el Esclarecimiento de la Verdad acerca de las violaciones de Derechos Humanos en Chile*, 2003.

Bourdin, Jean-Claude. "La invisibilidad social como violencia." *Universitas philosophica* 27.54 (2010): 15-33.

Camacho Padilla, Fernando. "Memorias enfrentadas: las reacciones a los informes *Nunca Más* de Argentina y Chile." *Persona y sociedad* 22.2 (2008): 67-99.

Carroll Hiner, Hillary. "¿El 'nunca más' tiene género? Un estudio comparativo de los discursos de las comisiones de verdad en Chile y Argentina." *XII Jornadas Interescuelas/Departamentos de Historia*. Departamento de Historia, Facultad de Humanidades y Centro Regional Universitario Bariloche. Universidad Nacional del Comahue, 2009.

Comisión Nacional de Verdad y Reconciliación. *Informe Rettig*. Chile, 1900.

Comisión Nacional de la Verdad y Reconciliación. *Informe Final*. Perú, 2000.

Comisión Nacional Sobre la Desaparición de Personas (CONADEP). *Nunca más*. Argentina, 1983.

Comisión Nacional sobre Prisión Política y Tortura. Informe de la Comisión Nacional sobre Prisión Política y Tortura (Valech), 2005.

Derrida, Jacques. "Canons and Metonomies: An Interview with Jacques Derrida," en Rand, R. (ed.), *Logomachia, The Conflict of the Faculties*. Lincoln y Londres: University of Nebraska Press, 1992.

Derrida, Jacques. *Responses in Echographies of Television, Filmed Interviews. Jacques Derrida y Bernard Stiegler*. Cambridge, UK: Polity Press, 2002.

Etxeberria, Xabier. "Impunidad y perdón en la política." *Reflexión Política* 3.5 (2010): 1-6.

Fairclough, Norman. *Language and power*. London: Longman, 1989.

Fairclough, Norman. *Discourse and social chance*. Cambridge: Policy Press, 1993.

Fairclough, Norman. *Critical discourse analysis. The critical study of language*. London: Longman, 1995.

García, Carmen - Blanca Cabral. "Socioantropología de la violencia de género." *Revista de estudios de género: La Ventana*Jelin, Elizabeth. *Los trabajos de la memoria*. España: Siglo XXI, 2002.

Jelin, Elizabeth. *Los trabajos de la memoria*. Madrid: Siglo XXI, 2002.

Mantilla, Julissa. "La Comisión de la Verdad y Reconciliación en el Perú y la perspectiva de género: principales logros y hallazgos." *Revista do Instituto Brasileiro de Direitos Humanos*, 10 (2010):195-218.

Mendia, Irantzu. *Enfoque de género en comisiones de la verdad. Experiencias en América Latina y África*. Bilbao: Universidad del País Vasco, Euskal Herriko Unibertsitatea, Instituto de Estudios sobre Desarrollo y Cooperación Internacional, 2020.

Murillo, Ramón. "Condiciones de producción y efectos del discurso político." *Investigaciones sociales* 5.8 (2001): 151-193.

Pollak, Michael. *Memoria, olvido, silencio. La producción social de identidades frente a situaciones límite*. La Plata: Ediciones Al Margen, 2006.

Rodríguez, Laura – D'Antonio, Débora. "El carácter sexo-genérico de la represión estatal en la Argentina de la década del setenta." *Sémata: Ciencias Sociais e Humanidades* 31 (2019): 53-69.

Sulmont, David. "Memoria y opinión pública sobre el conflicto armado interno en el Perú, 1980-2000." *Memoria. Revista sobre Cultura, Democracia y Derechos Humanos*, 2 (2007): 29-38.

Vassallo, Marta. *Grietas en el silencio. Una investigación sobre la violencia sexual en el marco del terrorismo de Estado*. Luxemburg: Buenos Aires, 2011.

Del "materarchivo" al "filiarchivo".
Dinámicas intergenéricas e intergeneracionales en *La caja Topper* de Nicolás Gadano

Federico Cantoni
Università degli Studi di Salerno

Abstract: El objetivo de la contribución es analizar la novela *La caja Topper* (2019) del escritor argentino Nicolás Gadano, perteneciente a la así llamada "generación de HIJOS". El texto, que toma el trabajo con el archivo como principio estructurador, nace de la experiencia directa de su autor: tras el fallecimiento de la madre, Gadano hereda la caja titular, en la cual la mujer había guardado materiales acerca del período en que la familia se exilió en México para huir del terrorismo de estado. Al desentrañar el contenido de la caja, Gadano entreteje un intenso diálogo con los materiales, añadiendo o rectificando informaciones. La novela se convierte así en una versión actualizada del archivo en la que el hijo hereda de la madre el papel de "arconte". El análisis enfocará tanto el tema del pasaje intergeneracional, como de la dinámica intergenérica entre la madre mujer y el hijo varón: si la caja se configura como un verdadero "materarchivo", la novela se convierte en un "filiarchivo" cuyo objetivo no será guardar una memoria cristalizada de la historia familiar, sino buscar en las muestras de un pasado a la vez íntimo y nacional claves hermenéuticas para desentrañar las complejidades del presente postdictatorial y postexiliar.

Dentro del campo cultural y testimonial[1] argentino contemporáneo, una de las voces que, por lo menos en los últimos veinte años, desemplea un papel protagónico es la de la así llamada 'generación de

---

[1] Remito a la noción de "campo testimonial" formulada por Carolina Pizarro Cortés y José Santos Herceg con respecto al caso chileno: "una zona en principio –pero no exclusivamente– social, en la que se entrecruzan los autores, los textos y los lectores de los testimonios, estableciendo distintos tipos de vínculos" (Pizarro Cortés y Santos Herceg 2019, 247) y conformada a partir de tres coordenadas fundamentales, es decir "[...] la autoría testimonial, el texto mismo y el contexto en el que el testimonio se produce y circula. Desde el punto de vista de la autoría, corresponde reconocer a los autores individuales, es decir, sus coordenadas particulares de referencia, así como las formas en que dichos autores se vinculan entre sí. En cuanto al texto, habría que poner el acento en las características particulares de la textualidad testimonial, tanto formales como temáticas, en su adscripción o distancia respecto de las tradiciones locales y en su filiación más o menos expresa a lo referencial o lo ficcional. En relación con el contexto, tanto de producción como de recepción, además de poner de relieve las condiciones concretas de aparición de los textos, es necesario explorar las prácticas lectoras y las formas críticas de ordenación del universo conocido de testimonios, así como su intensidad y su frecuencia" (248).

HIJOS',[2] término que incluye tanto a los hijos de detenides-desaparecides por la última dictadura cívico-militar que gobernó el país entre 1976 y 1983, como a hijos de otros tipos de víctimas –por ejemplo presos políticos y exiliades– y también a individuos que, a pesar de no tener ningún miembro de su familia directamente afectado por el accionar represivo del gobierno dictatorial, comparten con sus coetáneos las mismas demandas y las mismas inquietudes frente a las diferentes etapas del período posdictatorial.[3]

El corpus de narraciones conformado por estos sujetos –un corpus heterogéneo; multifacético; multi-, inter- y transmedial (Cantoni 2023, 65-93)– ya desde sus primeras entradas siempre entretejió una relación muy estrecha con los archivos, tanto privados y familiares, como públicos e institucionales (Klein 2019; Basile 2020; Forné 2020; Pontelli y Urrutia, 2023). Esta relación se apercibe de manera particularmente evidente en las obras de hijos de desaparecidos: frente a la ausencia de los padres, lo único que les queda a estos hijos es acudir precisamente a los archivos para intentar buscar huellas que les permitan entender quienes fueron sus progenitores y, a partir de este conocimiento, formular un discurso identitario proprio, e incluso intentar alguna forma de contacto con los seres queridos ausentes (Cantoni, 2022). Es el caso, justo para citar a algunas obras, de las películas *Los rubios* de Albertina Carri, estrenada en 2003, y *M* de Nicolás Prividera, estrenada en 2009; del ensayo fotográfico *Arqueología de la ausencia* de Lucila Quieto (2001); de las novelas *Soy un bravo piloto de la Nueva China* de Ernesto Semán, publicada en 2011, y *Aparecida* de Marta Dillon, publicada en 2015. El listado podría ser mucho más amplio, de hecho casi la mayoría de los textos de HIJOS acude a archivos, ya sea como eje estructurador o como parte de su arquitectura textual, hasta llegar, en los últimos años, a incluir también los testimonios de los "otros

---

[2] Al escribirlo con mayúsculas me refiero a la distinción operada por Teresa Basile entre el término 'hijos', que se refiere genéricamente a un lazo familiar, e 'HIJOS', que alude a la generación especifica de los hijos de víctimas de terrorismo de Estado argentino, más allá de su configuración institucional (Basile 2019, 19).

[3] Ilse Logie se refiere a estos sujetos en términos de "hijos afiliativos" (Logie 2016, 60).

HIJOS" (Cantoni 2023, 197-212) , los hijos de los represores[4], como en el caso del texto *Llevaré su nombre* de Analía Kalinec, de 2021, en el que la autora reconstruye la historia de la problemática relación con su padre represor a través de una multitud de textualidades sacadas del archivo familiar (cartas, mensajes SMS, entradas de diario) e institucional, como por ejemplo actas y demandas jurídicas.

Sin embargo, dentro de este amplio y todavía productivo corpus se encuentra una novela que pone en escena un trabajo mucho más profundo y, en cierto sentido, original con el archivo familiar: *La caja Topper* del escritor y economista Nicolás Gadano, publicada en 2019. La novela no enfoca la experiencia de un hijo de desaparecidos, sino de exiliados. En este sentido, *La caja Topper* se inserta en una vertiente específica del corpus de HIJOS, junto a textos como *El azul de las abejas* (2014) y *La danza de la araña* (2018) de Laura Alcoba, *El espíritu de mis padres sigue subiendo en la lluvia* (2012) de Patricio Pron, *Conjunto vacío* (2015) de Verónica Gerber Bicecci, *Los eufemismos* (2021) de Ada Negri o la ya citada *Soy un bravo piloto de la Nueva China* (2011) de Ernesto Semán, aunque con una peculiaridad: si bien todos estos textos enfocan una o más facetas de la experiencia del exilio, *La caja Topper* le añade otra dimensión hasta ahora bastante inexplorada, es decir lo que Mario Benedetti (1984) define "desexilio", el regreso en patria, del cual se pone en escena la fundamental imposibilidad, ya que, como comenta el mismo Gadano: "Volvimos al país, y nos dimos cuenta de que no era este el regreso que esperábamos, que esperábamos el regreso a nuestra época, a nuestra victoria, a nuestro muertos, a lo que ya no encontraríamos jamás. De este exilio, no se puede volver" (Gadano 2019, 147).

Como sugiere el título, la novela se estructura alrededor de una caja de zapatillas que Gadano hereda tras el fallecimiento de su madre debido a una enfermedad neurodegenerativa. La caja se con-

---

[4] Con la etiqueta "otros HIJOS" me refiero a los hijos de ex torturadores y represores que decidieron alejarse de sus progenitores y condenar, muy a menudo públicamente – especialmente tras la fundación del colectivo Historias Desobedientes en 2018–, sus acciones, y no a aquellos hijos que, por otro lado, apoyaron a sus padres en la medida en que denunciaron la supuesta injusticia de los juicios de lesa humanidad desarrollados en Argentina a partir de 2003.

figura como un verdadero archivo de la historia familiar, que la mujer armó a lo largo de los años a través de diferentes materiales: cartas, postales, fotografía y un casete. En este sentido señala Argañaraz:

> Lo más contundente de la novela es la caja de zapatillas como objeto que contiene no solo otros objetos sino, principalmente, la equiparación de la caja a una memoria, la de los hijos y sus padres y el vínculo afectivo especial de uno de esos hijos (el narrador) con la madre creadora de un archivo transmedial a partir del cual se diagrama el recorrido de la memoria familiar y personal (2023, 196-197).

Al heredar la caja, cada objeto despierta en Gadano diferentes recuerdos sobre su infancia en el exilio, y es por esta razón que el autor decide escribir su novela, detallando precisamente los contenidos de este archivo. Hasta aquí no se trata de un tópico de por sí novedoso: ya otros autores habían incluido en los entramados de sus narraciones la materialidad de archivos familiares, muy a menudo cajas, describiendo su contenido.[5] Sin embargo, dos factores diferencian *La caja Topper* de estas novelas: primero, el hecho de que el archivo material no es solo un tópico, sino el principio estructurador del texto, y segundo, el papel activo desempleado por Gadano, que no se limita a registrar los contenidos de la caja, sino que los interpreta, amplia y modifica, de hecho, heredando no solo el archivo y sus contenidos, sino también el papel de guardián de este archivo, de verdadero arconte.

En un primer momento la caja de zapatillas se configura, en términos de Derrida, como "matriarchivo" (1997, 43) en la medida en que la mujer atesora un extenso número de materiales que dan cuenta de la historia de la familia – el paso a la clandestinidad, un primer exilio en Brasil, la vuelta a Argentina y luego el exilio definitivo en México hasta 1983 – pero desde una perspectiva totalmente

---

[5] Ejemplos en este sentido son *Soy un bravo piloto de la Nueva China* de Ernesto Semán, *El azul de las abejas* de Laura Alcoba y *Aparecida* de Marta Dillon.

volcada en lo afectivo: se trata de cartas íntimas, de fotos de familia, de postales de viaje… todo material que configura al mismo tiempo un mapa geográfico de los recorridos de la familia Gadano, pero también un mapa afectivo de la relaciones entre el núcleo familiar (compuesto por la pareja de los padres, Gadano y su hermano Julián) y los parientes que quedan en la Argentina. Es precisamente esta posición intrínsecamente materna de cuidado que le otorga a la caja un carácter marcadamente afectivo y corporal, y que motiva su interpretación en términos de "matriarchivo", ya que contiene objetos íntimos y cotidianos en vez de documentos oficiales. A esta altura, las modalidades de configuración de la memoria en la novela responden a una organización de los papeles de género bastante tradicional, e incluso patriarcal, ya que la mujer acude a la dimensión afectiva, mientras que el padre se convierte en representante de la dimensión política e ideológica, y sobre todo del discurso heroico sobre la militancia de los Setenta, a través de intensos diálogos registrados por Gadano (Peller 2021, 192).

Es interesante también subrayar que el contenido de la caja no es azaroso, sino el resultado de una selección precisa de materiales por la mujer, quien además los ordena y guarda para preservar el pasado, una operación sobre la cual han ampliamente reflexionado Marianne Hirsch y Diana Taylor (2012). Esta labor de selección, ordenamiento y preservación de materiales específicos – recordamos: cartas, postales, casetes con mensajes grabados y fotografías, es decir todo material que supone una voluntad comunicativa – le añade otra dimensión a la caja, que se convierte también en archivo multimedial de las formas de comunicación íntima y afectiva durante el exilio.

Poco antes de su fallecimiento, la madre elige a su segundo hijo Nicolás, el autor, como heredero del archivo. Es interesante reflexionar sobre esta elección, señalada en la novela en una evocativa escena en la que la mujer le comunica a su hijo la contraseña de su correo electrónico en un momento íntimo entre los dos, un instante –en palabras de Gadano– de "complicidad madre-hijo" (2019, 13) en el que en un solo gesto se condensa el poderoso acto de transmisión generacioal. Surge espontáneo preguntare porqué la mujer eligió al hijo menor, y no al mayor, y Gadano intenta avanzar una hipótesis sobre el asunto al señalar la diferente actitud de los dos hermanos frente a los rompecabezas: para Julián son una pérdida de tiempo –una "boludez" (2019, 168)–, mientras que el autor afirma explícitamente: "prefiero seguir juntando piezas sin razón, sin apuro, probando de una manera y otra hasta que todo encaje, hasta que todo cobre significado" (2019, 168): a través de esta imagen textual, Gadano conceptualiza la memoria familiar contenida en el matriarchivo precisamente como un rompecabezas que necesita alguien que lo ponga en orden, tarea que asume él mismo.

Con el paso de la caja de la madre al hijo, el archivo padece algunas modificaciones. Primero, en su formato: si el archivo materno era una caja que contenía objetos, aquello del hijo se convierte en una novela. No se trata de un cambio inocente: al convertirse en libro el archivo deja de ser algo íntimo, guardado en un closet, y se convierte en un producto cultural que circula en el ámbito público: desde la memoria íntima y familiar, el contenido de la caja entra en un espacio compartido de memoria social (Halbwachs 2004) que le confiere un valor sumamente testimonial:

> Se habilitan, de este modo, nuevas articulaciones sobre memoria que llevan al narrador a posicionarse como un «cuentero» *testimonial* y prioriza un objetivo como lo es el hecho de que sus hijos Eva y Dante en un futuro tomen la caja Topper como legado convertido en libro, en memoria. (Argañaraz 2023, 202)

Los materiales contenidos en la caja funcionan como eje estructurador de la novela, ya que, como comenta el mismo autor en una entrevista, se trata de "fragmentos de mi vida hechos novela o una novela de fragmentos de mi vida, pero la caja de recuerdos es el disparador y lo que voy contando en el libro está muy estructurado en torno a los objetos que están adentro de esa caja" (Gadano, en Pikielny 2019), sin embargo, Gadano no se limita a transcribir los documentos guardados por la madre en la caja, sino que realiza intervenciones directas sobre el 'matriarchivo', hasta tal punto que podemos afirmar que en el pasaje de la caja a la novela este se convierte en un verdadero 'filiarchivo'.

En el momento en que Gadano hereda la caja, e incluso antes cuando obtiene el acceso a la casilla de correo electrónico de la madre, también hereda el papel de arconte, es decir que desde aquel momento es él quien decide lo que va a entrar en el archivo y lo que queda afuera.

La primera tarea que se le plantea al nuevo arconte es la de ordenar este amplio y heterogéneo archivo. De hecho, frente al amplio corpus epistolar contenido en la caja, Gadano señala explícitamente las dos etapas de su acercamiento: "Las cartas estaban sueltas en la caja Topper y así las fui leyendo, de a una, mezcladas con otras, al azar. Después las agrupé, las ordené cronológicamente y las volví a leer todas seguidas" (2019, 21).

Sin embargo, más allá de la pasiva actividad de ordenamiento de los materiales, el protagonista también toma su nuevo papel de forma activa, añadiendo nuevas entradas al archivo. De hecho, en la 'novelización' de la caja, el archivo se expande: Gadano incorpora materiales sobre su infancia y adolescencia en México, sobre el regreso en Argentina, sobre los ajustes de su nueva identidad, que él define como 'argenmex' retomando el término acuñado por Mempo Giardinelli (1981, 49). El libro recoge también materiales que relatan de la vida de los padres, de su divorcio, y de la relación que ambos mantienen con el autor, quien además cuenta de la creación de su propria familia, incluso preguntándose como transmitirles a sus dos hijos la memoria de lo que pasó a las generaciones anteriores.

La novela incluye también materiales aportados por otros sujetos que reconocen el papel de arconte del hijo: entre otros, datos brindados por amigos a través de las redes sociales, papeles familiares encontrados por una tía y una carpeta de poesías encontrada por la pareja del padre y escritas por el hombre.

En su trabajo de ampliación de los contenidos del archivo, Gadano acude también a los recursos de la imaginación narrativa e incluso al relato onírico. En el primer caso, hay un momento en la novela en el que el autor imagina a la madre aconsejándolo sobre la escritura del libro. Se trata de uno de los tantos momentos metaliterarios de *La caja Topper*, ya que en varias ocasiones Gadano tematiza el proceso de escritura de la novela. En este caso, sin embargo, se le añade la extraña presencia imaginada de la madre, que incluso interviene en el proceso de escritura:

> Pienso en mi mamá. La sueño leyendo este libro que escribo, y escribiéndome: Me encanta que sigas escribiendo. Ya que estamos en el tema, te quiero decir que expresás mejor las cosas en no ficción que en ficción. Tu estilo es el mismo, pero creo que tienen más calidad literaria tus memorias en primera persona; tus relatos de no ficción fluctúan más. (Gadano 2019, 24)

A través de la imaginación ficcional, Gadano logra mantener de alguna manera intacto el control de la madre, ya fallecida, sobre el archivo, colocándolo a medio camino entre las dos generaciones.

La dimensión onírica, por otro lado, le sirve a Gadano para afirmar su propia autoridad sobre los contenidos de la caja: en la novela se cuentan dos sueños que tienen que ver con el trabajo de ordenamiento de los materiales heredados. En el primero, el autor sueña con convertir la caja en un archivo digital con carpetas y subcarpetas que le permitan ordenar todos los documentos según criterios formales y temáticos:

> En el sueño creaba una carpeta nueva en Documentos que se llamaba CajaTopper, y después abría varias subcarpetas para clasificar el contenido. La subcarpeta más importante era Cartas, que a su vez se abría en Enviadas y Recibidas. [...] Además de Cartas, Caja-Topper tiene otras subcarpetas para darle lugar al resto de los objetos que encontré en la caja. Una es Postales. [...] Otra subcarpeta es Fotos. [...] Tengo Cartas, Postales, Fotos, pero me quedan un montón de cosas más para clasificar. [...] Quizás todas esas cosas tengan que juntarse en una subcarpeta llamada Otros. (2019, 97-99)

El primer sueño le sirve entonces al protagonista para desentrañar el amplio abanico de materiales guardados de manera azarosa por la madre. Sin embargo, al ingresar a la novela, el sueño tiene también otra función: presentar al lector el contenido de la caja, que hasta este momento solo se podía inferir por los datos proporcionados por Gadano, pero que todavía carecía de una presentación explícita. Es interesante que, si bien presente el contenido, la voz del protagonista sigue expresando cierto margen de idiosincrasia en la organización de los materiales, como ejemplifica la duda sobre la posibilidad o menos de crear una subcarpeta "Otros", etiqueta sumamente genérica e indefinida, imagen textual muy eficaz de la presencia de cierto material, y por ende cierta memoria, que sigue escapando cualquier tipo de malla organizativa.

Por otro lado, en el segundo relato onírico el protagonista sueña con realizar un mapa geográfico que señale con colores diferentes el lugar y la década de producción de cada objeto, así como su circulación:

> Soñé otra vez con la caja Topper y mi computadora. En este sueño, con los archivos ordenados y clasificados cada uno en su correspondiente carpeta, diseñaba una hermosa infografía: el mapa Topper; un mapamundi global a todo color en el que un conjunto de símbolos gráficos señalaba la ciudad en la que había sido producido cada objeto de la caja, la década en la que había sido creado, y en el caso de las cartas, el movimiento de un país a otro, con líneas precisas de colores que atravesaban el planeta [...]. Lo que me fascina es que en una sola imagen puedo capturar la historia de mi familia durante tres décadas, y los desplazamientos geográficos a lo largo de esos años. (2019, 129-130)

Otra vez un sueño altamente evocativo, que de alguna manera constituye la segunda etapa de la tarea empezada en el primero: una vez ordenados (y presentados) los materiales, estos pueden funcionar como base de datos para armar un mapa diacrónico y diatópico de la historia familiar. Esta peculiar manera de 'activar' el archivo, de volverlo no solo repositorio de memoria sino también generador de nuevos conocimientos, permite al protagonista alcanzar un nivel de comprensión de su pasado mucho mayor. De hecho, en la prosecución del cuento del sueño, Gadano evidencia como tan solo ahora que tiene "el mapa

Topper" en frente se da cuenta de la importancia de algunos lugares en su historia que hasta aquel momento quedaban casi totalmente desapercibidos.

Ambos sueños evidentemente tienen que ver con la tarea de resolver el rompecabezas que representa la caja para el autor, y dan cuenta de su actitud frente a la misma, que recordamos es la razón por la cual la madre eligió dejarle la caja a él.

Todas estas intervenciones le permiten a Gadano darle un ordenamiento propio al archivo materno, incorporando elementos relacionados con la experiencia de la segunda generación, que ingresan en el texto a través de la escritura. Al intervenir en la dimensión material, de contenido y de ordenamiento del archivo contenido en la caja, Gadano logra distanciarse de la memoria de ambos sus progenitores: por un lado, cuestiona el discurso heroico e ideológico del padre al mostrar un posicionamiento muy crítico con respecto al proyecto político de Montoneros, por el otro, como acabamos de comentar, reorganiza el relato materno incorporando la experiencia de su propia generación.

Lo interesante de esta dinámica es que los aportes de Gadano no suplantan el archivo original, sino lo expanden y prolongan siguiendo sus coordenadas. En este sentido, es interesante reflexionar sobre el estilo de las aportaciones propias del autor, ya que Gadano interviene en el archivo siéndole fiel al marco afectivo que le había otorgado la madre, cuyos ejes centrales son el cuerpo y las emociones. De hecho, toda la novela se articula alrededor de la relación oblicua entre madre mujer e hijo varón, que Gadano mismo define como "conexión afectiva" (2019, 9), y que se concreta en una conexión física entre los cuerpos de los dos, que en varias escenas sienten y padecen las mismas cosas al mismo tiempo. Un ejemplo muy contundente es una escena en la que Gadano relata de cómo, durante su niñez, tanto él como la madre un día amanecieron con un herpes en los labios, comentando como ambos se convencieron de que la activación simultanea del virus fuera el resultado de un estado emocional compartido:

Una mañana, cuando vivíamos en DF, amanecimos los dos con un herpes en la boca, y a partir de esa coincidencia empezamos a jugar con la idea de que se nos activaban de forma simultánea, como si nuestros virus dormidos estuvieran conectados de alguna manera en una red inalámbrica cuyos únicos usuarios éramos mi mamá y yo (2019, 56-57).

A través de este enfoque afectivo, Gadano elige guardar en su archivo experiencias que pasarían seguramente desapercibidas por la narrativa heroica que caracteriza la versión de la historia proporcionada por el padre, con el cual el hijo discute, ya que el hombre trata de imponer su interpretación de los hechos: "A mi viejo no le gusta esto que escribo. Dice que es una crítica a sus compañeros de los setenta, que es un texto funcional a la derecha, que quienes lo lean van a pensar que los militantes eran malos padres" (2019, 199). Sin embargo, lo que Gadano elabora no es un contra-archivo que almacena una contra-memoria, sino un prolongamiento de un archivo fiel a sus características originarias, enraizadas en una actitud estereotípicamente femenina: "entiendo que en esa generación la tarea de escribir las cartas a la familia quedaba reservada a las madres, a las mujeres" (2019, 160).

De esta manera, en el pasaje de la caja a la novela se disloca el vínculo tradicional entre género y trabajo emocional de la memoria: la tarea de seguir custodiando y ampliando el archivo familiar es asumida, en una estructura casi quiásmica, por el hijo varón, quien sin embargo no abandona el estilo afectivo de la madre, planteando una interesante propuesta de transformación de los papeles de género en temas de memoria del pasado reciente, también distanciándose de los discursos oficiales que asocian lo femenino y lo materno a la gesta heroica y pública de la memoria, discursos encarnados por las Madres de Plaza de Mayo.

Por estas razones, en conclusión, si como vimos el archivo armado por la madre en la caja de zapatillas se podía considerar un "matriarchivo", su asunción por el hijo, quien además lo expande y lo transforma en novela, hace que tal archivo se convierta en un verdadero "filiarchivo", en la medida en que la médula del papel de arconte de Gadano se encuentra precisamente en el hecho de haber sido hijo y heredero de una madre quien no solo le entregó el archivo, sino también las herramientas afectivas para mantenerlo abierto y receptivo.

BIBLIOGRAFÍA

Argañaraz, María Eugenia. "Hijos, archivos, testimonios y memorias en *La Caja Topper* de Nicolás Gadano y *Villa Olímpica* de Sebastián Kohan Esquenazi." *Káñina* XLVII.2 (2023): 191-214.

Basile, Teresa. *Infancias. La narrativa argentina de HIJOS*. Villa María: Eduvim, 2019.

Basile, Teresa. "Los objetos en los escenarios de la memoria: aproximaciones teóricas y análisis de ejemplos referidos a los hijos de desaparecidos en Argentina." *Kamchatka. Revista de análisis cultural* 16 (2020): 319-348.

Benedetti, Mario. *El desexilio y otras conjeturas*. Madrid: El País, 1984.

Cantoni, Federico. "Encuentros imposibles. Montajes anacrónicos en las obras de hijos de desaparecidos argentinos." *Altre Modernità* núm. especial *Estetiche del trauma* (2022): 185-207.

Cantoni, Federico. *HIJOS Argentini. Trame intergenerazionali e percorsi identitari*. Bologna: Pàtron, 2023.

Derrida, Jacques. *Mal de archivo*. Madrid: Trotta, 1997.

Forné, Anna. "El efecto de archivo en el cortometraje documental autoficcional contemporáneo argentino. Una lectura de *Restos* (2010) de Albertina Carri y *Grito* (2008) de Andrés Denegri." *Bulletin of Hispanic Studies* 97.7 (2020). https://www.liverpooluniversitypress.co.uk/doi/10.3828/bhs.2020.43 (Última consultación: octubre de 2024).

Gadano, Nicolás. *La Caja Topper*. Buenos Aires: Planeta, 2019.

Giardinelli, Mempo. *El cielo con las manos*. Hanover: Ediciones del Norte, 1981.

Halbwachs, Maurice. *Los marcos sociales de la memoria*. Madrid: Anthropos, 2004.

Hirsch, Marianne – Taylor, Diana. "El archivo en tránsito. Comentarios editoriales al dossier Sujetos de/al archivo." *E-misférica* 9.1-2 (2012).

https://www.hemisphericinstitute.org/hemi/es/e-misferica-91/hirschtaylor (Última consultación: octubre de 2024).

Klein, Paula. "Poéticas del archivo: el "giro documental" en la narrativa rioplatense reciente." *Cuadernos LIRICO* 20 (2019). https://journals.openedition.org/lirico/8605?lang=en#tocto1n8 (Última consultación: octubre de 2024).

Logie, Ilse. "*Una muchacha muy bella* de Julián López, o el gesto reparador de la escritura." *Acta Literaria* 52 (2016): 59-79.

Peller, Mariela. "Intervenciones afectivas al archivo materno en *La caja Topper* de Nicolás Gadano." *Anclajes* XXV.3 (2021): 187-201.

Pikielny, Astrid. "Nicolás Gadano: 'En algún punto, creo que todos tenemos una vida de novela'." *La Nación*, 10 de febrero de 2019. https://www.lanacion.com.ar/opinion/biografianicolas-gadano-en-algun-punto-creo-que-todos-tenemos-una-vida-de-nove-langngngngngngngngngngng-nid2218628/ (Última consultación: octubre de 2024).

Pizarro Cortés, Carolina – Santos Herceg, José. "El campo testimonial chileno: una mirada de conjunto." *Altre Modernità* 21 (2019): 246-267.

Pontelli, Lorena – Urrutia, Luciano. "*Aparecida*: los archivos del mal y el fantasma del cuerpo de la madre. Una lectura deconstructiva sobre la (des)aparición de la voz de la mujer revolucionaria." *Anacronismo e Irrupción* 13.24 (2023): 58-76.

"ARCHIVI SENSIBILI" E CONTESTI DI TRANSIZIONE.
DOCUMENTARE LE VIOLAZIONI DEI DIRITTI UMANI IN COLOMBIA

Francesca Casafina

UNIVERSITÀ DEGLI STUDI ROMA TRE

ABSTRACT: Nel 2018, nella città colombiana di Buenaventura, sono iniziati i lavori per la costruzione di un *semillero local* di Archivi e Memoria che, a partire dal 2022, ha assunto il nome di *Semillero Navegantes de la Memoria*. Il progetto, supportato da varie organizzazioni e istituzioni colombiane e internazionali – tra cui l'Instituto Colombo-Alemán para la Paz (CAPAZ) e Memoria Abierta (Argentina) – è portato avanti da leader sociali, attiviste e attivisti, con l'obiettivo di riunire, organizzare, conservare e rendere fruibili vari corpus documentali sulle lotte sociali nella città simbolo della violenza in Colombia. Quello di Buenaventura è solo uno dei tanti esempi di iniziative di memoria (Jaramillo Marín, Parrado Pardo, 2020) disseminate in tutto il paese e che cercano di documentare quanto accaduto in decenni di conflitto armato interno, spesso in contesti segnati da violenze anche dopo la firma dell'Accordo di Pace. La funzione degli archivi comunitari come quello di Buenaventura è assolvere a una funzione trasformatrice e di utilità sociale per il consolidamento della pace (Parrado Pardo et al., 2025). Quali sfide pongono questi archivi alle scienze sociali e agli studi sulla memoria? Cosa significa documentare le violazioni ai diritti umani in contesti di violenza di massa? Il saggio prova a riflettere su questi interrogativi a partire dall'esperienza colombiana in materia di "archivi sensibili", processi di memoria e violenza sociopolitica.

INTRODUZIONE

Da decenni ormai la disciplina storica è impegnata nel difficile confronto con le sfide del *tempo presente* (Stabili 2019; Franco-Levín 2017; Rousso 2007; Fazio 2010) e quelle ancora più difficili legate alla memoria, in scenari sempre più complessi e mediatizzati, dove il continuo "spettacolo del dolore" (Boltanski 2000) invita alla compassione rendendo, però, al contempo sempre più lontana la possibilità di una analisi reale dei problemi. Se possiamo constatare come sempre più le politiche della memoria abbiano a che fare con il simbolico, mostrando in molti casi la memoria più che renderla intelligibile (Assayag 2007), ciò sembra ancora più evidente quando questa memoria risulta satura di vissuti dolorosi, di traumi che danneggiano il tessuto sociale tanto quanto quelli individuali danneggiano lo spirito (Jabr 2019). Inoltre, sappiamo che la memoria richiama il passato per rispondere a esigenze del presente (Jaramillo Marín 2009, 35). Il quadro si complica ulteriormente se a ciò aggiungiamo che il passato, per chi lo studia ma non solo, dialoga con il presente su un terreno di disputa, dove identità, verità e politiche pubbliche provocano conflitti, questionano appartenenze, lacerano i vissuti degli attori sociali, chiamati dal presente a fare i conti con quel passato. Ciò è in special modo evidente in situazioni di violazioni massive ai diritti umani (Roniger 2018), dove società segnate da passati violenti si vedono costrette ad affrontare le pesanti eredità di regimi dittatoriali o conflitti armati interni. È anche per questo che, a partire dagli anni ottanta del secolo scorso, il tema dei diritti umani e della memoria ha acquisito, in varie parti del pianeta, una indiscussa rilevanza tanto nel dibattito quanto nelle politiche pubbliche: la fine delle dittature in Europa; la riunificazione tedesca; la dissoluzione dell'Unione Sovietica; i processi di transizione in America latina; la fine dei regimi autoritari in Sudafrica e in Zimbabwe hanno posto al centro interrogativi tutt'altro che facili su come ricordare ed elaborare passati problematici. Tutto ciò non poteva non riflettersi sull'operato delle scienze sociali, il cui campo d'indagine si è sempre più allargato negli ultimi decenni al tema della memoria nelle sue numerose declinazioni. Per il caso latinoamericano, come ha sottolineato la sociologa argentina Elizabeth Jenin (2003), a partire dagli anni ottanta del XX secolo, cioè dall'avvio dei processi di transizione politica, il legame tra memoria e diritti umani ha aperto un nuovo campo di riflessione che fino ad oggi ha prodotto una incalcolabile quantità di studi e ricerche.

In molte realtà dell'America latina è stato riconosciuto alla giustizia di transizione il merito di aver acceso i riflettori sui diritti umani, grazie al funzionamento di commissioni extragiudiziali istituite con il preciso compito di fare chiarezza sul passato per garantire un più efficace ritorno alla democrazia. Tuttavia, al di là delle molte domande di giustizia formulate da vari settori della società civile, e al di là anche dei molti innegabili risultati, il lavoro di quelle commissioni ha non di rado lasciato dietro di sé una scia di frustrazione e delusione, specialmente fra le vittime e le associazioni dei *familiares*. Anche per questo ai meccanismi "ufficiali" di ricerca della verità si sono nel corso del tempo affiancate numerose iniziative promosse dalla società civile e che hanno visto le vittime trasformarsi in molti casi in *recordkeepers* attraverso un esercizio "liberatorio" di memoria collettiva (Bermúdez Qvortrup-Giraldo 2022), come nel caso della ricerca delle persone scomparse. Come conseguenza di ciò anche la disciplina archivistica, che per lungo tempo si è interessata quasi esclusivamente agli archivi "ufficiali", dedicando molta meno attenzione agli archivi privati o a quelli della società civile, negli ultimi decenni ha dovuto riconoscere, o quantomeno interrogarsi, circa l'esistenza di una pluralità di archivi prodotti in contesti diversi e spesso segnati dall'affanno di documentare abusi e violenze altrimenti condannati ad essere dimenticati. Sono, come ha scritto Louis Bickford, gli archivi dei diritti umani, cioè quegli archivi prodotti dalla società civile per documentare e ricordare i crimini commessi e lasciati in eredità a società costrette a convivere con le cicatrici di quei crimini (Bickford 1999, 1109). La preoccupazione per la preservazione e la custodia degli "archivi sensibili" non può, pertanto, venire letta fuori da quello che è stato definito il "boom della memoria",[1] accompagnato da una vera e propria "esplosione di narrative" (Stabili 2011) che in molti paesi della regione latinoamericana ha attraversato i processi di transizione politica. Negli ultimi decenni, come si diceva, il rapporto fra archivi e diritti umani ha assunto un considerevole peso anche nella riflessione archivistica. Molti autori hanno riflettuto sul ruolo degli archivi nei processi di transizione, sottolineandone l'importanza al fine di fornire evidenze delle violazioni ai diritti umani (Giraldo 2022). Alcuni autori, più attenti al ruolo degli archivi come strumenti utili per supportare politiche di riparazione e giustizia sociale, hanno rimarcato la necessità di "attivare" (Ketelaar 2011) i documenti relativi alle violazioni a supporto di percorsi di memoria collettiva. Ma la preservazione degli "archivi sensibili", la cui importanza è da tempo riconosciuta anche dalla giurisprudenza internazionale, si è dimostrata non di rado di difficile gestione, trovandosi di fatto, come si diceva, a dialogare con un passato che non può non generare tensioni dentro un presente saturo di richieste

---

[1] Si veda per approfondimenti, fra i molti disponibili: Winter 2000; Todorov 2000; Jelin 2001; Pérotin-Dumon 2007; Stabili 2007.

di verità e giustizia che non sono quasi mai condivise dalle società nel loro complesso. Anche per questo l'archivistica contemporanea è da tempo impegnata in una riflessione sulla natura, il senso e gli usi degli "archivi sensibili" nei contesti di violenza. Che ne è dello studio degli accadimenti storici in simili complessi? Quali sfide e quali interrogativi sollevano per lo studio della storia gli "archivi sensibili"? A partire da queste domande, su cui esiste una vasta produzione scientifica che non è qui possibile richiamare, il presente articolo intende offrire alcuni elementi di riflessione ricavati dallo studio del caso colombiano nel contesto di implementazione degli Accordi di Pace che nel 2016 hanno posto fine "ufficialmente" al lungo conflitto armato che lacerava il paese, sollevando proprio in ragione di questo numerosi interrogativi sul ruolo degli archivi e sul loro impatto sociale, una questione su cui sempre più studiosi e studiose invitano da tempo a prestare attenzione.

GLI "ARCHIVI SENSIBILI" NEI CONTESTI DI VIOLENZA DI MASSA

In America latina le transizioni politiche hanno seguito, come noto, traiettorie divergenti (Stabili 2010). Tuttavia, si è trattato in tutti i casi di transizioni in vari modi "pattuite" per agevolare il ritorno alla democrazia.[2] Se il caso argentino ha rappresentato un esempio nella regione, all'opposto vi è il Brasile, dove si è dovuto attendere l'arrivo alla presidenza di Dilma Rousseff per creare, nel 2011, la *Comissão Nacional da Verdade*. In diversi casi, come in Cile e in Uruguay, le amnistie politiche hanno fortemente limitato il diritto alla verità e alla giustizia: come ha scritto Silvia Borzutzky per il caso cileno, ci sono voluti decenni di paziente lavoro da parte degli attivisti per cominciare a scalfire l'eredità dell'amnistia di Pinochet.[3] Anche in Uruguay l'amnistia è stata una componente fondamentale della transi-

---

[2] Alcuni autori mettono in discussione la visione della giustizia di transizione come prerequisito o requisito per una democratizzazione di successo, come Encarnación 2014. Secondo l'autore, il movimento per la giustizia di transizione in America Latina ha erroneamente attribuito il consolidamento dello stato di diritto alla capacità delle nazioni di affrontare un passato traumatico.

[3] Nel 2005 la Commissione Valech ha svelato le carcerazioni illegali e le torture del regime di Pinochet, aprendo la strada ai risarcimenti e a una limitata azione penale nei confronti dei militari. Si veda: Borzutzky 2017.

zione alla democrazia, come ha scritto Ana Forcinito (Forcinito 2019), e la *Ley de Caducidad de la Pretensión Punitiva del Estado* (Legge 15.848/1986) ha per lungo tempo impedito l'avvio di procedimenti giudiziari nel paese (Lessa 2023). Diverse sono le influenze che possono agire, anche in senso positivo, su un processo di transizione. Oltre al caso delle associazioni di vittime e famigliari, in alcuni casi anche le istituzioni sovranazionali possono giocare un ruolo importante, come è stato per la Commissione Interamericana dei Diritti Umani (CIDH) che – in special modo nel caso uruguayano[4] ma anche in quello brasiliano – si è rivelata fondamentale per infrangere le barriere di impunità erette dai rispettivi governi. Una traiettoria in parte diversa è quella ispirata al cosiddetto modello di giustizia restaurativa. In particolare, i sostenitori di questo modello di transizione sottolineano l'importanza della verità per restituire "dignità" alle vittime (Encarnación 2022). Il modello restaurativo ha lo scopo non di sanzionare penalmente i colpevoli ma di alleviare il dolore delle vittime attraverso forme di riparazione perlopiù di carattere collettivo. Questo è il modello applicato in Colombia e chiaramente ispirato alla *South African Truth and Reconciliation Commission*-TRC (1996-1998), ad esempio nella testimonianza resa in cerimonie pubbliche dai perpetratori dei crimini.

Come si è detto, il ruolo degli archivi dei diritti umani è considerato in simili contesti un elemento essenziale per garantire il diritto alla verità e alla non ripetizione, principi da tempo consacrati a livello internazionale. La necessità di proteggere gli archivi dei diritti umani ha, come noto, il suo punto di partenza nei cosiddetti Principi di Joinet, approvati dalla Commissione Diritti Umani delle Nazioni Unite nel 1996 e aggiornati nel 2005 dalla giurista Diane Orentli-

---

[4] Il 27 ottobre del 2011 il Parlamento uruguayano ha approvato la Legge 18.831 che ha determinato che i delitti commessi durante la dittatura sono di lesa umanità e per tanto imprescrittibili, annullando di fatto la caducità della pretesa punitiva dello stato e aprendo lo spazio per indagini della giustizia sulle violazioni commesse durante la dittatura in maniera autonoma, senza una autorizzazione previa del Potere Esecutivo. La sentenza della Corte IDH sul caso Gelman *vs.* Uruguay (24 febbraio 2011) rappresenta un esempio importante delle ripercussioni di una sentenza di un tribunale internazionale su un processo di transizione. Nel 2013 la CIDH ha adottato una risoluzione per giudicare l'implementazione della sentenza da parte dello stato uruguayano. Si veda: Lessa 2013.

cher.[5] I Principi Joinet sottolineavano l'importanza di tutelare e preservare gli archivi sensibili come strumento di garanzia a sostegno del diritto delle vittime alla verità, alla giustizia e alla riparazione. Cinque di quei quarantadue principi riguardavano, infatti, la preservazione e le garanzie di accesso agli archivi e lo stesso Joinet sostenne il lavoro dello Human Rights Working Group (*HRWG*) dell'International Council of Archives (ICA).[6] Il 10 novembre del 2011, nel corso della trentaseiesima riunione della Conferenza Generale dell'UNESCO, venne adottata la Dichiarazione Universale sugli Archivi elaborata dall'ICA.[7] I materiali prodotti dal Consiglio dei Diritti Umani delle Nazioni Unite hanno contribuito a definire una cornice giuridica e metodologica per il trattamento degli archivi relazionati con violazioni ai diritti umani, diffondendo linee guida generali per garantire la preservazione dei documenti.[8] Anche il sistema interamericano dei diritti umani sancisce nella Convenzione Americana dei Diritti Umani (articolo 13) l'importanza di questi archivi. Infine, anche le politiche archivistiche dei singoli paesi possono fornire indicazioni e contribuire all'elaborazione di indirizzi standard in materia. In un rapporto sul diritto alla verità elaborato dall'Ufficio dell'Alto Commissariato per i Diritti Umani, l'organo delle Nazioni Unite

---

[5] Sugli standard adottati internazionalmente in tema di diritti umani si veda: https://www.ohchr.org/en/special-procedures/sr-truth-justice-reparation-and-non-recurrence/international-standards.

[6] Nel 2003 l'International Conference of the Round Table on Archives (CITRA) adottò una risoluzione su archivi e violazioni dei diritti umani che invitava l'ICA e l'UNESCO a mettere in atto un programma di conservazione dei fondi archivistici che documentavano violazioni ai diritti umani. Per questa ragione l'ICA creò lo Human Rights Working Group (*HRWG*) che, nel 2019, ha assunto la denominazione di Section on Archive and Human Rights (SAHR).

[7] La Risoluzione 21/7 del 10 ottobre del 2012, adottata dal Consiglio per i Diritti Umani delle Nazioni Unite, invitava gli stati a prevedere politiche in materia di archivi dei diritti umani, non solo per preservare la memoria storica ma anche per garantire il diritto delle vittime di conoscere e avere accesso a forme di riparazione in conformità con il diritto internazionale. Il "diritto di sapere" è anch'esso riconosciuto a livello internazionale fin dalla Dichiarazione universale dei diritti umani del 1948 e dal Patto Internazionale dei Diritti Civili e Politici (articolo 19). La preservazione integrale degli archivi è un requisito fondamentale per rendere effettivo questo diritto (Joinet 1996; Orentlicher 2005).

[8] Alto commissariato delle Nazioni Unite per i diritti umani 2015; CIDH, Resolución 3 de 2019 de la Comisión Interamericana de Derechos Humanos, che ha stabilito i *Principios sobre Políticas de Memoria en Las Américas*, https://www.oas.org/es/cidh/decisiones/pdf/Resolucion-3-19-es-pdf; Joinet 1996; Orentlicher 2005.

individuava negli archivi nazionali le autorità deputate a gestire i documenti "sensibili".[9] Nel suo studio sulle buone pratiche per il trattamento degli archivi dei diritti umani, Antonio Gonzalez Quintana (2009) ha stabilito che "la mejor política de la memoria, desde el punto de vista de los archivos, sería aquella que incorporara una política archivística que fuera capaz de gestionar científica y eficazmente los documentos de los organismos públicos y que conociera, apoyara y promoviera el uso de los archivos privados" (González Quintana 2019, 60).

Una simile abbondanza di norme e disposizioni, qui appena accennata, non deve stupire se si pensa a quanto gli "archivi sensibili" possano mostrarsi "recalcitranti" al momento di venire interpellati per fornire evidenze utili a fare chiarezza sull'accaduto (Pérotin-Dumon 2018, 141).

Le commissioni della verità latinoamericane hanno seguito diversi orientamenti a proposito della destinazione finale dei loro archivi e rappresentano altrettanti casi di studio per quanto riguarda la conservazione della documentazione prodotta. Trudy Peterson[10] ha fornito indicazioni riguardo alla destinazione dei fondi prodotti da tribunali internazionali e commissioni della verità. I lavori delle commissioni della verità hanno, dunque, posto sfide importanti alla scienza archivistica e a quella storica,[11] soprattutto se si considera che per un numero sempre maggiore di studiosi gli archivi hanno anche la funzione di facilitare il compimento del diritto alla verità, alla giustizia e alla riparazione; fornendo ad esempio materiale per i processi giudiziari (Caetano 2011). È in un simile contesto che nel corso degli anni è stato elaborato il concetto di "archivi della repressione" (Da Silva Catela 2002, 15). Un riferimento fondamentale in questo senso sono i materiali prodotti dal *Grupo de Trabajo para el Estudio de los Archivos de la Seguridad del Estado de los*

---

[9] ONU, *Right to the truth: Report of the Office of the High Commissioner for Human Rights*, A/HRC/12/19.

[10] Dell'autrice si vedano: *Final Acts: A Guide to Preserving the Records of Truth Commissions.* Baltimore: John Hopkins University Press, 2005; *Temporary Courts, Permanent Records.* Washington: United States Institute of Peace Press, 2006.

[11] Sulla relazione interdisciplinare fra storia e archivistica: Pinzón Suárez 2012; Archivo General de la Nación 1995; Escorza Rodríguez 1996.

Desaparecidos Regímenes Represivos, guidato da Antonio González Quintana.[12] Un secondo corpus di materiali è quello prodotto dal *Programa de investigación sobre memoria colectiva y represión: perspectivas comparativas sobre el proceso de democratización en el Cono Sur de América Latina* (1998 al 2002) sotto la guida di Jelin. Il rispetto del principio di provenienza archivistica viene costantemente richiamato a garanzia dell'autenticità e dell'affidabilità del materiale conservato, aprendo così anche alla possibilità di un suo utilizzo nei procedimenti penali a carico dei violatori. Ciononostante, scrive Francesca Lessa, nella giustizia di transizione risulta generalmente "sotto-esplorato" il ruolo dei materiali d'archivio e in pochi si sono interessati al loro utilizzo nei procedimenti giudiziari (Lessa 2021). È anche per questo che la figura dell'archivista risulta in simili contesti centrale, come nei casi in cui l'esigenza di documentare gravi violazioni ai diritti umani può rendere necessario un ampliamento dei metadati contestuali da parte dell'archivista per includere documenti originariamente prodotti per altri scopi; si pensi a questo proposito al fondamentale lavoro di Michelle Caswell sull'utilizzo delle fotografie dei prigionieri politici nelle prigioni cambogiane durante il regime dei *khmer* rossi di Pol Pot (Caswell 2014).

ARCHIVI E DIRITTI UMANI IN COLOMBIA

Il contesto transizionale colombiano appare distinto, sotto molti aspetti, dagli altri della regione. Tanto per cominciare, la prima legge che di fatto avviò la transizione nel paese (Legge 975/2005, conosciuta come Ley "Justicia y Paz") venne varata nel 2005, a conflitto ancora in corso. Ma fu grazie a quella stessa legge, controversa sotto molti aspetti, che il "diritto alla verità" apparve per la prima volta in Colombia (articoli 4 e 7), con un esplicito riferimento all'obbligo da parte dello stato di garantire l'esistenza degli archivi (capitolo X) e incaricando (art. 57) la Procuraduría di "adoptar las medidas para impedir la sustracción, la destrucción o falsificación de

---

[12] Il gruppo venne creato nel 1995 proprio per rispondere agli interrogativi aperti dai processi di transizione politica riguardo alla necessità di garantire l'accesso all'informazione come pilastro fondamentale per il consolidamento delle democrazie. Un primo informe venne pubblicato nel 1995, in seguito attualizzato nel 2009.

los archivos, que pretendan imponer la impunidad" (Giraldo 2022, 74). Come ha scritto Marta Giraldo, con la Legge Justicia y Paz venne di fatto sancita "la interdependencia entre justicia, verdad y archivos" (Giraldo 2022, 74). La stessa legge conteneva dettagliate disposizioni in materia di archivi e prevedeva la creazione della Comisión Nacional de Reparación y Reconciliación e del Grupo de Memoria Histórica (2007-2011). Fra i molti elementi di criticità emersi negli anni riguardo al significato e alle conseguenze della Legge 975 vi è il massiccio ricorso alle testimonianze degli oltre trentamila paramilitari smobilitati a partire dal 2003, con il proposito, di fatto, di "normalizzare" un paramilitarismo che da quella Legge usciva ampiamente tutelato quanto a impunità: "Se intentaba dar respuesta a los casos y no a la producción de un proceso social de construcción de la verdad" (Rodríguez Pinzón 2017). A partire dal 2005, in risposta alla complessità di un processo inedito e dalle molte zone d'ombra, alcuni autori hanno portato all'attenzione il rischio di una sovrapposizione fra storia e memoria (Shuster 2017); altri hanno portato all'attenzione una certa "invadenza" da parte dello stato nei processi di ricostruzione storica del conflitto armato (Blair 2011). In tema di archivi, il GMH avanzò la proposta di creare un Archivo Nacional de la Memoria[13] ma l'allora governo, guidato da Álvaro Uribe Vélez – che promuoveva la transizione negando però nei discorsi ufficiali l'esistenza di un conflitto armato – non sostenne la proposta; concretizzatasi, tuttavia, pochi anni dopo con la creazione dell'Archivo Virtual de los Derechos Humanos da parte del Centro Nacional de Memoria Histórica (2011-2018), istituito per mezzo della Legge 1448 del 2011 (*Ley de Víctimas y Restitución de Tierras*) che dopo il 2005 ha fornito la base giuridica per il processo di transizione. Negli anni i tribunali e in particolare la Corte Costituzionale hanno prodotto una vasta giurisprudenza sul

---

[13] Nel 2007 il GMH ha promosso l'incontro *Taller construyendo la memoria de la violencia en Colombia: el rol de los archivos* Altre iniziative sono state celebrate negli ultimi anni: nel 2008 il *Primer Seminario Internacional Archivos, Memoria y Derecho a la Verdad*; nel 2011 il XIX *Seminario Archivos y Derechos Humanos: organización, protección y acceso*, AGN; nel 2012 il *Seminario Experiencias Internacionales en Archivos de Derechos Humanos*, CNMH; nel 2014 *Archivos para la Paz, elementos para una política pública*, CNMH e nel 2015 il *Segundo Encuentro Internacional Archivos para la Paz: usos sociales y lugares de memoria*, CNMH.

tema della giustizia di transizione,[14] con il risultato che oggi essa è parte della stessa Costituzione. Nel 2014 il Centro Nacional de Memoria Histórica (erede del GMH) ha pubblicato il testo *Archivos de graves violaciones a los Derechos Humanos, infracciones al Derecho Internacional Humanitario, memoria histórica y conflicto armado*; mentre, nel 2017, lo stesso CNMH ha creato la *Dirección de Archivos de los Derechos Humanos* (DADH), che ha redatto, in collaborazione con esponenti della società civile e del Sistema de Atención y Reparación a las Víctimas, la *Política pública de archivos de derechos humanos, memoria histórica y conflicto armado*.[15] Sempre nel 2017, dalla collaborazione fra il CNMH e l'Archivo General de la Nación (AGN), è scaturito il *Protocolo de gestión documental de los archivos referidos a las graves y manifiestas violaciones a los Derechos Humanos, e infracciones al Derecho Internacional Humanitario, ocurridas con ocasión del conflicto armado interno*, in armonia con la Ley General de Archivos del 2000 (Legge 594).[16] Le funzioni del CNMH in materia di archivi – il cui riferimento normativo rimane la Legge 1448 (art. 3) – si sono completate negli anni con la creazione del *Registro Especial de Archivos de Derechos Humanos* (READH), il cui scopo è l'identificazione degli archivi dei diritti umani esistenti in Colombia.

L'Archivo Virtual de los Derechos Humanos del CNMH è una entità pubblica che fa parte del *Sistema Nacional de Atención y Reparación Integral a las Víctimas* (SNARIV), creato quest'ultimo con gli Accordi di Pace del 2016. L'Archivio Virtuale, rimasto fuori dall'orbita dell'Archivo General de la Nación, ha iniziato a formarsi nel 2016, grazie alla costruzione – non priva di contraddizioni – di un

---

[14] La giurisprudenza costituzionale in materia è estesa ma in particolare si vedano: Sentenza C-579/2013 e Sentenza C-577/2014 (Marco Legal para la Paz, all'Atto Legislativo 01 del 2012); Sentenza C-370/2006 e Sentenza C-1199/2008 (presunta incostituzionalità della Legge 975/2005); Sentenza C-052/2012 (presunta incostituzionalità di alcuni articoli della Ley 1448).

[15] Della *Política pública de archivos de derechos humanos, memoria histórica y conflicto armado* fanno parte strumenti come la *Caja de herramientas para gestores de archivo de derechos humanos, derecho internacional humanitario y memoria histórica*, un documento che offre raccomandazioni in materia di protezione e conservazione di archivi relazionati con il conflitto armato.

[16] Https://centrodememoriahistorica.gov.co/protocolo-de-gestion-documental/. L'Archivo General de la Nación "Jorge Palacios Preciado" e il Sistema Nacional de Archivos sono i due organismi incaricati di coordinare le politiche archivistiche nel paese.

rapporto di fiducia fra lo Stato (il CNMH è un ente statale) e le organizzazioni della società civile. La creazione del suddetto *Archivio* rientrava, come si è detto, nelle funzioni attribuite al CNMH dalla Ley de Victimas, oltre a rappresentare una sfida inedita per una realtà come quella colombiana, dove le pesanti complicità dello Stato nelle violazioni ai diritti umani sono da tempo documentate; una sfida purtroppo in parte frustrata a causa della perdita di fiducia di molte organizzazioni: nel 2019, infatti, centosedici fra persone singole e associazioni hanno chiesto pubblicamente di riavere indietro la documentazione consegnata (Giraldo 2022, 212). Oltre a ciò, come messo opportunamente in evidenza da Marta Giraldo, molti dei documenti conservati appaiono carenti di adeguati apparati descrittivi, decontestualizzati: trattandosi di documenti "sensibili", una cattiva descrizione può ostacolare l'accesso alla verità (Giraldo 2022, 146) e "depotenziare il documento", in un processo contrario a quello auspicato da Ketelaar quando parla dell'importanza di "attivare" i documenti (Ketelaar 2011). Più in generale, a partire dalla Ley General de Archivos (Legge 594/2000), la Colombia ha conosciuto un forte impulso archivistico (Giraldo 2022)[17] generando però in molti casi una confusione vagamente kafkiana, a causa di un groviglio di norme e disposizioni di difficile decifrazione, oltre alle evidenti difficoltà nell'assegnazione di competenze chiare ai vari organismi che compongono la pesante impalcatura istituzionale, come dimostra il caso degli archivi giudiziari. Per quanto riguarda gli archivi dei diritti umani, la Legge 1448 del 2011 prevede misure speciali di tutela degli archivi, assegnando alla Procuraduría General il compito specifico di provvedere alla loro conservazione. La Legge 1592 del 2012 introdusse alcune modifiche alla Legge 975 anche in materia di archivi, verità e memoria. In accordo con l'articolo 144 della Legge 1448, si legge che i Tribunali

---

[17] Dal punto di vista legislativo, alcune fra le disposizioni più importanti sono quelle contenute nelle seguenti leggi: Ley 1581/2012 (*Ley de Protección de Datos Personales*); Ley 1621 de 2013 (*Ley de Inteligencia y Contrainteligencia*); Ley 1712/2014 (*Ley de Transparencia y del Derecho al Acceso a la Información Pública Nacional*). Nel 2014, mediante l'Acuerdo PSSAA14-10137, il Consejo Superior de Judicatura (CSJ) ha approvato la politica relativa agli archivi giudiziari, includendo espressamente (art.12) il trattamento degli archivi giudiziari riguardanti i diritti umani.

Superiori del Distretto Giudiziario hanno l'incarico di gestire gli archivi contenenti materiali relativi alle indagini e all'azione penale nei confronti dei paramilitari smobilitati, al fine di garantire i diritti delle vittime (articolo 56A).[18]

Durante il mandato della Comisión de la Verdad (CEV), uno dei tre organismi del Sistema Integral de Verdad Justicia Reparación y No Repetición (SIVJRNR) entrato in funzione con gli Accordi di Pace, è stato deciso di affidare la titolarità del Fondo Documental de la Verdad alla Jurisdicción Especial para la Paz (Accordo 05 del 25 agosto del 2022), incaricando l'Archivo General de la Nación di custodire e conservare la copiosa documentazione raccolta durante i tre anni e mezzo di attività della Commissione (Convenzione 682 del 2022 firmata dalla CEV, dall'AGN e dalla JEP) e dichiarata, insieme al rapporto *Hay memoria si hay verdad*, "bien de interés cultural y de carácter documental archivístico" (Risoluzione dell'Archivo General de la Nación n. 420).[19] È opportuno ricordare che mai prima di quella colombiana era stato chiesto a una commissione extragiudiziale di coprire un lasso temporale così vasto (1958-2016) in così poco tempo (2018-2022). L'Accordo 06 del 25 agosto del 2022 ha riconosciuto il Fondo Documental de la Verdad come Archivio dei Diritti Umani e in quanto tale soggetto a un regime speciale di protezione.[20]

Tuttavia, nonostante l'enorme lavoro degli apparati preposti e l'abbondanza di leggi, non mancano i problemi e le contraddizioni normative al momento di garantire l'accesso ai documenti "sensibili", vista anche la storica tendenza storica nel paese a una interpretazione restrittiva dell'accesso all'informazione, nonostante quanto disposto, ad esempio, dalla *Ley de Transparencia y Acceso a la Información Pública* (2014) che impedisce di applicare ai documenti riguardanti i diritti umani limiti di accesso alla consultazione. Tuttavia, una

---

[18] Cfr: https://www.funcionpublica.gov.co/eva/gestornormativo/norma.php?i=50829.
[19] https://www.comisiondelaverdad.co/fondo-documental-de-la-comision-de-la-verdad. Il rapporto della CEV, formato da dieci volumi più alcuni testi complementari, come gli *anexos estadísticos*, è stato presentato a giugno del 2022.
[20] Nel 2023 il patrimonio documentario della CEV è stato incluso nel Registro Memoria del Mondo dell'UNESCO.

precedente Legge (la Legge 1621 del 17 aprile del 2013, *Ley de Inteligencia y Contrainteligencia*) conteneva già disposizioni in materia di trattamento delle informazioni provenienti da Forze Militari e Polizia, con limitazioni nell'accesso alla documentazione. A settembre del 2023 è stato presentato alla Camera dei Deputati un progetto di modifica della Legge 1621 "con el fin de reforzar y fortalecer el marco jurídico que permita a los organismos de inteligencia y contrainteligencia cumplir con su misión constitucional y legal bajo estándares internacionales", in particolare agli standard di protezione dei diritti umani.[21] Un caso significativo è quello rappresentato dalle domande di giustizia per i *desaparecidos*, oltre 60.000, nel periodo di tempo compreso fra il 1970 e il 2015, secondo un rapporto del CNMH del 2016.[22] La Fondazione *Hasta Encontrarlos* continua da anni a chiedere la desecretazione degli archivi dell'intelligence per fare chiarezza sui casi di *desaparición forzada* (in particolare quelli avvenuti durante gli anni ottanta del secolo scorso, un periodo di fortissima recrudescenza della violenza e di ascesa del paramilitarismo). Il ritrovamento dei resti delle persone scomparse, insieme a informazioni relative alle modalità della scomparsa e agli attori coinvolti, apparirebbe certamente come una possibilità più concreta se fosse consentito l'accesso all'informazione contenuta negli archivi militari, considerando il fatto che, stando a quanto documentato in numerosi rapporti, i servizi segreti dell'esercito furono in quegli anni tra i principali responsabili del fenomeno. Nel 2022 *Hasta encontrarlos* ha pubblicato sul tema un importante rapporto dal titolo *Presentes!*[23]

---

[21] Per leggere il Progetto di Legge: https://www.camara.gov.co/sites/default/files/cr/user218/PLE.%20236-2023C%20(INTELIGENCIA%20Y%20CONTRAINTELIGENCIA).pdf.

[22] In Colombia solo con la Costituzione del 1991 il divieto di scomparsa forzata venne incorporato nell'ordinamento legale con l'adozione della nuova Costituzione (articolo 12). Il crimine delle scomparse forzate è stato tipificato nel 2000, quando, mediante la Legge 599, venne incorporato nel nuovo Codice Penale.

[23] Un precedente importante in materia sono i materiali prodotti, con il supporto dell'UNESCO, dal gruppo di lavoro guidato da Antonio González Quintana, che nel 1995 ha pubblicato il rapporto *Los archivos de la seguridad del Estado de los desaparecidos regímenes represivos*. Come si legge nel rapporto di *Hasta Encontrarlos*, per legge in Colombia sono consultabili i documenti conservati negli archivi militari con un limite fissato di trent'anni; quindi attualmente non esistono vincoli alla consultabilità dei documenti antecedenti al 1994. Al momento di chiudere questo articolo, la Fondazione *Hasta Encontrarlos* ha presentato una richiesta di accesso agli archivi militari alla *Unidad de Búsqueda de Personas dadas por*

RIFLESSIONI CONCLUSIVE

Come scrive Marta Giraldo: "La implementación del Acuerdo de Paz requiere del diseño de políticas archivísticas claras tendientes a promover el acceso a los archivos, pero también a garantizar su seguridad y preservación a largo plazo" (Giraldo 2022, 85). Il tema degli archivi dei diritti umani, nel delicato contesto di implementazione degli Accordi di Pace, appare oggi più che mai in Colombia un tema "sensibile", su cui si gioca gran parte della credibilità di governo e istituzioni nell'affermare la volontà politica di fare chiarezza sulle violazioni e i crimini commessi durante i lunghi anni di conflitto armato interno. La Colombia non è nuova all'esperienza delle commissioni, così come nella sua storia è possibile rintracciare numerosi tentativi di ricostruire la storia e la memoria del conflitto Jaramillo Marín 2010, 207).[24] Jefferson Jaramillo Marín ha documentato almeno undici commissioni tra il 1958 e il 2005, a partire dalla prima *Comisión Nacional Investigadora de las causas y las situaciones presentes de violencia en el territorio nacional*, creata agli inizi della presidenza di Alberto Lleras Camargo. L'ultima Commissione della Verità, che ha presentato il suo rapporto finale nel 2022, ha lasciato al paese, oltre a un immenso patrimonio documentario, considerato patrimonio nazionale e custodito dall'Archivo General de la Nación, anche quello che è stato definito da padre Francisco de Roux (presidente della CEV) un vero e proprio *legado*, cioè il mandato di continuare sulla strada della verità e della memoria, due concetti indissolubili in un paese che ancora sta facendo i conti con il suo passato di orrori e violenze. Se la verità è quella delle vittime, come più volte dichiarato, è evidente come questo complica non poco il lavoro di costruzione di una verità storica alle volte assunta come diretta conseguenza della prima. Ciò forse deriva dalla indissolubile relazione fra storia e memoria, la cui costruzione si è in parte cercato di ricostruire. La memoria, come scrivono Jaramillo, Parrado e Berón, è però talvolta un "significante

---

Desaparecidas (UBPD), al fine di istituire un *Plan de Búsqueda de Personas Desaparecidas Forzadamente en la década de los 80s* nel quadro della convenzione esistente fra UBPD e il Ministero della Difesa,

[24] Il rimando obbligato in tema di commissioni in Colombia è a Jaramillo Marín 2014.

flotante", che può risultare "tan habilitador como restrictivo, tan posibilitador, como bloqueador, tan abierto como ambiguo" (Jaramillo Marín- Berón Ospina-Parrado Pardo 2020).

BIBLIOGRAFIA

Archivo General de la Nación. *Entre historiadores y archivistas: El dilema de la valoración documental*. México: SG-AGN, 1995.

Archivo General de la Nación (AGN), Centro Nacional de Memoria Histórica (CNMH). *Protocolo de gestión documental de los archivos referidos a las graves y manifiestas violaciones a los Derechos Humanos, e infracciones al Derecho Internacional Humanitario, ocurridas con ocasión del conflicto armado interno*, 2017.

Assayag, Jackie. "Le spectre des génocides. Traumatisme, muséographie et violences extremes." *Gradhiva* 5 (2007): 7-26.

Bermúdez Qvortrup, Natalia - Giraldo, Marta Lucía. "Evidence of Jorge. Documentary Traces of a Forced Disappearance in Colombia." *Archivaria* 94 (2022): 204-230.

Bickford, Louis. "The Archival Imperative: Human Rights and Historical Memory in Latin America's Southern Cone." *Human Rights Quarterly* 21. 4 (November 1999): 1097-1122.

Blair, Elsa. "Memoria y poder: (des)estatalizar las memorias y (des)centrar el poder del Estado." *Universitas Humanística* 72 (julio-diciembre 2011): 63-87.

Boltanski, Luc. *Lo spettacolo del dolore. Morale umanitaria, media e politica.* Milano: Raffaello Cortina Editore, 2000.

Borzutzky, Silvia. *Human Rights Policies in Chile. The Unfinished Struggle for Truth and Justice.* Palgrave Macmillan: London, 2017.

Caetano, Gerardo. "Los archivos represivos en los procesos de «justicia transicional»: una cuestión de derechos." *Perfiles latinoamericanos* 19.37 (2011): 9-32.

Caswell, Michelle. *Achieving the Unspeakeable: Silence, Memory, and the Photographic Record in Cambodia.* Madison: University of Wisconsin Press, 2014.

Centro Nacional de Memoria Histórica (CNMH). *Archivos de graves violaciones a los Derechos Humanos, infracciones al Derecho Internacional Humanitario, memoria histórica y conflicto armado*, 2014.

Centro Nacional de Memoria Histórica (CNMH). *Política pública de archivos de derechos humanos, memoria histórica y conflicto armado*, 2017.

Comisión para el Esclarecimiento de la Verdad de Colombia. *Hay futuro si hay verdad*, Informe Final, 2022.

Da Silva Catela, Ludmila. *Territorios de memoria política en los archivos de la represión: documentos, memoria y verdad*. Madrid: Siglo XXI, 2002.

Encarnación, Omar G. *Democracy Without Justice in Spain: The Politics of Forgetting*. Philadelphia: University of Pennsylvania Press, 2014.

Encarnación, Omar G. "Transitional Justice: Comparative and Historical Perspectives from Latin America." *Latin American Research Review* 57 (2022): 188-200.

Escorza Rodríguez, Daniel. "El historiador frente a los archivos una perspectiva de trabajo." *Memoria del VIII Congreso Nacional de Archivos*. México: AGN, 1996.

Forcinito, Ana. *Intermittences: Memory, Justice, & the Poetics of the Visible in Uruguay*, Pittsburgh: University of Pittsburgh Press, 2019.

Fundación Hasta Encontrarlos. *¡PRESENTE! Solicitud de Medidas Cautelares a Archivos Militares relacionados con casos de desapariciones forzadas en la década de los años 80s*, Informe a la Jurisdicción Especial para la Paz – JEP En búsqueda de Verdad y Justicia de las Desapariciones Forzada, 2022.

Giraldo, Marta. *Archivos vivos. Documentar los derechos humanos y la memoria colectiva en Colombia*, Medellín: Editorial Universidad de Antioquia, 2022.

Jabr, Samah. *Dietro i fronti. Cronache di una psichiatra psicoterapeuta palestinese sotto occupazione*. Roma: Sensibili alle foglie, 2019.

Jaramillo Marín, Jefferson. "Narrando el dolor y luchando contra el olvido. Recuperación y trámite institucional de las heridas de la guerra." *Sociedad y Economía* 19 (2010).

Jaramillo Marín, Jefferson - Berón Ospina, Alberto Antonio - Parrado Pardo, Erika Paola. "Perspectivas disruptivas sobre el campo de la memoria en Colombia." *Utopía y Praxis Latinoamericana* 25.4 (2020): 162-175.

Jaramillo Marín, Jefferson. *Pasados y presentes de la violencia en Colombia: estudios de las comisiones de investigación (1958-2011)*. Bogotá: Pontificia Universidad Javeriana, 2014.

Jaramillo Marín, Jefferson. "Tres procesos emblemáticos de recuperación de pasados violentos: Argentina, Guatemala y Colombia." *Antropo-*

logía Social 11 (enero-diciembre 2009): 29-59.

Jelin, Elizabeth. *Los trabajos de la memoria*. Madrid-Buenos Aires: Siglo XXI, 2001.

Ketelaar, Eric. "Tacit Narratives: The Meanings of Archives." *Archival Science* 1.2 (2011): 131-141.

Lessa, Francesca. *I Processi Condor. La repressione transnazionale e i diritti umani in America del Sud*. Gorizia: Qudulibri, 2023.

Lessa, Francesca. *Memory and Transitional Justice in Argentina and Uruguay: Against Impunity*. Palgrave Macmillan: London, 2013.

Lessa, Francesca. "Remnants of Truth: The Role of Archives in Human Rights Trials for Operation Condor." *Latin America Research Review* 56.1 (2021): 183-199.

Pérotin-Dumon, Anne (coord.). *Historizar el pasado vivo en América Latina*. Santiago de Chile, 2007. www.historizarelpasadovivo.cl/ (Ultima consultazione: novembre 2024).

Pérotin-Dumon, Anne. *La justicia transicional y los archivos recalcitrantes. Solicitar, hallar, buscar: el balance de un cuarto de siglo en América del Sur*. Seminario Internacional Archivos, Memoria y Derecho a la Verdad. Bogotá: Alcaldía Mayor, 2008.

Pinzón Suárez, Ivonne. "La interdisciplinariedad saboteada: observaciones a la ley que reglamenta el ejercicio profesional de la archivística." *ACHSC* 39.1 (enero-junio 2012): 263-288.

Rodríguez Pinzón, Erika. "Colombia. La construcción de una narrativa de la memoria histórica como proceso político." *Historia y Memoria* (julio-diciembre 2020): 109-135.

Roniger, Luis. *Historia mínima de los derechos humanos en América Latina*. México: Colegio de México, 2018.

Shuster, Sven. "Memoria sin historia. Una reflexión crítica acerca de la reciente "ola memorial" en Colombia." *Metapolítica* 96 (2017): 44-52.

Stabili, Maria Rosaria. "Los desafíos de la memoria al quehacer historio-gráfico," en Ead. (coord.), *Entre historias y memorias, los desafíos metodo-lógicos del legado reciente de América Latina*. Madrid-Frankfurt: Iberoamericana-Verveurt, 2007.

Stabili, Maria Rosaria. "Troppa memoria e poca storia? A proposito degli «archivi sensibili» in America latina." *Contemporanea* 2 (2011): 365-381.

Todorov, Tzvetan. "The Uses and Abuses of Memory," in Marchitello H. (ed.), *What Happens to History: the Re-newal of Ethics in Contemporary Thought*. New York: Routledge, 2000.

Winter, Jay. "The Generation of Memory: Reflections on the 'Memory Boom' in Contemporary Historical Studies." *GHI Bulletin*, 21 (Fall 2000). https://www.ghi-dc.org/publications/bulletin (Ultima consultazione: novembre 2024).

L'ARCHIVIO GENTILIZIO CAETANI DI SERMONETA E LO SCRIGNO DI *BOTTEGHE OSCURE*

Cristina Giorcelli

UNIVERSITÀ DEGLI STUDI ROMA TRE

ABSTRACT: L'Archivio della famiglia Caetani di Sermoneta, conservato presso la Fondazione Camillo Caetani di Roma, è uno dei più variamente articolati: si compone di 12 fondi di cui 8 già informatizzati. Del più ampio, il fondo generale di 200.0000 documenti, la Fondazione Camillo Caetani ha riversato in digitale le immagini acquisite negli anni '90 in microfilm e ora ne sta curando la schedatura elettronica e l'informatizzazione. Appartenuto e fondato dalla prestigiosa casata, nota per i suoi numerosi possedimenti nell'area intorno a Latina, l'Archivio custodisce documenti che coprono l'arco di dieci secoli: dall'inizio del primo millennio della nostra era ai giorni nostri. Poiché la principesca famiglia ha avuto tra i suoi rappresentanti anche due papi, ministri, studiosi, un sindaco della città, una fondatrice di riviste culturali, l'Archivio costituisce un deposito prezioso delle memorie religiose, politiche, economiche e culturali del nostro paese.

L'Archivio oggetto della nostra attenzione si trova a Roma, in un palazzo cinquecentesco situato nel centro della capitale,[1] ed è gestito da una Fondazione privata: la Fondazione Camillo Caetani.

Si tratta di un Archivio noto soprattutto: 1) agli studiosi della Storia Medioevale e Rinascimentale di Roma e dello Stato Pontificio (in particolare del Lazio) e, in misura minore, della Storia dell'Italia Post-Risorgimentale; 2) agli studiosi di Storia dell'Arte (grazie ai capolavori artistici – quadri, acquerelli e sculture –, che fanno parte del suo patrimonio, nonché, tra gli oggetti singolari e molto speciali che custodisce, la spada di Cesare Borgia); e 3) agli studiosi di letterature moderne, grazie alle due riviste letterarie – *Commerce* (1924-1932) e *Botteghe Oscure* (1948-1960) – che la statunitense Marguerite Gibert Chapin (la quale aveva sposato il Principe Roffredo Caetani nel 1911, divenendo Principessa di Bassiano e Duchessa di Sermoneta) ideò, finanziò e, nel caso della seconda,[2] diresse o,

---

[1] L'edificio fu costruito a partire dalla metà del Cinquecento dall'architetto fiorentino Nanni di Baccio Bigio (1512-1568). I Caetani lo acquistarono dai Serbelloni nel 1775.

[2] In *Commerce* il nome di Marguerite Caetani non apparve mai, a nessun titolo.

meglio, curò (quello di "curatrice" fu la designazione con cui Marguerite Caetani scelse di apparire ufficialmente in questa rivista).[3]

Poiché la dinastia dei Caetani, benché molto importante, non è tra quelle più spettacolarmente conosciute a Roma e nel resto d'Italia, eccone alcuni dati salienti. È una casata durata circa mille anni, di cui ottantaquattro anni fa si è estinta la discendenza diretta per via maschile a causa della morte prematura di Camillo. Questi, figlio di Marguerite e di Roffredo, era nato nel 1915 e cadde in battaglia in Albania all'inizio della Seconda Guerra Mondiale, nel Dicembre del 1940.[4]

Tanto per dare un'idea della rilevanza di questa nobile famiglia, ricordiamo che tra i suoi più illustri membri conta: due papi (Gelasio I e – il vituperato da Dante, Benedetto Caetani – Bonifacio VIII), una serie di influenti cardinali, un sindaco di Roma, che divenne anche Ministro degli Esteri del Regno d'Italia (Onorato Caetani), un celebre dantista (Michelangelo Caetani), un Ambasciatore d'Italia negli Stati Uniti (Gelasio Caetani), e un importante arabista (Leone Caetani). Fatto notevole e singolare, nel 1879 Ersilia Caetani Lovatelli, scrittrice e archeologa, fu la prima donna ad essere eletta a far parte dell'Accademia dei Lincei. Infine, il Principe Roffredo fu un buon, anche se non molto prolifico, compositore: scrisse 2 opere liriche[5] e vari pezzi, soprattutto per pianoforte (incidentalmente, era stato battezzato da Franz Liszt).

I Caetani, che, come si inferisce dal nome, provenivano dal territorio di Gaeta (un ramo della famiglia, che si insediò a Napoli, porta, infatti, il cognome Gaetani), per secoli furono gli esattori del Papa per chi entrava nello Stato Pontificio dal Sud. I Caetani avevano tutti i loro possedimenti nell'agro pontino: da Bassiano a Sermoneta, da Fogliano a Ninfa. Infestato da paludi, questo territorio era, dal punto di vista agricolo, assai rigoglioso. I Caetani furono, quindi, a Roma, una famiglia tanto prestigiosa, quanto – tranne in

---

[3] Solo dal N. V (1950). Nei primi quattro numeri non comparve alcun curatore/direttore e nei primi tre neppure alcun redattore.

[4] Marguerite e Roffredo Caetani avevano avuto anche una figlia, Lelia (1913-1977), pittrice di talento, che, sposata al nobile inglese Hubert Howard, non ebbe eredi.

[5] *Hypatia* (1924) e *L'isola del sole* (1943).

alcuni periodi di specifica difficoltà – ricca. Così, quando la non povera, ma certamente non così affluente, Marguerite sposò Roffredo, si contraddisse il paradigma jamesiano[6] secondo cui gli squattrinati nobili italiani ed europei si imparentavano con ricche ereditiere statunitensi per salvare il loro titolo e il loro patrimonio.

Gli studiosi interessati ai complessi rapporti che intercorsero tra le nobili famiglie romano/laziali e i Papi, che si succedettero durante l'arco di circa dieci secoli, trovano in questo Archivio molti riscontri e preziose fonti di chiarimento e di informazione. Lo stesso dicasi per quanto riguarda la gestione delle loro svariate proprietà, registrata con certosina precisione dai principi e dai loro amministratori. A differenza di altri nobili romani – che, secondo Stendhal, erano i più ignoranti d'Europa, ad eccezione proprio dei Caetani, che lo scrittore francese aveva conosciuto personalmente[7] –, i Caetani, dagli inizi del ventesimo secolo, vollero anche impegnarsi negli studi a livello universitario: Gelasio (1877-1934), per esempio, si laureò in ingegneria mineraria all'Università di Roma e, poi, si perfezionò alla Columbia University di New York. Grazie soprattutto a lui, la famiglia incominciò a bonificare, a sue spese, i territori in suo possesso, prima che Benito Mussolini prendesse la decisione di procedere al risanamento di quell'area. Anche Camillo Caetani si laureò in Giurisprudenza all'Università di Roma e, poi, si perfezionò ad Harvard.

L'Archivio è, quindi, da svariati punti di vista, un deposito "archeologico" di grande valore per quanto riguarda gli eventi, le decisioni sociali e politiche, i rapporti con il mondo ecclesiastico, le iniziative imprenditoriali intraprese nello Stato pontificio e, poi, nella regione Lazio.

Va subito specificato che l'intero posseduto documentario, prodotto dalla famiglia Caetani del ramo di Sermoneta, è stato suddiviso in diversi fondi dai Caetani stessi.[8] L'Archivio consta di 12 sezioni,

---

[6] Henry James (1843-1916) scrisse romanzi memorabili quali: *The Portrait of a Lady* (1881), *The Wings of the Dove* (1902), *The Golden Bowl* (1904).

[7] Stendhal (alias, Marie-Henri Beyle) fu amico personale di Filippo Caetani (1830-1860). Si veda Gorgone e Cannelli (1999).

[8] Devo tutte le informazioni circa l'informatizzazione e la digitalizzazione di questo Archivio alla sua Direttrice, la Dott. Caterina Fiorani, accorta operatrice e instancabile studiosa, nonché informatissima e gentilissima ospite nelle imponenti ed eleganti sale che custodiscono l'Archivio.

di cui 8 riguardano la famiglia e 4 riguardano singoli membri di essa. I Fondi di Famiglia sono così distribuiti: 1) Fondo Generale o Crono-logico. Questo è il Fondo più cospicuo. É, infatti, composto da 200.000 documenti cartacei, per un arco cronologico che va dal XV al XX secolo. Questo Fondo ha subito un primo processo di trasforma-zione dal supporto cartaceo: è stato, infatti, tutto microfilmato negli anni '80. Di esso sono state fatte anche alcune copie di sicurezza, con-servate sia presso la sede della Fondazione, sia presso la Soprinten-denza archivistica di Roma. La Fondazione si è anche preoccupata di salvare dall'obsolescenza il formato microfilm – la cui complessa let-tura, nel tempo, si sarebbe probabilmente attenuata, se non persa –, operando il riversamento nel formato digitale. La Fondazione sta ora curando la sua schedatura elettronica, al fine di poter agganciare le immagini digitali prodotte dal microfilm alle schede elettroniche, ap-positamente create; 2) Fondo Miscellanea; 3) Fondo Pergamene; 4) Fondo Economico; 5) Fondo Contenzioso; 6) Fondo Piante e Mappe; 7) Fondo Fotografico; e 8) Fondo Caetani Contemporanei. Questi ul-timi sono intitolati a: 1) Fondo Mons. Onorato Caetani (1742-1797), scrittore, erudito, votato alla carriera ecclesiastica anche se non prese mai i voti sacerdotali; 2) Fondo Gelasio Caetani Ingegnere; 3) Fondo Roffredo Caetani Musicista; e 4) Fondo Culturale Marguerite Cae-tani, che riguarda le due importanti iniziative culturali – cui si è ac-cennato più sopra – intraprese da Marguerite Caetani e da lei finan-ziate quasi interamente dal suo patrimonio personale. Nata nel 1880 a Waterford, nel Connecticut, da una famiglia di professionisti, Mar-guerite Caetani morì a Ninfa nel 1963.

Per dare alcune idee generali delle particolarità di questo Archi-vio, significativo è il fondo pergamene di 3500 unità in cui è conser-vata, tra l'altro, la bolla pontificia del 23 ottobre 1586, atto giuridico emesso dalla cancelleria pontificia, con cui i Caetani ottennero l'ago-gnata elevazione del loro feudo a ducato e, dunque, il titolo nobiliare di duchi. Le pergamene di questo fondo sono state trascritte e stam-pate da Gelasio Caetani che ne ha curato l'edizione nei 6 volumi dei *Regesta Chartarum*, editi tra il 1920 e il 1930. Di questa opera la Fon-dazione ha curato la digitalizzazione, per cui la documentazione per-gamenacea è ora consultabile sul suo sito. Interessante è anche il

Fondo Miscellanea, di cui è doveroso citare il codice della Divina Commedia – un manoscritto quattrocentesco –, oggetto di studio del filologo tedesco (naturalizzato statunitense) Paul Oskar Kristeller, così come è doveroso ricordare uno dei primissimi statuti emessi dai signori di Sermoneta sulle proprie terre nel XIII secolo. Anche questo Fondo è stato informatizzato e oggi l'inventario è consultabile sul sito della Fondazione. Altro Fondo di assoluto rilievo è quello economico che conserva la documentazione gestionale e amministrativa della famiglia dal XVI al XX secolo. In esso sono conservati, tra l'altro, i particolarissimi libri mastri, dal formato stragrande (alcuni anche di 1500 carte doppie) che attestano l'attività economica in entrata e in uscita della famiglia. Qui è possibile, per esempio, ritrovare i conti e i pagamenti delle varie committenze artistiche o gli investimenti agricoli nel vasto feudo sermonetano. Anche questo inventario è consultabile in formato elettronico sul sito della Fondazione.

Va anche citato il Fondo fotografico, che ci riporta spaccati di vita quotidiana della famiglia. Si trovano qui le immagini degli interni delle ville di Fogliano o della raffinatissima Villa Romaine, dove, dal 1920 al 1932 – fino, cioè, al loro definitivo ritorno a Roma –, Marguerite e Roffredo Caetani (con i loro due figli) ospitarono i loro amici intellettuali internazionali, soprattutto francesi (ma anche James Joyce, per esempio), e dove si tennero le riunioni per la cura della rivista *Commerce*. Nel fondo fotografico sono attestate anche le attività belliche dell'ingegner Gelasio, che, durante la Prima Guerra Mondiale, fece saltare la mina presso la cima del Col di Lana, ottenendo un buon avanzamento del fronte italiano. Gelasio fu il solo membro della famiglia che partecipò alla marcia su Roma e aderì al regime fascista, mentre Roffredo e Marguerite furono fieramente antifascisti: al punto di non voler chiedere al Ministro della Guerra o a Mussolini stesso di esentare dal servizio militare il loro figlio maschio, Camillo, l'unico erede della casata per via diretta. Anche questo Fondo è stato informatizzato. Il processo di informatizzazione di tutto l'Archivio sta procedendo alacremente e si prevede che, entro la fine del 2025, verrà portato a termine.

Al fine di completare il quadro circa la situazione attuale dei beni un tempo posseduti dalla dinastia, all'Archivio e ai beni immobili ed artistici che si trovano a Roma sotto l'egida della Fondazione Camillo Caetani, si accompagna un'altra istituzione privata, la Fondazione Roffredo Caetani, che gestisce la villa e lo splendido giardino di Ninfa.

Soffermiamoci ora sul patrimonio letterario che distingue il Fondo Culturale Marguerite Caetani. Tra il 1924 e il 1932, dunque, Marguerite Caetani ideò e finanziò, da Parigi, la famosa rivista trimestrale internazionale *Commerce*, diretta da Paul Valéry, Léon-Paul Fargue e Valéry Larbaud. Nei suoi nove anni di vita, questa rivista propose, oltre ad opere di autori occidentali, anche testi arabi e cinesi, ma sempre in lingua francese (talvolta con gli originali in altra lingua a fronte). Poi, tra il 1948 e il 1960, Marguerite Caetani ideò, finanziò e diresse/curò, da Roma, la rinomata rivista semestrale internazionale *Botteghe Oscure* (che prende il nome dalla via in cui si erge il Palazzo Caetani). Questa fu la prima rivista nel mondo a pubblicare, senza traduzioni, i testi (che dovevano essere inediti)[9] nelle lingue originali -- quando esse appartenevano alle cinque più conosciute: francese, inglese, tedesco, spagnolo e, per doveri di ospitalità, italiano. Soltanto quando le lingue dei testi erano meno note (olandese, polacco, o coreano, per esempio), esse furono tradotte, perlopiù, o in francese o in inglese. Come unica eccezione, ad ogni modo, i primi quaderni (come venivano chiamati i numeri, anche se a volte superavano le 400 o 500 o, addirittura, le 600 pagine!) furono accompagnati da opuscoletti pubblicati a parte, in cui i testi statunitensi e inglesi erano tradotti in italiano.

Questa seconda rivista ebbe come redattore (perlopiù, solo per le sezioni italiane) Giorgio Bassani (1916-2000) e per due anni e mezzo (specificamente per le sezioni di lingua inglese e francese) anche un eccentrico statunitense: il romanziere, poeta, sceneggiatore, marionettista e attore, nonché esperto di cucina, Eugene Walter (1921-1998), che aveva vissuto alcuni anni a Parigi.

---

[9] Ci furono alcune eccezioni. Una di queste riguardò la nota poesia di Robert Lowell, "The Quaker Graveyard in Nantucket", uscita nel 1946, che apparve in italiano (tradotta da Rolando Anzilotti) nel N. XI (1953) della rivista.

Poiché Marguerite Caetani era persona intelligente, amante della letteratura, intraprendente e volitiva, ma non era stata preparata per operare in ambito letterario, per ognuna delle 6 sezioni della rivista aveva scelto uno/a scrittore/trice di vaglia, cui affidarsi: per la sezione italiana, ovviamente, Bassani e, a volte, anche Guglielmo Petroni; per la sezione francese, soprattutto il poeta René Char (da lei grandemente apprezzato); per la sezione inglese, soprattutto, John Davenport, recensore sia per l'*Observer*, sia per lo *Spectator*; per la sezione tedesca, Paul Celan e Hans Magnus Enzensberger; per la sezione spagnola, Maria Zambrano, amica di Elena Croce (la quale era molto vicina alla Principessa); e per la sezione statunitense, tra gli altri, il poeta Theodore Roethke, T.S. Eliot (un suo lontano cugino da parte materna) e, per anni, il critico e poeta Allen Tate.

Botteghe Oscure fu, inoltre, in quegli anni, tra le poche riviste esistenti al mondo a non pubblicare scritti critici o recensioni, ma solo poesie (in grande maggioranza) e prose creative -- in rare occasioni, anche brevi drammi. Distribuita in Europa, negli Stati Uniti, in America Latina, in Sud Africa e in Australia, va da sé che una rivista così concepita e condotta era intrinsecamente *high brow*. In un mondo che si stava facendo sempre più interconnesso, Marguerite Caetani intendeva proporre un modello di internazionalità e di interculturalità e incoraggiare la conoscenza delle lingue straniere. Insomma, se non di nascita, certamente per scelta sia personale, sia intellettuale, per lei vale il detto: *noblesse oblige!*

Poiché Marguerite Caetani pagava gli autori al livello delle riviste più generalmente stimate (il parametro di riferimento era *The New Yorker*), in *Botteghe Oscure* furono pubblicati, per quanto riguarda, per esempio, il mondo culturale statunitense, gli scrittori più in vista di quegli anni: da Wallace Stevens a Saul Bellow, da Robert Lowell a Carson McCullers, da William Carlos Williams a Robert Duncan, da Richard Wilbur a James Agee, per citarne solo alcuni. In tutto, gli autori statunitensi presentati furono 210 -- il numero più alto rispetto a quello di ogni altra nazionalità (incidentalmente, Marguerite Caetani non abbondonò mai la sua nazionalità di origine).[10]

---

[10] Bassani (1960, 436).

In ogni quaderno, tuttavia, lo spazio maggiore fu sempre riservato agli autori ancora sconosciuti. La rivista si proponeva, infatti, di costituirsi come palestra in cui i giovani di qualsivoglia nazionalità potevano conoscersi e confrontarsi, così da formare, anche se a distanza, una sorta di comunità. Forse, proprio perché aveva perduto il figlio di soli 25 anni, Marguerite Caetani si diede così tanto da fare per aiutare i giovani, i quali, peraltro, venivano suggeriti e selezionati dagli scrittori e dai critici sopramenzionati che, pubblicati o meno nella rivista,[11] fecero da mentori e da consiglieri, a titolo volontario e gratuito, per questa impresa culturale. Per quanto riguarda le sezioni statunitensi, esse cominciarono ad apparire già dal quaderno N. II (1948) e continuarono ad arricchire la rivista fino all'ultimo: il N. XXV (1960).

Gli autori ispano-americani cominciarono ad apparire in *Botteghe Oscure* nel quaderno N. XVI (1955) e furono presenti fino al quaderno N. XXII (1958). Nelle sezioni in spagnolo vari sono gli scrittori latino-americani che vennero proposti e che possono interessare gli studiosi del CRISA. Già nella sua prima rivista, *Commerce*, peraltro, nel quaderno N. VIII (1926) Marguerite Caetani aveva pubblicato lo scrittore argentino Ricardo Güiraldes (1886-1927), che viveva a Parigi.

Elenchiamo gli scrittori di nazionalità latino-americana pubblicati in *Botteghe Oscure*, perché uno studio specifico su di loro non è stato ancora intrapreso (mentre esiste già per quelli di lingua italiana, francese e statunitense). Secondo l'Indice bibliografico della rivista, pubblicato nel 1964,[12] si tratta complessivamente di 12 autori, così distribuiti: 6 messicani (Guadalupe Amor, Emmanuel Carballo, Carlos Fuentes, Jaime García Terres, Octavio Paz e Antonio Souza Viana), 4 argentini (Raúl Gustavo Aguirre, Edgar Bayley, Adolfo Bioy Casares e Juan R. Wilcock), un cubano (José Lezama Lima) e un uruguaiano (Ricardo Paseyro). Per completare il quadro, nel quaderno N. XIV (1954) di *Botteghe Oscure* fu pubblicato, tradotto in lingua francese, uno scrittore di lingua brasiliana: Murilo Mendes.

---

[11] Per esempio, né T.S. Eliot, né A. Tate ebbero mai loro scritti pubblicati in questa rivista.
[12] *Botteghe Oscure Index, 1949-1960* (1964).

Di molti di questi artisti il Fondo Marguerite Caetani conserva – ancora solo informatizzate – la maggior parte delle lettere da loro inviate alla "curatrice" (per anni la rivista non si giovò né di una segretaria, né di uno schedario).[13] A volte, anche le loro opere sono custodite nella Biblioteca della Fondazione intitolata alla Principessa. Questa Biblioteca consta di circa 7.000 volumi di letterature straniere dell'Ottocento e del Novecento, di cui circa 400 sono a lei dedicati, per via autografa.

Il Fondo culturale Marguerite Caetani, che comprende il materiale relativo alle due riviste, è davvero uno scrigno di perle. Ci offre, infatti, una notevole quantità di lettere (di critici, di scrittori e di artisti) e di manoscritti. Proprio per questa ragione, dal 1999 ad oggi, la Fondazione Camillo Caetani ha voluto rendere pubblico questo scrigno, presentando -- in cinque volumi dedicati a *Commerce* e in tre volumi dedicati a *Botteghe Oscure* – sia le lettere inviate a Marguerite Caetani da raffinati e prominenti intellettuali, sia le analisi critiche sui reperti in esso custoditi,[14] nonché – per quanto riguarda le sezioni fino ad ora prese in esame – i giudizi formulati dagli studiosi sul significato culturale e sul merito letterario delle due riviste.

Dato quanto abbiamo in breve delineato, ci auguriamo che il valore e la rilevanza di questo Archivio vengano vieppiù largamente conosciuti e vieppiù accuratamente esplorati da ricercatori appassionati e competenti.

BIBLIOGRAFIA

Bassani, Giorgio. "Congedo." *Botteghe Oscure* XXV (1960).
Botteghe Oscure Index, 1949-1960, compiled by several hands, with an Introduction by Archibald MacLeish. Middletown, CT: Wesleyan University Press, 1964.

---

[13] Soprattutto, pensiamo, per ragioni economiche. Marguerite Caetani, infatti, voleva devolvere il suo denaro essenzialmente agli scrittori. Per questa mancanza di supporti segretariali e archivistici, non tutto il materiale a lei pervenuto è oggi reperibile. Soltanto nell'ultimo anno della rivista, anche per l'indebolimento della sua vista, Marguerite Caetani si fece aiutare da una segretaria.

[14] Si vedano: i cinque volumi di *La rivista «Commerce» e Marguerite Caetani* (Levie 2012-2017); Valli 1999; Santone e Tamassia 2007; Giorcelli 2021.

Giorcelli, Cristina. *«Botteghe Oscure» e la letteratura statunitense*. Roma: Edizioni di Storia e Letteratura, 2021.

Gorgone, G. e Cannelli, C. (a cura di). *Il salotto delle caricature. Acquerelli di Filippo Caetani 1830-1860*. Roma: L' Erma di Bretschneider, 1999.

Levie, Sophie (a cura di). *La rivista «Commerce» e Marguerite Caetani*. Roma: Edizioni di Storia e Letteratura, 2012-2017 (5 volumi).

Santone, Laura e Tamassia, Paolo. *La Rivista Botteghe Oscure e Marguerite Caetani. Gli autori stranieri. Sezione francese*. Roma: L'Erma di Bretschneider, 2007.

Valli, Stefania. *La Rivista Botteghe Oscure e Marguerite Caetani. La corrispondenza con gli autori italiani 1948-1960*. Roma: L'Erma di Bretschneider, 1999.

JUAN RODOLFO WILCOCK Y VALENTINO BOMPIANI
UNA CORRESPONDENCIA

Camilla Cattarulla
UNIVERSITÀ DEGLI STUDI ROMA TRE

ABSTRACT: El ensayo se basa en el análisis de dos fondos de archivo (uno conservado en el archivo *Apice* de la Universidad de Milán, el otro en la *Fundación Corriere della Sera* también en Milán). Los dos fondos tratan de la relación de Wilcock con la editorial Bompiani a través de la correspondencia mantenida principalmente con su fundador (Valentino Bompiani), pero también con algunos colaboradores editoriales, con el fin de contribuir al conocimiento de la biografía «italiana» de Wilcock, sobre la cual aún existen aspectos obscuros.

INTRODUCCIÓN: WILCOCK EN ITALIA

Juan Rodolfo Wilcock (Buenos Aires, 1919 – Lubriano, 1978) fue escritor, poeta, dramaturgo, crítico literario y traductor. Después de visitar Italia por primera vez en 1951, en un viaje a Europa con Silvina Ocampo y Adolfo Bioy Casares,[1] se trasladó allí definitivamente en 1957[2] (en 1955 había vivido unos meses en la capital italiana), viviendo, por orden, en Roma, Velletri y Lubriano. Está enterrado en el cementerio no católico de Roma.

En sus obras, tanto poéticas como narrativas, recorre todos los territorios de lo fantástico y lo grotesco.[3] En Argentina había publicado libros de poemas distinguiéndose entre los jóvenes poetas de la generación del 40. También había fundado y dirigido dos revistas de poesía: *Verde memoria* (1942-1944) y *Disco* (1945-1947).

Una vez en Roma, participó plenamente en la vida intelectual italiana, contando entre sus amigos con figuras de la talla de Cristina Campo, Nicola Chiaromonte, Ennio Flaiano, Alberto Moravia, Elsa Morante, Italo Calvino, Luciano Foà, Elio Pecora, Elemire Zolla, Giacomo Debenedetti, Pier Paolo Pasolini, Giorgio Manganelli y Giacinto Spagnoletti. Como traductor, probó suerte con obras de James Joyce, Christopher Marlowe, Gustave Flaubert, Samuel

---

[1] Cf. Bioy Casares 2021, 41-60.
[2] El 24 de mayo, según Bioy Casares 2021, 125.
[3] Para una panorámica crítica sobre Wilcock cf. Deidier 2002.

Beckett, William Shakespeare, Virginia Woolf y Flann O'Brien, autores traducidos para las principales editoriales italianas (Bompiani, Mondadori, Einaudi, Feltrinelli, Adelphi). La actividad de traductor, que también ejerció en la Argentina, fue probablemente la que más ingresos le proporcionó.

Como traductor, fue un exponente de la práctica de la "traducción creativa",[4] que desde los años cuarenta se había establecido en la redacción de la revista *Sur* (con la que Wilcock también colaboró), hasta el punto de que puede decirse que sus obras de ficción también se nutren de la traducción. En definitiva, del concepto de "traducción creativa" Wilcock tomó su propio modelo de escritura y autotraducción.

Tampoco hay que olvidar su colaboración con importantes revistas y periódicos italianos de la época, como *Sipario, Tempo presente, Il mondo, L'espresso, Il tempo, Il messaggero, l'Osservatore romano*. A pesar de sus fructíferas relaciones con la industria editorial italiana, de la lengua en la que eligió publicar y de sus amistades intelectuales, la biografía de Wilcock adolece de numerosas lagunas, sobre todo en lo que se refiere a cómo se introdujo en el mundo cultural de la Italia de aquellos años. Sin duda, esto se debe en gran medida al halo de misterio del que le gustaba rodearse y a la ausencia de fuentes directas, como la correspondencia con italianos y argentinos antes y después de su traslado a Italia.

En este sentido, una primera contribución vino de la revista *Nuovi Argomenti* que, en el vol. 61 de 1979, publicó la correspondencia con Ennio Flaiano ("Lettere 1959-1960", 19-22), generosamente donada por Rosetta Flaiano. En ella se descubre, por ejemplo, que

---

[4] Escribe María Belén Hernández González: "Por afinidad y edad [Wilcock] se formó entre los traductores *traidores* de la segunda época de *Sur*, cuando José Bianco y Enrique Pezzoni impulsaron una praxis de traducción entendida como un modo de enriquecer el propio idioma, introduciendo en él el eco de otras lenguas, fruto de la asimilación crítica de los textos. En particular, en la época en que Bianco era secretario de la revista *Sur*, se proponían y comentaban textos extranjeros que llegaban a la redacción como un verdadero taller literario. Así, pues, la comparación y crítica textual se convirtieron en procedimientos comunes para los nuevos traductores de *Sur*. Desde los secretarios de redacción hasta los últimos colaboradores, prácticamente todos actuaron en la revista como traductor, ya que su labor era el resultado de una hibridación entre interpretación de textos extranjeros, reflexión crítica y creación literaria propia" (2019, 33-34).

Alberto Moravia había señalado a Wilcock a Valentino Bompiani y que el propio Wilcock había pedido entonces ayuda a Flaiano para publicar su primer libro de cuentos *(Il caos*, Bompiani 1960). Por otra parte, también hay que recordar que la Roma de finales de los años cincuenta era un gran salón intelectual dispuesto a acoger a intelectuales de distintas procedencias y que la industria cinematográfica empezaba a desarrollarse de forma significativa también a nivel internacional. Wilcock, en definitiva, formaba parte de un ambiente abierto al cosmopolitismo, siendo él mismo cosmopolita (era de padre inglés y madre suizo-italiana y se había criado en Francia con su abuela, por lo que dominaba al menos cinco idiomas: francés, inglés, italiano, español y alemán).

Bompiani fue su primer editor italiano. Con la editorial milanés publicó *Il caos* (1960), *Fatti inquietanti del nostro tempo* (1961), *Teatro in prosa e versi* (1962),[5] la introducción a *Poeti catalani* (1962), la traducción de *Ricardo III* de William Shakespeare (1968). Tras la ruptura con Valentino Bompiani a finales de los 60, Wilcock fue publicado principalmente por Adelphi. Injusta y rápidamente eliminado por la crítica italiana (por considerarlo un autor argentino) y totalmente omitido por la crítica argentina (por considerarlo italiano), Wilcock sólo está recibiendo en los últimos años cierta atención editorial con las nuevas publicaciones en italiano y español de sus obras, y un renovado interés crítico.

WILCOCK Y BOMPIANI

En la actualidad, un grupo de investigación italo-argentino (compuesto por profesores de la Universidad Roma Tre y de la Universidad Nacional Tres de Febrero), trabaja en la constitución de un archivo digital relacionado con la recuperación de artículos publicados por Wilcock en Italia y Argentina en la numerosa prensa periódica con la que el autor colaboró a lo largo de su vida.

---

[5] El volumen incluye la obra *Giulia Donna*, escrita en colaboración con Silvina Ocampo y publicada en Buenos Aires en 1956 con el título *Los traidores*. Wilcock la traduce al italiano y en la nueva edición saca el nombre de Ocampo. Pero en una carta a Bompiani del 13 de marzo de 1962 pide que la editorial envíe a Silvina Ocampo unos ejemplares porque, escribe Wilcock, "è stata lei a scrivere quasi tutta la prima versione".

El presente trabajo se basa en el análisis de dos fondos de archivo relativos a la relación de Juan Rodolfo Wilcock con la editorial Bompiani. Uno de estos fondos se conserva en el archivo *Apice* (*Archivi della parola dell'immagine e della comunicazione editoriale*) de la Universidad de Milán; el otro se encuentra en *la Fundación Corriere della Sera* de Milán.

El del archivo *Apice* incluye los informes que Fabio Mauri (sobrino de Valentino, fundador y director de la editorial), enviaba para informar a su tío de las actividades que se desarrollaban en Roma y de la marcha de los contactos con escritores e intelectuales vinculados a Bompiani en relación con reseñas, presentaciones de libros o expedientes de futuras publicaciones. Los informes en los que aparecen referencias a Wilcock van del 26 de enero de 1960 al 17 de mayo de 1966.

El fondo de la *Fundación Corriere della Sera* está dividido en dos carpetas. La primera, bastante voluminosa, incluye la correspondencia de Wilcock con Valentino Bompiani y sus colaboradores (Paolo De Benedetti, redactor jefe de diccionarios y no ficción; Sergio Morando, redactor jefe de la sección literaria y director del *Almanacco Letterario*; Enrico Filippini, escritor y traductor, asesor editorial de Bompiani desde septiembre de 1970). La correspondencia abarca desde el 20 de junio de 1958 hasta el 7 de diciembre de 1971. Parte de la correspondencia está dedicada también a la antología *Poeti catalani* (1962, traducida y editada por Livio Bacchi, hijo adoptivo de Wilcock,[6] con una introducción del mismo Wilcock). La segunda carpeta va del 14 de octubre de 1959 al 31 de diciembre de 1962 e incluye diversos documentos sobre los primeros tres libros de Wilcock publicados por Bompiani. Además, hay dictámenes sobre tres obras de Wilcock: *I tre stati* (dictamen de Federico Giannessi), *Parsifal* (dictamen de Giulia Veronesi) y *Terra invasa* (dictamen de Cesare Segre).

En general, estos fondos nos dicen mucho sobre el funcionamiento de una editorial del calibre de Bompiani en los años sesenta:

---

[6] "Como dos hombres no pueden casarse, adoptó a Livio: la ceremonia civil de efectos más parecidos al casamiento. Livio tiene madre y hermanos" (Bioy Casares 2021, 144).

su capacidad para cultivar y mantener relaciones de confianza con la élite de la intelectualidad italiana de aquellos años; el cuidado que reservaba a los libros que salían al mercado, tanto desde el punto de vista editorial como de distribución y venta; el rigor, incluso económico, con que trataba a los traductores (Wilcock, en 1968, por la corrección de *Ricardo III*, tuvo que pagar, y a pesar de sus protestas, 36.500 liras por los gastos de recomposición, reedición y relectura editorial del texto); su adaptación a los tiempos o incluso su anticipación, como cuando, en 1962, el número anual del *Almanacco Letterario* se dedicó a "Le applicazioni dei calcolatori elettronici alle alle scienze morali e alla letteratura". Además de las contribuciones de estudiosos de humanidades y ciencias duras, el almanaque incluía una encuesta, consistente en cuatro preguntas sobre el tema, en la que se invitaba a participar a filólogos y críticos literarios de distintas tendencias. Wilcock también participa y sus respuestas muestran cierto escepticismo sobre el uso de los "cerebros electrónicos".

Por último, el compromiso civil de la editorial con la libertad de prensa. En 1961, Valentino Bompiani viaja a Barcelona para asistir a una reunión sobre la independencia de la industria editorial en la España franquista. Wilcock, en una carta del 2 de julio, comenta que en Cataluña "vi è un rinnovato interesse per l'editore Bompiani, che diventa eroe nazionale, irredentista, liberatore".

En cuanto a Wilcock, las cartas nos informan sobre algunas de las cuestiones prácticas relativas a su biografía italiana (traslados a Roma, compra de una casa en Velletri, formalización de la adopción de Livio Bacchi); sobre sus colaboraciones con las revistas *Mondo, Tempo presente* y *Voce Repubblicana*; sobre su dirección de la revista literaria *Intelligenza*; sobre su colaboración con el Festival de Spoleto; sobre sus amistades, bastante inestables por su pésimo carácter y por no estar perfectamente alineado con el *establishment* literario italiano; sobre sus dificultades económicas; sobre sus relaciones con otras editoriales italianas (Longanesi, Vallecchi, Einaudi, Mondadori, Il Saggiatore), relaciones que en general no le fueron bien. Como cuando, por recomendación de Italo Calvino (carta a Valentino Bompiani de 9 de julio de 1960), acepta el cargo de lector editorial para Einaudi, pero pronto se arrepiente: "I romanzi che mi manda Einaudi da giudicare sono così orribili e deprimenti che finirò col rifiutarli in blocco. Ho sempre paura di contagiarmi. Ma d'altra parte i romanzi buoni sono ormai pochissimi" (carta a Valentino Bompiani de 23 de julio de 1960).

Y, además, las cartas nos hablan de una actividad como escritor muy prolífica pero también atormentada, con ejemplares de sus libros (a menudo únicos y a merced del servicio postal italiano) que iban y venían entre Roma y Milán porque Wilcock hacía continuamente cortes, añadidos y revisiones del italiano, valiéndose también de colaboradores de quienes nunca dice los nombres. En una carta del 17 de junio de 1959 a Valentino Bompiani, escribe que está preparando siete libros: una antología de poesía argentina contemporánea, una antología de poesía latinoamericana, otra de narradores argentinos, una colección de poemas propios, una novela, un volumen de cuentos (ya leído por Moravia, se trata de *Il Caos*, para el que rechazó la propuesta de contrato de Longanesi),[7] otro que se publicará en la colección Cose d'oggi (*Fatti inquietanti*). En la misma carta declara que prefiere tener un solo editor porque, teniendo siete libros casi listos, no le gustaría tener que dividir su atención y la del público entre tantos editores. En una carta posterior, del 12 de noviembre de 1961, Wilcock enumera los nuevos libros en preparación. He aquí cómo los presenta:

Lo stereoscopio dei solitari (la sola copia l'avete perduta voi, ma forse se ne troverà un'altra).
Trattato di teatro (lunghezza variabile).
I tre Stati (poema, capolavoro di Wilcock; domani verrà spedito: 45 cartelle).
Viaggi per le città d'Italia (120 cartelle)
Un ragazzo nel fuoco si raffina (liriche d'amore; per ragazzi).
Saggi letterari (solido, invendibile).

---

[7] Cf. carta a Valentino Bompiani del 11 de diciembre de 1959. En otra de Valentino Bompiani a Wilcock se habla de una posible colección dirigida por Moravia en la cual publicar *Il caos*. La colección no se realizará.

> Siccome una collana di opere solamente mie provocherebbe ciò
> che i giornalisti chiamano generale perplessità, dovrò pur trovare
> un modo di arrivare al pubblico. Posso girare per le trattorie can-
> tando con una chitarra i miei versi e poi vendere i volumetti, stam-
> pati al mimeografo? […] In Germania Lei riuscirà, se non altro, a
> vendere i miei Viaggi per le città d'Italia. Le cose di teatro avranno
> successo tra quattro anni. Il poema I tre Stati avrà un premio im-
> portante. Il Trattato di teatro può interessare i francesi tra due
> anni, se pubblicato.
> Le mie profezie sono quasi sempre giuste. Per esempio: quando
> apparve Zivago, io scrissi che tre anni dopo nessuno ne avrebbe
> più parlato, infatti, nessuno ne parla.

Ninguno de estos libros será publicado por Bompiani. *I tre Stati* es
leído por Federico Giannessi, quien, si bien lo aprecia, concluye su
comentario de la siguiente manera: "il libro potrebbe suscitare cu-
riosità, e attrarrebbe certo le discussioni dei lettori più esperti. Ma
è un raffinatissimo giuoco intellettuale, e gli manca il mordente che
produce il successo". En cuanto a *Lo stereoscopio dei solitari*, el propio
Wilcock escribe a Bompiani (en junio de 1961) para informarle de
que se estaba publicando, de cuatro en cuatro carpetas, en *La Na-
zione* di Firenze (como sabemos, será publicado en 1972 por Adelphi). Y luego escribe:

> Il racconto di fantascienza lo fanno alla RAI [quizás se refiera al
> cuento *La nube*, que formaba parte de un proyecto de 1961 de Gior-
> gio Manganelli titulado *Racconti di fantascienza scritti per la radio*].
> Fra qualche giorno escono le mie poesie dal Saggiatore [se trata
> de *Luoghi comuni*]. Non mi ha detto se posso pubblicare l'Introdu-
> zione ai poeti catalani su Paragone o altrove (non ci tengo).

Aparte de eso, es el mismo Wilcock, en una carta fechada el 1 de
julio de 1962, quien informa a Valentino Bompiani de que sus libros
ya no pueden publicarse. Estas son las motivaciones:

"Lo stereoscopio" non si può più fare perché più della metà l'ho adoperata per il romanzo. […]
"I tre Stati" non si può fare perché Lei non ha una collana di poesia. Il libro di viaggi è addirittura stupido. Il Manuale di teatro è troppo piccolo e non interesserebbe nessuno. I miei saggi sono molti e sono vergognosi. Così Lei rimane libero e possiamo perfino cenare insieme senza pericolo per Lei.

Sea como fuere, para ninguno de estos libros Wilcock había firmado un contrato y recibido el anticipo habitual. En cambio, sí lo había firmado para *Il tempio etrusco*: 100.000 liras al mes durante cinco meses a partir de abril de 1961 para una entrega prevista el 30 de octubre. Será publicado en 1973 por Rizzoli.

El carteo es muy intenso entre 1959 y 1962, en coincidencia con la publicación de los libros con Bompiani, más la antología de poetas catalanes y otras colaboraciones relativas al *Almanacco Letterario*, la revista *Sipario* de Bompiani y la propuesta de una colección de narrativa breve para la que Wilcock presenta una lista de 100 textos. La correspondencia se vuelve más esporádica o desaparece por completo en los años siguientes, probablemente a raíz de la renuncia de Wilcock a publicar los libros en preparación. Asimismo, no se tienen más noticias de la novela que debía titularse *Ur* (carta del 12 de septiembre de 1962), salvo una referencia en la carta a Valentino Bompiani del 22 de julio de 1970 en la que Wilcock afirma que las circunstancias no le permitieron terminarla. Sin embargo, sus relaciones con Bompiani no cesan por completo: en 1966 escribe para el *Almanacco Letterario* y al año siguiente es el traductor de *Ricardo III* de William Shakespeare que Vittorio Gassman, amigo suyo, pone en escena en Turín. Además, de 1967 a 1969 es crítico teatral para *Sipario* (pero no hay rastro de ello en las cartas).[8]

Un aspecto interesante de la relación con Bompiani y la cultura italiana se refiere a la solicitud de Wilcock de que *Caos* no "venga pubblicato fra i libri stranieri, ma come se fosse di autore italiano".

---

[8] Cf. Katia Trifirò (2021). En *Sipario*, Wilcock también publicó dos obras de teatro *L'agonia di Luisa*, n. 253, mayo de 1967, y *Sei atti unici*, n. 259, noviembre de 1967.

Las razones son exquisitamente editoriales: "conviene anche a Lei, anzitutto per le recensioni e poi per le eventuali traduzioni (penso che l'editore straniero si interessa soltanto alle novità italiane)" (carta a Valentino Bompiani del 25 de noviembre de1959). Al mismo tiempo, su biografía debe ser misteriosa. Escribe a Sergio Morando (23 de julio de 1960): "Vorrei che la mia biografia non dicesse niente di concreto: è il solo modo di interessare il lettore. Mi faccia ancor più misterioso." En la respuesta, Sergio Morando concuerda con Wilcock:

ma il mistero ha pur sempre bisogno di qualche traccia concreta che lo susciti. Del resto in questo genere di cose credo che Lei sia maestro. Quindi la cosa migliore mi sembra che provi Lei a metter giù qualche riga che dia spunto all'immaginazione del lettore per costruirci il mistero (26 de julio de1960).

De hecho, la biografía de Wilcock, sobre todo la de los años anteriores a su llegada a Italia, es bastante fragmentaria, hasta el punto de crear la idea de un autor desdoblado. Vanni Blengino (2002, 26) reflexiona sobre este tema:

Wilcock ha contribuito involontariamente ad alimentare, forse per discrezione, un'immagine sdoppiata di sé stesso, essendo così avaro di riferimenti al suo passato argentino, da dare l'impressione – a una prima lettura – di uno scrittore dimezzato in due dimensioni nazionali.

Las relaciones con Bompiani terminan dura e irrevocablemente a raíz de un artículo, publicado en *Sipario* en mayo de 1969, en el que se definía un texto de Wilcock como el resultado de una "critica isterica nata da scompensi sessuali o da morbi intellettualistici o da asservimenti ideologici". El propio Wilcock lo recuerda en una carta dirigida a Valentino Bompiani el 22 de julio de 1970, es decir, más de un año después y tras una larga espera de una explicación. Y añade:

142

Poiché rimaneva un leggero dubbio sulla persona del vilipeso, Lei stesso si premurò di chiarire, nel seguente numero della rivista, in calce a una lettera (firmata Franco Quadri)[9] di protesta per 'l'insulto e la pesante allusione', che l'insulto doveva considerarsi rivolto a me, aggiungendo ancora qualche frase di biasimo sul mio conto.

Per questa ragione non ho alcuna intenzione di continuare a pubblicare presso la Sua Casa Editrice.

Qualsiasi quesito sulla possibile esistenza di un diritto di opzione sulle mie opere future, si rivela inconsistente se si pensa che tale preteso diritto non è mai stato pagato.

En su respuesta del siguiente 2 de agosto, Valentino Bompiani, aunque considera inexacta la reconstrucción de los hechos de Wilcock, renuncia a cualquier derecho de opción. Así termina la relación entre Wilcock y el editor Bompiani.

No obstante, no deja de seguir las traducciones de su hijo, probablemente incluso cuando no las firma con él.[10] Prueba de ello es una carta de Enrico Filippini del 14 de mayo de 1971 en respuesta a una de Wilcock. El tema es la traducción de Livio Bacchi Wilcock de la novela de Adolfo Bioy Casares *Diario della guerra al maiale*, traducción que Filippini juzga "incompleta, goffa, erronea in varie parti", en síntesis "impubblicabile". A pesar de ello se publicará, pero Filippini recomienda una revisión para una eventual segunda edición. Y concluye: "Mi chiede di occuparmi del dolore di Suo figlio. Bene, sono addolorato che Suo figlio sia addolorato, e sono addolorato che di Bioy circoli una traduzione difettosa. Ma la colpa risale a Suo figlio".

El mismo Bioy Casares está al tanto de las malas relaciones de Wilcock con la editorial Bompiani que, además, lo ponen en entredicho.

Escribe el 4 de junio de 1971:

---

[9] Ensayista y crítico teatral, a la sazón redactor jefe de *Sipario*.
[10] Firman conjuntamente las obras de Virginia Woolf, *Per le strade di Londra* (1974) y *Una stanza tutta per sé* (1980).

Recibimos (Silvina y yo) una carta de Wilcock. Otro que no contiene su ojeriza. Odia a los Bompiani, asegura que en la casa Bompiani no gusta mi estilo y que han introducido ridículas correcciones de *ejolivement* en la traducción de *Diario de la guerra del cerdo* y que Livio está furioso: que una carta mía en que amenazo con pasarme a otro editor los ha enfurecido contra mí (incluso a Ginevra).[11] También recibo una carta de Filippini, mi "editor" *chez* Bompiani: me pide un ejemplar de *Plan de evasión*, me asegura que mi carta a Ginevra y el ejemplar que mandé anteriormente no llegaron […]: que él está abogando en favor de *Plan de evasión* […]. Algunos resquemores habrá: Wilcock, por odio a los Bompiani, tratará de convertir los resquemores en peleas; a mí, que me importa poco lo que piensa la Casa Editrice Valentino Bompiani and Co. sobre mi estilo y que no deseo peleas inútiles, ni tampoco pasarme a otro editor (por lo de *malo conocido*) me convendrá hacerme el desentendido del mar de fondo y seguir tratando con ellos (qué tedio) la edición de *Plan de evasión* y tal vez el proyecto de film de Baratti[12] (Bioy Casares 2021, 188-189).

CONCLUSIÓN

En conclusión, esta correspondencia ayuda a comprender algunas de las vicisitudes editoriales de Wilcock en Italia hasta fines de los '60. No está claro, sin embargo, cómo el argentino se introdujo tan rápidamente en el mundo cultural italiano. Se sabe que Wilcock a parte la visita en Italia con Silvina Ocampo y Adolfo Bioy Casares en 1951 y su estancia en Roma en 1955, ya había empezado a colaborar con *Tempo presente*[13] en 1956 (un año antes de instalarse en Italia) y que desde el 1955 colaboraba con la edición argentina de *L'Osservatore romano*. Pero, ¿cuáles habían sido sus contactos para llegar a ser parte del circuito de la intelectualidad romana? El volumen de Adolfo Bioy Casares (2021) donde se recoge el carteo con

---

[11] Ginevra Bompiani.
[12] Se trata del proyecto (que no prosperó) para filmar *Diario de la guerra del cerdo*. *Plan de evasión* se publicará en italiano solo en 2008 (editorial Cavallo di Ferro).
[13] Cf. J. Rodolfo Wilcock (1956, 86-88).

Wilcock, no nos dice nada al respecto. Tal vez un examen de otras correspondencias en Argentina podría ayudarnos a entenderlo.

BIBLIOGRAFÍA[14]

Bioy Casares, Adolfo. *Wilcock*. Edición al cuidado de Daniel Martino. Buenos Aires: Emecé, 2021.

Blengino, Vanni. "Wilcock dimezzato," in Deidier R. (a cura di), *Segnali sul nulla. Studi e testimonianze per Juan Rodolfo Wilcock*. Roma: Edizioni Treccani, 2002.

Deidier, Roberto (a cura di). *Segnali sul nulla. Studi e testimonianze per Juan Rodolfo Wilcock*. Roma: Edizioni Treccani, 2002.

Hernández González, María Belén. "Juan Rodolfo Wilcock o la reescritura de sí mismo." *Boletín de literatura comparada*, 44 (2019): 27-49.

Longoni, Anna. "La trattenuta passione di un satiro solitario. Lettere di Juan Rodolfo Wilcock a Bianca Borletti." *Autografo* 42 (2001): 17-28.

Ocampo, Silvina y Juan Rodolfo Wilcock. *Los traidores*. Buenos Aires: Losada, 1956.

Trifirò, Katia. "Quello che conta è che non sia un teatro stupido. Wilcock critico teatrale per Sipario (1967-1969)." *Culture teatrali. Studi, interventi e scritture per lo spettacolo*, nuova serie n. 30, (Annale 2021): 234-253.

Wilcock, Juan Rodolfo. *Libros de poemas y canciones*. Buenos Aires: Sudamericana, 1940.

Wilcock, Juan Rodolfo. *Ensayos de poesía lírica*. Buenos Aires: Imp. López, 1945.

Wilcock, Juan Rodolfo. *Persecución de las musas menores*. Buenos Aires: Imp. López, 1945.

Wilcock, Juan Rodolfo. *Paseo sentimental*. Buenos Aires: Sudamericana, 1946.

Wilcock, Juan Rodolfo. *Los hermosos días*. Buenos Aires: Emecé, 1946.

Wilcock, Juan Rodolfo. *Sexto*. Buenos Aires: Emecé, 1953.

Wilcock, Juan Rodolfo. "Lettera da Buenos Aires." *Tempo presente* 1.1 (aprile 1956): 86-88.

---

[14] Todas las indicaciones bibliográficas de los textos de Wilcock se refieren a las primeras ediciones.

Wilcock, Juan Rodolfo. *Il caos*. Milano: Bompiani, 1960.

Wilcock, Juan Rodolfo. *Fatti inquietanti del nostro tempo*. Milano: Bompiani, 1961.

Wilcock, Juan Rodolfo. *Luoghi comuni*. Milano: Il Saggiatore, 1961.

Wilcock, Juan Rodolfo. *Teatro in prosa e versi*. Milano: Bompiani, 1962.

Wilcock, Juan Rodolfo. *Poesie spagnole*. Milano: Guanda, 1963.

Wilcock, Juan Rodolfo. *Lo stereoscopio dei solitari*. Milano: Adelphi, 1972.

Wilcock, Juan Rodolfo. *La sinagoga degli iconoclasti*. Milano: Adelphi, 1972.

Wilcock, Juan Rodolfo. *I due allegri indiani*. Milano: Adelphi, 1973.

Wilcock, Juan Rodolfo. *Il tempio etrusco*. Milano: Rizzoli, 1973.

Wilcock, Juan Rodolfo. *Parsifal. I racconti del caos*. Milano: Adelphi, 1974.

Wilcock, Juan Rodolfo. *L'ingegnere*. Milano: Rizzoli, 1975.

Wilcock, Juan Rodolfo. "Lettere 1959-1960." Corrispondenza con Ennio Flaiano. *Nuovi Argomenti*, 61 (1979): 19-22.

LOS PAPELES DEL EXILIADO
EL ARCHIVO DEL POETA HISPANO-ARGENTINO ÁNGEL LEIVA

Eduardo del Campo Cortés
UNIVERSIDAD DE SEVILLA

ABSTRACT: El poeta y pintor hispano-argentino Ángel Leiva, nacido en el pueblo tucumano de Simoca en 1941, se exilió en España en los años 70 durante la dictadura militar argentina. Tras una posterior etapa como profesor en Estados Unidos, entre Nueva York y Chicago, migró de nuevo para asentarse desde finales de los años 80 en Sevilla, donde ha desarrollado durante más de tres décadas un reconocido trabajo como escritor y como influyente maestro de poetas en sus talleres literarios. Ha publicado decenas de libros de poesía, empezando por *Del amor y la tierra* (1967), y como periodista ha entrevistado a creadores de la talla de Borges, Sabato y Fellini. En este trabajo entramos de la mano de Leiva en su archivo casero de Sevilla para establecer la cronología y evolución de su obra publicada como autor y editor, y, sobre todo, para clasificar y revelar sus escritos terminados que están aún inéditos, entre poemarios, novelas y cuentos. Sus manuscritos, documentos, recortes, fotografías, dibujos y pinturas dan testimonio de su fecunda y a veces sufrida vida de artista entre América y Europa. Son los papeles del exiliado.

LOCALIZACIÓN DE LOS FONDOS EN SEVILLA

El poeta, prosista, maestro de poetas y pintor hispano-argentino Ángel Leiva tiene su hogar, taller, almacén y archivo en el barrio de Los Remedios de Sevilla, en España. Nuestro autor vive a 750 metros de un lugar histórico con el que entronca bien su carácter nómada: el muelle en el río Guadalquivir de donde partió y a donde llegó la expedición de la primera vuelta al mundo de Magallanes y Elcano (1519-1522). Su obra se reparte en dos sitios vecinos. En el número 37 de la calle Niebla, en la esquina con la calle Virgen de las Montañas, se esconde gran parte de su patrimonio en un local alquilado a pie de acera: aquí, detrás de unas rejas plegables, está el estudio que usa para pintar sus cuadros, escribir sus textos y guardar sus colecciones de libros, películas y obras de arte propias y ajenas. Al lado, en Niebla 33, en una tercera planta sin ascensor, puerta A, se encuentra el pequeño apartamento en propiedad donde desde 1997 residen Leiva y la profesora de Literatura Susana Jákfalvi, su esposa, hispano-argentina de origen húngaro. El escritor conserva en esta vivienda la otra parte de su legado literario, compuesto por el resto de su biblioteca de varios miles de libros; los manuscritos y copias mecanografiadas de sus poemas, cuentos y novelas, tanto inéditos como publicados; dibujos y cuadros de su firma, y casetes y álbumes fotográficos que incluyen grabaciones e imágenes de sus encuentros con grandes escritores, entre otros objetos.

Nos hemos citado con Ángel Leiva el 8 de junio de 2023 para que nos enseñe el archivo de su extensa producción, con el objetivo de trazar un panorama básico de su contenido, abrir nuevas vías de investigación y plantear cuál podría ser su destino, a fin de preservarlo y darlo a conocer.[1] Aunque esta tarde la salud del poeta, nacido como Ángel Segundo Leiva Montserrat en el pueblo de Simoca (Tucumán, Argentina) el 2 de mayo de 1941, y la de su compañera, en Tucumán en 1944, es aún buena, les preocupa, pasada la frontera de los 80 años de edad, salvar del olvido el fruto tangible de sus vidas para que les sirva a otros amantes de la cultura. ¿Qué será de todos estos papeles y cuadros cuando ellos ya no estén entre nosotros?, se preguntan. La solución podría ser vender o donar estos fondos a una institución cultural para que los conserve de forma integral.

El poeta nos conduce primero a su local de alquiler. En la penumbra, mientras busca a tientas un interruptor eléctrico, emerge una primera visión de su mundo. Su estudio de pintor está en una habitación enfrente de la entrada. Cuenta que trabaja aquí casi cada día, con pinturas acrílicas o al óleo. Su estilo bebe de Picasso y del expresionismo abstracto estadounidense. El espacio principal del almacén está atestado de estanterías y objetos apilados, y se circula con estrechez por un pasillo alrededor de ellos. A simple vista, calculamos que hay algunos miles de libros, la mayoría de literatura, crítica literaria y arte. En un rincón se concentran, dentro de sus carátulas, centenares de discos DVD y cintas VHS de las películas (tanto cultas como comerciales) que Leiva alquilaba cuando, desde mediados de los años 90, regentaba un videoclub en la calle Porvenir de Sevilla

---

[1] Al cierre de esta edición en 2025, el archivo del poeta ha experimentado algunas mudanzas, aunque sin salir de su barrio: Leiva ha abandonado su local-almacén, y ha trasladado parte de su contenido a su piso de la calle Niebla, y vendido, regalado o tirado el resto. A la vez, él y su mujer se han establecido en un apartamento de alquiler más cómodo en el número 38 de la avenida República Argentina, octava planta. Allí tiene a mano sus escritos.

que llamó Buenos Aires Center. Aquel local de alquiler lo usó también para impartir talleres y recitales y organizar exposiciones de arte. Él y Susana Jákfalvi, que se suma a la visita, posan para una foto rodeados de algunas piezas del mosaico de una vida consagrada a la creación y a la enseñanza: cuadros enmarcados o enrollados, libros, una vieja máquina de escribir, un retrato de Marilyn Monroe.

Fig. 1: Ángel Leiva y Susana Jákfalvi, en su estudio-almacén de la calle Niebla 37, en Sevilla.

NOTAS BIOGRÁFICAS:
ENTRE ARGENTINA, ESTADOS UNIDOS Y ESPAÑA

Conozco a Ángel Leiva, mi maestro literario de juventud, desde hace más de 30 años, cuando en 1989 vino al Instituto de Educación Secundaria Antonio Machado de Sevilla para impartir por las tardes, fuera del horario escolar, uno de sus "Talleres de Creación y Crítica Literaria". Lo había invitado su amiga Carmen Durán, profesora de Literatura en el centro, a quien conoció cuando vino por primera vez a España a principios de los años 70. En la antesala de la dictadura militar en Argentina, en 1975 Leiva se exilió en suelo español con su mujer y su hijo, Lautaro, y después a territorio estadounidense desde finales de esa década. Allí trabajaron unos 15 años como profesores en las prestigiosas universidades de Syracuse y Cornell (ambas en el Estado de Nueva York), en Hunter College (ciudad de Nueva York), Brown University (Rhode Island) y, la mayor parte del tiempo,

Northwestern University (Illinois). De modo que su vida se ha desarrollado en tres vértices geográficos: su patria natal, entre Simoca y Buenos Aires; España, entre Madrid, Cádiz y, sobre todo, Sevilla, donde se instaló definitivamente desde principios de los años 90, y Estados Unidos, con epicentros en Nueva York y Chicago.

Después de ser su alumno en los talleres literarios, primero en el mencionado Instituto Antonio Machado y luego en la Facultad de Comunicación de la Universidad de Sevilla, Ángel Leiva me acogió en su casa de Glencoe, cerca de Chicago, durante un mes en el verano de 1992, tiempo en el que viajamos juntos hasta San Luis, en el río Misisipí, en un coche alquilado que él conducía. Por tanto, ya lo había tratado a fondo en España y EEUU cuando en el verano de 2023, tras la visita a su archivo sevillano, conocí por fin la tercera raíz que me faltaba en el triángulo de su vida y su obra. En el marco de una estancia en Argentina con el proyecto de investigación *Trans.Arch*, viajé en junio, a solas, a su pueblo y a su casa natal en Simoca. Dos semanas más tarde, en julio, me encontré con el maestro en la cafetería London City de Buenos Aires, junto a la estatua de su querido Julio Cortázar, aprovechando que él había aterrizado en Argentina para visitar a amigos y parientes y revisar el estado de la casa familiar de Simoca donde había vivido su única hermana, Olga. Ella había muerto pocas semanas antes. En una mesa del café en la calle, y en la posterior cena con cocido español a la que nos invitó en su predilecto restaurante El Globo, acompañados por el periodista porteño Aníbal Mendoza, Leiva contó episodios de su formación laboral, intelectual y política en Argentina desde su nacimiento hasta su exilio en España en los 70.

LOS MANUSCRITOS

Volvamos al encuentro de la tarde del 8 de junio de 2023 en Sevilla. Después de recorrer su estudio-almacén y de que él exprese su temor a lo que ocurrirá el día en que el dueño del local le diga que tiene que marcharse, vamos a su piso, en el número 33 de la misma calle. Aquí concentra, aprovechando al máximo el espacio, el resto de su archivo. Es un apartamento de unos 75 metros cuadrados. El pequeño salón alberga el núcleo de su obra. En un ordenador sobre una mesa frente a la ventana que da a la calle, Susana teclea, edita, ordena y guarda los textos que de forma incansable escribe Ángel; ella abre el escritorio virtual y muestra las carpetas y archivos. Como el poeta escribe todo a mano y no usa el ordenador, la doctora Jákfalvi se ha convertido en la editora y representante de su compañero de vida. Ella es quien ha tratado con las editoriales Maclein y Parker de Sevilla y el ENTE de Tucumán las nuevas ediciones reunidas de sus más de veinte de libros, aparecidos en seis décadas distintas a partir del primero, *Del amor y la tierra*, en 1967. No hay ninguna edición crítica de sus textos.

Ángel Leiva tiene guardados y ordenados sus originales manuscritos y copias mecanografiadas. Libretas, cuadernos, carpetas y volúmenes encuadernados o anillados ocupan las estanterías situadas en la pared izquierda del salón, en perpendicular a la mesa donde su mujer los pasa a limpio en formato digital. En caso de emergencia, en estos estantes están los materiales que hay que salvar primero. El escritor revisa los cuadernos y legajos, los abre y enseña, deteniéndose para recitar algunos versos o párrafos con su característica voz, profunda y sensible, de cantor del campo americano. Se evidencia que tiene más obra inédita que publicada, y que sacarla a la luz llevaría años de trabajo editorial; a la vez, este tesoro oculto en el archivo doméstico del artista es una invitación a emprender en su territorio innumerables exploraciones filológicas. Por dar una idea de las páginas inéditas que hay aquí, contamos en una sola balda de un metro de largo más de 60 cuadernos de anillas. En la balda de abajo, hay más de 50 carpetas con escritos.

Fig. 2: Ángel Leiva revisa sus manuscritos en el salón de su piso de Sevilla, en la calle Niebla 33, 3º A.

Leiva va entresacando y nos enseña, como ejemplo, algunos textos a mano o a máquina: el poema *Tierrita*, con sus primeros versos ("No voy a darte un nombre en especial / algún lugar en donde esté la casa / como una tabla de salvación que espera"); los poemas de *El libro*, fechado a mano en su portada en 1992 en Glencoe, Illinois, con versos escritos de corrido y separados con barras ("La libertad / como un amor candente / se arranca de las manos"); las hojas a máquina con correcciones a mano del poemario *Donde el aire es más claro. Poemas 1980 – 1982*; una copia a máquina del poemario *Cenizas y señales*, fechado a mano en Cádiz en 1972, y con dedicatoria a su amigo el escritor y profesor de la Universidad de Sevilla Rafael de Cózar; la carpeta con la obra de 1973 *Memorias y celebraciones*, que pese a ganar ese año el primer premio del concurso Pablo Neruda en México sigue inédito, como anota a mano en la portada de la carpeta; el cuaderno de poemas *No es posible ser feliz todo el tiempo*.

En el apartado de su prosa narrativa, toda inédita, enseña un tomo mecanografiado y corregido a lápiz de la novela *Desde el Noroeste*, ambientada en Sevilla en la época de la Exposición Universal de 1992 y las celebraciones por el quinto centenario del descubrimiento de América; el manuscrito guardado en una funda de plástico transparente, con su firma en portada y la fecha 1970, de la novela *La tierra estaba seca*; otra copia, anillada, donde anotó su dirección de entonces en Buenos Aires, "Barrientos 1516 – 7° B"; una copia anillada de la novela *Hernán Cortés. El Señor de las Cartas*, que empieza: "Aquel sábado, la mañana de septiembre estuvo llena de pájaros y de un olor a yerbas aromáticas que el sonido del viento y de los trenes traía de allá lejos, mientras los recuerdos volvían a mezclarse maliciosamente".

Vemos los textos a máquina y a mano de una "Novela breve" titulada *La vida de Celso Monterroso en Yerba Buena*, cuyo protagonista, escrito también "Celso Matogrosso", "nunca había visto el mar"; una carpeta amarilla transparente con el relato *El maquinista*, que comienza contando "Me llamo Cosme Iriarte y es mi intención pasar en claro, y a modo de novela, el manuscrito de un cuaderno de memorias que encontré olvidado en la Biblioteca de la Constitución, mientras era un estudiante de Antropología"; el cuaderno anillado y mecanografiado, con tapa roja, de la novela *Del otro lado de la tierra*, cuyas primeras líneas dicen: "Hoy entré al Cementerio. Por fin pude vencer el miedo a las oscuras lechuzas que sobrevolaban todavía en El Jardín, donde la aurora de los benditos cielos se termina".

Una carpeta de cartón blanco contiene, como dice a mano el escritor en su portada, "Los relatos de Ángel Leiva", empezando por el primero, titulado *La obra según la pasión de Diego Hurtado, o Monólogo de un Soñador*, junto a otro encabezado con el título *El día en que Eleta soñó que estaba en Coclesito con Torrijos y fue cierto*. En fundas de plásticos de colores dentro de la carpeta principal de cartón blanco guarda otros "relatos", como, en una funda azul, el titulado *En el tren de las 8 y ½*. En un volumen anillado aparte tiene otra serie de relatos, *La memoria perdida*.

OTRAS COLECCIONES: DIBUJOS, GRABACIONES, FOTOS

Susana Jákfalvi destapa sobre la mesa del salón otra colección de obras de Ángel, dibujos de rostros y figuras de estilo informalista hechos con lápiz, carbón o bolígrafo en pequeños rectángulos irregulares de papel o posavasos. Los atesora en una caja de cartón blanco de zapatos de señora, marca Vita Unica, con la inscripción manuscrita "Dibujos", en rojo. Las ilustraciones llevan la firma artística de Leiva, "ÁL".

Luego el autor nos lleva a los dormitorios, donde guarda en cajas y armarios otras colecciones.

En lo alto de una estantería, aprisionada entre libros, hay una caja blanca con la anotación al dorso "Grabaciones en directo. Poesía, pintura, libros de AL – CD". En una estantería negra se apilan más películas en DVD y VHS que se sumarían a la colección principal que guarda en su estudio-almacén. En un altillo tiene más cuadros de su autoría, y, en su faceta de coleccionista de arte ajeno, otras obras que compró o que le regalaron sus amigos artistas.

Un valioso capítulo de su archivo lo guarda en dos cajas de zapatillas deportivas de la marca Nike, de color marrón y naranja y el lema comercial "*Just do it*": contienen varias decenas de casetes (la mayoría sueltas, otras en su funda) en cuyas etiquetas escribió con bolígrafo las grabaciones contenidas en ellas de sus entrevistas personales con grandes escritores, cineastas y artistas, principalmente, o algunos de los recitales y conferencias de estos. Un proyecto apasionante sería publicar estas grabaciones junto a su transcripción, aunque su dueño se muestra reticente a dar ya el material a la luz y, de momento, las mantiene a buen recaudo, sin reproducirlas. A falta de poder escucharlas, enseña una a una las cintas, que recogen las voces, en encuentros cara a cara, de Jorge Luis Borges (entrevista personal), Alejo Carpentier y Borges (en otra cinta fechada en 1980, aparentemente con intervenciones distintas en actos públicos), Julio Cortázar (hablando en inglés en una conferencia en abril de 1980 en el Barnard College de Nueva York), Ernesto Cardenal (fechada en Nueva York en abril de 1983), Ernesto Sabato y Francisco Ayala (en la misma cinta), Angela Davis, Noam Chomsky, Astor Piazzolla, el pintor español Miguel Pérez Aguilera (grabado en este barrio sevillano de Los Remedios), Manuel Puig y Guillermo Cabrera Infante (en la misma cinta) o James Baldwin. Una casete luce el rótulo "Instrucciones 5 Baltasar Gracián. Cortázar y Borges".

Fig. 3: Ángel Leiva enseña sus grabaciones a grandes escritores, que guarda en su vivienda de Sevilla.

Otras cintas conservan, según el testimonio de Ángel Leiva y las inscripciones en ellas, entrevistas del poeta con "Tuñón" (se entiende que es el historiador español Manuel Tuñón de Lara), el poeta Juan Gelman, el cineasta y escritor Leopoldo Torre Nilsson, o el poeta Rafael de Cózar, en una intervención en el Elms College de Massachusetts. Una cinta más, fechada en abril de 1979 en Boston, se refiere a entrevistas con el profesor Juan Marichal y, aparte, con el novelista Ramón J. Sender. De la entrevista que le hizo a Sender, Leiva conserva, en un cuaderno del salón de su piso, junto con sus propios manuscritos, la transcripción escrita a mano de la cinta. Durante unos minutos nos deja ver el texto, encabezado por la fecha y lugar del encuentro, Nueva York, mayo de 1979 (puede ser la entrevista que grabó en Boston el mes anterior, en abril, o su continuación); Sender empieza hablando sobre la importancia del Quijote de Cervantes, "una creación poética", para comprender la historia de España y el peso fundamental de la poesía en el destino de los pueblos.

Luego el poeta nos lleva a un dormitorio donde guarda otras colecciones metidas en un armario. En cajas de zapatos de cartón marrón, una de ellas de zapatos Clark, tiene fotos personales sueltas. Sus fotos en compañía de escritores admirados las protege en álbumes, ordenadas: los abre y muestra esos momentos en eventos literarios o en entrevistas periodísticas, con Borges, Vargas Llosa, Cortázar, Sabato, Rulfo, Onetti, Sender…

Fig. 4: Fotografía de Ángel Leiva con Jorge Luis Borges.

Fig. 5: Fotografía de Ángel Leiva con Jorge Luis Borges, Juan Rulfo, Juan Carlos Onetti y Mario Vargas Llosa, en el álbum que conserva en Sevilla.

Parte de esas fotos y las grabaciones mencionadas las hizo o las encargó como parte de otra de sus ocupaciones profesionales, la de periodista cultural y crítico literario y de arte, que ejerció esporádicamente, sobre todo en Buenos Aires y en Madrid en los años 70 y 80, para diarios y revistas como *El País*, *ABC*, *Informaciones de las Artes y las Letras*, *La Estafeta Literaria*, *Gaceta Ilustrada*, *Ínsula*, *Cuadernos para el Diálogo* o *El Correo de Andalucía*. En *El País* publicó, por ejemplo, una entrevista exclusiva con Federico Fellini, a quien accedió gracias a la mediación de su esposa la actriz Giulietta Masina. ¿Conserva Ángel los recortes de sus publicaciones periodísticas como reportero y crítico cultural? Dice que sí pero que tendría que buscar dónde está esa colección, porque no la tiene a mano. Podrían constituir un volumen independiente en la publicación de sus obras completas; en todo caso, pueden encontrarse, pacientemente, en la hemeroteca, y merecen una investigación por sí mismas.

Como autor de crítica literaria, la obra más difundida de Ángel Leiva es la edición e introducción, de 1987, de la clásica novela *El túnel*, de Ernesto Sabato, que publicó la editorial Cátedra de Madrid con el número 55 de la colección Letras Hispánicas. La profesora Susana Jákfalvi publicó en 1989 en esta misma colección de Cátedra, en su número 69, su edición de *Las armas secretas*, de Julio Cortázar.

En una hoja de un álbum guarda también algunas fotos de sus alumnos de los talleres de poesía que impartió en Sevilla como pionero de los cursos de Escritura Creativa, en institutos de Secundaria, en la Facultad de Comunicación y en la Facultad de Filología, como una en la que posa con un grupo de ellos en el parque de María Luisa durante el homenaje por el décimo aniversario de la muerte de Cortázar que celebraron en 1994 y que él promovió. Esos jóvenes, hoy periodistas, escritores o profesores, entre los que se encuentran este investigador, son un botón de muestra de los centenares de personas de todas las edades que han pasado por los talleres de Ángel Leiva en Argentina, Estados Unidos y, sobre todo, Sevilla, en España, para los que su influencia como maestro fue determinante.

Cursó estudios universitarios de Periodismo e Historia del Arte en Buenos Aires y luego de posgrado en Literatura y Lenguas Romances en Syracuse University, pero subraya que gran parte de su formación literaria se la forjó de forma autodidacta, leyendo y escuchando sin parar. Así aunó su faceta de cantor popular, recogiendo la tradición poética gaucha, ganadera y campesina de su pueblo tucumano, con la herencia de las vanguardias, que bebió de autores de Europa, América del Norte y del Sur, de Whitman a Borges, de Rimbaud a Breton o Pavese, de su amigo Blas de Otero a su amiga Alejandra Pizarnik, de quien cuenta que él fue uno de los autores que leyó en su funeral, tras suicidarse.

Ese inmenso archipiélago de escritores de todo el mundo que el maestro acumuló en su experiencia y en sus lecturas lo trasladó a los creadores noveles de sus talleres poéticos. De esta manera, se puede estudiar a Ángel Leiva a través de sus propios textos, pero también como agente cultural de un gran sistema de producción y difusión didáctica del conocimiento, como mediador influyente en la transmisión de autores y poéticas entre ambas orillas del Atlántico y diversas épocas y estilos. La biblioteca de su piso, sumados estos miles de ejemplares a los que guarda en el local-almacén, pueden analizarse como el vasto material de referencias que le sirvió a él para formarse y para formar a sus alumnos. Por eso su obra merece una valoración intrínseca y vale además para ilustrar como caso de estudio cómo funciona un ecosistema literario de influencias, como las que recibió y transmitió. De entre los libros que rebosan las paredes de habitaciones y pasillos, pueden formar una colección singular los ejemplares dedicados, como el *Con Borges* que Alberto Manguel le firmó durante su estancia en Sevilla.

Otra vía de investigación es la de su trayectoria como editor con su sello, Lautaro Editorial IBero-Americana, cuyas siglas son un acróstico de su apellido, pero con b, LEIBA. La editorial facilitaba el propósito de sus talleres de publicar una selección de los poemas de los participantes en forma de libro, como *Poetas del encuentro* (1993), *Nosotros* (1993) o *Nuevos poetas andaluces* (1999). Junto a estas antologías de autores en el inicio de sus carreras, el sello del Leiva editor ha publicado también libros propios, como *La alegría perdida* (1996); poemarios y narraciones de veteranos como José María Requena, Manuel Mantero o Rafael de Cózar; reediciones ilustradas de escritos antiguos sobre Sevilla, como *Semana Santa* de Roberto Arlt o *Los toros* de José Bergamín, y la revista de breve vida *El cultural sevillano* (1995).

Entre los reconocimientos y el olvido

Ángel Leiva se dio a conocer a finales de los años 60 y comienzo de los 70 con sus primeros libros, como los dos que sacó en la mítica editorial Losada de Buenos Aires. En un aparte, recuerda el día en que se atrevió a ir a la oficina del gallego Gonzalo Losada y presentarle su manuscrito de *Los cuerpos gloriosos*, que el veterano editor aprobó. Se consagró pronto gracias a premios como el de la Sociedad Argentina de Escritores o el César Vallejo de la Asociación de Escritores e Intelectuales del Perú. Ocupó el cargo de primer secretario de la Sociedad Argentina de Escritores y recibió el aval de Ernesto Sabato por su "extraordinaria poesía". Luego, en su exilio español desde 1975, lo arroparon destacados poetas y críticos, como Blas de Otero o José Luis Cano, quien facilitó que la pareja encontrara trabajo en EEUU. En su tierra natal lo han reconocido bautizando con su nombre el centro cultural de Simoca y publicando bajo los auspicios del gobierno de Tucumán parte de su obra completa. En Sevilla, su casa desde hace más de treinta años, le han dedicado exposiciones de sus obras literaria y pictórica en la Biblioteca Infanta Elena (la principal de la ciudad), la sede de Radio Televisión de Andalucía o el famoso bar cultural La Carbonería; la editorial Maclein y Parker y la Universidad Internacional de Andalucía le han editado antologías e instituciones como el Centro Andaluz de las Letras, del gobierno regional, o la Universidad de Sevilla lo han invitado a dar recitales. Pero él siente que sigue siendo casi desconocido, pese al volumen y calidad de su obra y a la impronta de su maestría en generaciones de poetas.

PARA CONCLUIR: PROPUESTA DE CLASIFICACIÓN Y CONSERVACIÓN

Es necesario preservar y difundir los materiales que guarda en su piso y en su estudio-almacén para mantener viva su obra. De esta primera incursión panorámica en su archivo personal de escritor y artista surge como conclusión que lo mejor para mantener la unidad y el sentido de estos papeles, imágenes y grabaciones es que una institución cultural, pública o privada, la asuma por compraventa o por donación y se encargue de cuidarla en un lugar accesible al público, como paso previo a una digitalización y puesta a disposición pública *online* de su contenido o lo más importante de él. La Universidad de Sevilla es un destino lógico, por cercanía. Teniendo en cuenta que Ángel Leiva es un escritor hispanoamericano especialista en el exilio y la migración, y Susana Jákfalvi experta en letras coloniales, un anfitrión idóneo de su fondo bibliográfico, donde sus miles de libros serían más útiles, es el Departamento de Literatura Española e Hispanoamericana de la Facultad de Filología, donde la pareja es bien conocida y querida.

Inventariar este legado por completo no está ahora al alcance de sus dueños ya octogenarios. Es una tarea difícil pero no imposible, para la que haría falta dedicar personal en exclusiva durante un tiempo. Un modelo para seguir lo constituye el Archivo IIAC, del Instituto de Investigaciones en Arte y Cultura Dr. Norberto Griffa de la Universidad Nacional de Tres de Febrero (Untref) de Buenos Aires, que reúne fondos de escritores. A la vista de nuestra revisión, proponemos organizar el fondo Leiva-Jákfalvi en este orden inicial:

Biblioteca de libros y revistas, clasificada por temas: literatura, arte, cine, música, filosofía...; un apartado lo forman los autores que el poeta ha usado para sus talleres.

Obra literaria de Ángel Leiva: textos manuscritos y copias mecanografiadas, con correcciones, clasificados en inéditos y publicados, y ejemplares de los libros editados.

Recortes de sus colaboraciones periodísticas.

Publicaciones del sello de Leiva, Lautaro Editorial.

Cartas, reseñas y entrevistas sobre su obra, y otros documentos de su carrera.

Grabaciones sonoras en casetes de escritores y artistas.

Fotografías familiares y con escritores y artistas.

Obra plástica de Ángel Leiva: sus cuadros y dibujos.

Obras de arte propiedad de Leiva como coleccionista de otros autores.

Obras académicas de Susana Jákfalvi.

Películas en DVD y VHS, del fondo de su antiguo videoclub de alquiler.

Discos compactos de música.

Otros objetos y recuerdos.

BIBLIOGRAFÍA

Los libros publicados de Ángel Leiva, todos de poesía, son:

Del amor y la tierra. Buenos Aires: Ediciones del Mediodía, 1967.

Los cuerpos gloriosos. Buenos Aires: Editorial Losada, 1970.

El pasajero de la locura. Buenos Aires: Editorial Losada, 1971.

Las edades y la muerte. Buenos Aires: Editorial Trilce, 1973.

Cenizas y señales. Buenos Aires: Editorial Trilce, 1973.

El fjuego de las vísperas. [Contiene *El fjuego de las vísperas. Agua inmóvil. Música en los aeropuertos*]. Buenos Aires: Calidón, 1982.

Versión del caos I. Buenos Aires: Arte - Gavagnin, 1984.

Versión del caos II. Buenos Aires: Cisandina, 1985.

Desarticulations / Desarticulaciones. Edición bilingüe. Rhode Island: Brown University, 1985.

Fiesta en Times Square I. Sevilla: Lautaro Editorial, 1986.

Desarticulations / Desarticulaciones. Edición bilingüe. Massachusetts: Lautaro Editorial Ibero-Americana, 1989.

Regreso al Sur. Antología poética. Sevilla: Colección Poemar, Lautaro Editorial Ibero-Americana, 1993.

La alegría perdida. [Contiene *En la ciudad de la alegría* y *Cansado*]. Sevilla: Lautaro Editorial, 1996.

Furia de la nostalgia. [Contiene *Cuando la memoria canta los testimonios del hereje. En la muerte del tiempo. Furia de la nostalgia*]. Sevilla: Lautaro Editorial, 2000.

Tierra querida. [Poemas con fotografías del poeta y su pueblo]. Simoca: Casa de la Cultura, Municipio de Simoca, Tucumán, Argentina, 2003.

Condenada memoria, habla. Buenos Aires: Lautaro Editorial, 2005

American Graffiti. Buenos Aires: Lautaro Editorial, 2005.

Celebración de la poesía. Antología poética desde 1967 a 2007. Sevilla: Universidad Internacional de Andalucía (UNIA), Sevilla, 2007.

Regreso al sur o Las voces del exilio. Antología. Tucumán: Ediciones del ENTE cultural de Tucumán, 2011.

De Cosmópolis al Sur o Al Sur de Cosmópolis. Sevilla: Lautaro Editorial, 2011.

El cantar del outsider. Sevilla: Lautaro Editorial, 2012.

Los ojos de la memoria. Sevilla: Lautaro Editorial, 2013.

Después de mucho tiempo. Sevilla: Lautaro Editorial, 2014.

The Sounds of the Language. Edición bilingüe. Austin, Texas: Black Buzzard Press, 2015.

La tierra habla. La pintura de los sonidos de la lengua. Sevilla: Editorial Galgolivo, 2015.

Del amor y la tierra. Selecta poesía (1967-1973). [Reedición corregida y aumentada de sus cinco primeros libros, más los poemarios inéditos *Cantares I. Del fuego y las cenizas, Cantares II. Del fuego y las cenizas*, y *Canto. El fin de los tiempos*. Prólogo de Rafael de Cózar]. Sevilla: Maclein y Parker, 2017.

La belleza del desierto. Sevilla: Pepepérez Editorial, 2017.

En un jardín de otoño. Salta: EDUNT, Editorial de la Universidad Nacional de Tucumán, 2018.

Del amor a la tierra. Obra abierta incompleta, II. [Versiones corregidas y aumentadas de los libros *Versión del caos I y II, Fiesta en Times Square I, El fjuego de las vísperas, La alegría perdida* y *Furia de la nostalgia*]. Tucumán: Ediciones del ENTE cultural de Tucumán, 2018.

Lista parcial de obras inéditas:

Poesía

El libro (1992).

Donde el aire es más claro. Poemas 1980 – 1982.

Memorias y celebraciones.

No es posible ser feliz todo el tiempo.

Novelas

Hernán Cortés: El Señor de las Cartas.

El poeta de los sueños.

El antillano.

El álbum de las fotos.

Desde el Noroeste.

La tierra estaba seca.

Del otro lado de la tierra.

Relatos

La vida de Celso Monterroso en Yerba Buena.

El maquinista.

La obra según la pasión de Diego Hurtado, o Monólogo de un Soñador.

El día en que Eleta soñó que estaba en Coclesito con Torrijos y fue cierto.

En el tren de las 8 y ½.

La memoria perdida.

"UMA HISTÓRIA É FEITA DE MUITAS HISTÓRIAS. E NEM TODAS POSSO CONTAR"
CLARICE LISPECTOR ATTRAVERSO GLI ARCHIVI

Luigia De Crescenzo

UNIVERSITÀ DEGLI STUDI ROMA TRE

ABSTRACT: Gli archivi di Clarice Lispector depositati, a partire dal 1977, presso l'Arquivo-Museu de Literatura Brasileira – Fundação Casa de Rui Barbosa e, successivamente, nel 2004, anche presso l'Instituto *Moreira Salles* di Rio de Janeiro e le varie risorse documentarie provenienti dagli archivi nazionali e dei vari media brasiliani costituiscono un prezioso scrigno di testimonianze sull'esperienza umana e sulla pratica artistica della scrittrice brasiliana. Manoscritti e dattiloscritti di opere, la corrispondenza scambiata con familiari e amici, i quaderni e le annotazioni sparse, i libri della sua biblioteca personale, le fotografie e le interviste televisive hanno contribuito – e contribuiscono – ad ampliare l'orizzonte critico e interpretativo di un processo creativo e di una scrittura che lega indissolubilmente vita e opera, facendo emergere il quotidiano della scrittrice impresso nei documenti e consentendo di delineare il suo profilo biografico e intellettuale. In tale prospettiva, configurando l'archivio come una sorta di dispositivo – nella definizione di Michel Foucault e Giorgio Agamben – il saggio intende esplorare alcune modalità di elaborazione, interpretazione e diffusione dei materiali documentari che hanno contribuito a produrre, e a riattualizzare costantemente, il sapere su Clarice Lispector e sulla sua pratica artistica.

> Clarice veio de um mistério, partiu para outro. Ficamos sem saber a essência do mistério. Ou o mistério não era essencial. Essencial era Clarice viajando nele.
> C. Drummond de Andrade, *Visão de Clarice*

I versi della poesia composta da Carlos Drummond de Andrade – e pubblicata su *Jornal do Brasil* all'indomani della morte di Clarice Lispector – richiamano un'immagine affascinante e, per certi versi, emblematica della scrittrice e del suo percorso artistico.

Un'immagine sfuggente, quasi nebulosa – si potrebbe dire –, una sorta di enigma che si è configurato come *leitmotiv* della critica, rappresentando, per studiosi e lettori, un'appassionante sfida interpretativa e contribuendo, per certi versi, anche alla costruzione del 'mito Clarice Lispector'. Pertanto, non sorprende che si sia rivelata essenziale, per lo studio delle sue opere, la consultazione di fonti archivistiche che hanno offerto, com'è facile intuire, nuove prospettive attraverso cui si è tentato di decifrare l'arcano significato della sua scrittura.

In questo senso, gli archivi personali di Clarice Lispector depositati, dapprima, nel 1978, presso l'*Arquivo-Museu de Literatura Brasileira – Fundação Casa de Rui Barbosa* e, successivamente, nel 2004, anche presso l'Instituto *Moreira Salles* di Rio de Janeiro e le varie risorse documentarie provenienti dagli archivi privati, nazionali e dei vari media brasiliani costituiscono un prezioso scrigno di testimonianze sull'esperienza umana e sulla pratica artistica dell'autrice di *A paixão segundo G. H.*

Manoscritti di opere, la corrispondenza scambiata con familiari e amici, i quaderni e le annotazioni sparse, i libri della sua biblioteca personale, le fotografie e le interviste televisive hanno contribuito – – e tuttora contribuiscono – ad ampliare l'orizzonte critico ed ermeneutico di un processo creativo che lega indissolubilmente vita e opera, facendo emergere il quotidiano della scrittrice impresso nei documenti e consentendo di delineare, sempre più nel dettaglio, il suo profilo biografico e intellettuale.

Il materiale archivistico ha permesso, insomma, di approfondire il sapere su Clarice Lispector e, al tempo stesso, dalla sua consultazione è scaturita una proliferazione di storie, o meglio, "una storia fatta di tante storie", infittendo così la trama di un racconto che ha per protagonista la stessa scrittrice e, contestualmente, anche i molteplici e possibili modi di leggere la sua opera.

Nel corso degli anni, infatti, gli archivi di Clarice Lispector non hanno solo raccolto informazioni e conservato la preziosa documentazione privata e artistica, ma hanno anche prodotto nuove forme di diffusione e rimediazione dei contenuti, funzionando come "processo o laboratorio capace di generare conoscenza" (Giannachi 2021, 15), coinvolgendo lo stesso studioso o il lettore, diventati a loro volta "creatori dell'archivio" (*Ibidem*).

Ed è proprio in questo senso che mi propongo di analizzare, nel presente contributo, l'utilizzo e la rielaborazione delle fonti e risorse archivistiche di e su Clarice Lispector, intendendo l'archivio come un dispositivo, secondo la definizione di Giorgio Agamben.

A partire dalle riflessioni di Michel Foucault (1994) – che per primo ha formulato il concetto filosofico di dispositivo per spiegare quella rete di elementi discorsivi e no che modellano e plasmano l'individuo e il suo agire in una società normativa e disciplinare – Agamben amplia la categoria dei dispositivi enfatizzandone il carattere pervasivo nella contemporaneità:

> chiamerò dispositivo letteralmente qualunque cosa abbia in qualche modo la capacità di catturare, orientare, determinare, intercettare, modellare, controllare e assicurare i gesti, le condotte, le opinioni e i discorsi degli esseri viventi. Non soltanto, quindi, le prigioni, i manicomi, il Panopticon, le scuole, le confessioni, le fabbriche, le discipline, le misure giuridiche ecc., la cui connessione col potere è in un certo senso evidente, ma anche la penna, la scrittura, la letteratura, la filosofia, l'agricoltura, la sigaretta, la navigazione, i computer, i telefoni cellulari e – perché no – il linguaggio stesso, che è forse il più antico dei dispositivi, in cui migliaia e migliaia di anni fa un primate – probabilmente senza rendersi conto delle conseguenze cui andava incontro – ebbe l'incoscienza di farsi catturare. [...] Chiamo soggetto ciò che risulta dalla relazione e, per così dire, dal corpo a corpo fra i viventi e i dispositivi. (Agamben 2006, 21-22)

Secondo questa concezione, i dispositivi producono una molteplicità di processi di soggettivazione che investono l'individuo, determinando una sorta di disseminazione di soggettività "che spinge all'estremo l'aspetto di mascherata che ha sempre accompagnato ogni identità personale" (Agamben 2006, 23). Raccogliendo e organizzando un certo sapere, l'archivio istituisce il proprio soggetto, che non rimane stabile nel tempo, ed è suscettibile di sempre nuovi apporti, nuove interpretazioni e nuove forme di trasmissione a partire dalle quali si elaborano svariate narrazioni e si generano, inoltre, identità in evoluzione nel tempo. In questo senso, si può affermare con Giannachi (2021, 130) che: "il dispositivo dell'archivio è il luogo dove le nostre storie devono essere continuamente riprodotte, poiché la loro 'vitalità', nonché il nostro 'essere vivi', dipendono dalla nostra capacità di riscriverci all'interno di esse".

Nel caso specifico, gli archivi di Clarice Lispector – organizzati postumi – hanno registrato le tracce della sua vita e testimoniato le evoluzioni della sua attività letteraria riattualizzando costantemente il proprio contenuto attraverso anche l'utilizzo di diversi mezzi e strategie di diffusione che moltiplicano i volti di Clarice Lispector e, nel contempo, le prospettive attraverso cui osservarli.

Era il febbraio del 1978 (Vasconcellos, Xavier 2012, 64), pochi mesi dopo la scomparsa della scrittrice, quando Paulo Gurgel Valente, suo figlio, depositò presso l'*Arquivo-Museu de Literatura Brasileira – Fundação Casa de Rui Barbosa*, a Rio de Janeiro, un primo lotto di materiale cui fu integrata una seconda donazione nel 1980, componendo così il primo archivio di Clarice Lispector messo a disposizione di studiosi, critici e lettori. Si tratta di una raccolta articolata in varie sezioni e che riunisce la corrispondenza personale e di terzi; documenti personali; produzione intellettuale; produzione giornalistica, ritagli di recensioni e testi critici sulle sue opere e anche oggetti come i quadri[1] dipinti da Lispector e una delle sue macchine da scrivere: una Olivetti lettera 22, inclusa nella sezione *Acervo Museológico* dell'istituzione carioca (cfr. *ibidem*, 62-65).

È interessante notare come la 'Clarice pittrice' abbia fornito interessanti spunti di riflessione sulla sua scrittura: una scrittura che tenta di dire l'essenza delle cose e dell'esistenza passando per il loro opposto e che erode, e corrode, il significato della parola fino a naufragare nel silenzio. Tale processo compositivo pare aver trovato ispirazione anche mediante la pittura[2], come sembrano suggerire queste osservazioni di Clarice Lispector a proposito di uno dei suoi quadri intitolato *Medo* (Vasconcellos, Xavier 2012, 14-15):

Pintei um quadro que uma amiga me aconselhou a não olhar porque me faria mal. Concordei. Porque neste quadro que se chama

---

[1] Si tratta di una collezione di sedici dipinti.
[2] A tale riguardo, per approfondire, si rimanda al volume *Clarice Lispector. Pinturas* di Carlos Mendes de Sousa (Rio de Janeiro: Rocco, 2013)

medo eu conseguira pôr pra fora de mim, quem sabe se magicamente, todo o medo- pânico de um ser no mundo.
É uma tela pintada de preto tendo mais ou menos ao centro uma mancha terrivelmente amarelo-escuro e no meio uma nervura vermelha, preta e de amarelo-ouro. Parece uma boca sem dentes tentando gritar e não conseguindo. Perto dessa massa amarela, em cima do preto, duas manchas totalmente brancas que são talvez a promessa de um alívio: Faz mal olhar este quadro. (Borelli 1981, 57)

Si tratta, pertanto, di risorse di fondamentale importanza e quasi imprescindibili nel caso di una scrittrice come Clarice Lispector, considerata ermetica e inaccessibile, e che durante una storica intervista del 1977, rilasciata al giornalista Júlio Lerner per la TV Cultura, alla domanda a proposito del metodo di scrittura e composizione delle sue opere: "Isso acontece ainda agora de você produzir alguma coisa e rasgar?" aveva risposto: "Eu deixo de lado? Não, eu rasgo sim". Tuttavia, le fonti archivistiche sembrano smentire e, in un certo senso, anche demistificare le parole di Lispector, poiché è proprio nell'archivio della *Fundação Casa de Rui Barbosa* che è possibile consultare alcuni dei manoscritti conservati dalla scrittrice, vale a dire: una versione embrionaria dell'opera *Água Viva*[3] – pubblicata nel 1973 –; il dattiloscritto del racconto *A bela e a fera*, composto prima del suo romanzo d'esordio, *Perto do coração selvagem* (1943), ed edito, soltanto postumo, nel 1979, nella raccolta omonima; e i manoscritti dei racconti *À procura de uma dignidade*, *Desespero e desenlace às três da tarde* e *Tentação* (cfr. Equipe IMS).
Inoltre, la documentazione depositata presso l'*Arquivo-Museu da Literatura* ha consentito di approfondire l'attività giornalistica di Clarice, rivelando anche delle 'identità' nascoste: per esempio, quella di Helen Palmer, pseudonimo con cui Clarice, tra il 1959 e il 1961,

---

[3] Come testimonia il frontespizio, prima di giungere al titolo definitivo, l'opera fu intitolata, inizialmente, *Monólogo com a vida*, successivamente *Objeto gritante*. Altri originali del romanzo *Água Viva* sono disponibili presso l'Instituto *Moreira Salles* di Rio de Janeiro; nello specifico i documenti "Atrás do pensamento: monólogo com a vida" e "Calo-me. Porque não sei qual é o meu segredo..."

firmava le rubriche del giornale *Correio da Manhã* destinate al pubblico femminile, e quella di *ghostwriter* dell'attrice Ilka Soares, pubblicando colonne dedicate alla moda sul tabloid *Diário da noite* (1960) (Vasconcellos 1993, 96). La ricostruzione di tali aspetti è stata possibile sulla base di documenti che attestano la collaborazione con giornali e riviste – come, per esempio, un piano di divulgazione pubblicitaria dei prodotti cosmetici della Pond's proprio attraverso le pagine femminili del *Correio da Manhã* (cfr. Nunes 2006, 205-213) – ma anche attraverso i ritagli dei testi raccolti dalla stessa Clarice; un sapere diventato, dunque, oggetto di una minuziosa ricerca attraverso una rete di archivi (quindi non solo quello di Clarice, ma anche quelli di periodici e di vari giornali con cui ha collaborato) che ha consentito di ricostruire la carriera giornalistica di Lispector a partire dagli esordi, delineandone un altro profilo. A partire dalla consultazione dell'*Arquivo Clarice Lispector* si è configurato, perciò, un altro oggetto di studio che ha generato, a sua volta, altre fonti di divulgazione, materializzando, nell'oggetto libro, il profilo della "Clarice giornalista"; mi riferisco in particolare al fondamentale studio di Aparecida Maria Nunes, *Clarice Lispector Jornalista. Páginas femininas & Outras Páginas* (2006) e il volume *Clarice na cabeceira: jornalismo* (2012) che raccoglie testi giornalistici e no, comparsi sulla stampa brasiliana dai primi anni '40 fino agli anni '70.

L'*Arquivo Clarice Lispector* disponibile presso la *Fundação Casa de Rui Barbosa* non ha solo prodotto conoscenza e ampliato notevolmente le linee di ricerca, ma ha inoltre contribuito a inscrivere Clarice Lispector nella tradizione letteraria brasiliana. In tal senso, appare infatti significativo che il primo archivio della scrittrice sia stato donato a un'istituzione quale l'*Arquivo-Museu da Literatura* fondata, soltanto pochi anni prima, nel 1972, proprio allo scopo di preservare la memoria letteraria e culturale del Brasile. La creazione di questo grande e importante archivio fu avvertita coma una vera e propria esigenza espressa principalmente dal poeta Carlos Drummond de Andrade che affermava, in una *crônica* del 1972, l'importanza di fondare un'istituzione che potesse accogliere non solo documenti legati all'attività letteraria, ma anche alla vita degli scrittori:

Velha fantasia deste colunista [...] é a criação de um museu de literatura. [...] Mas falta o órgão especializado, o museu vivo que preserve a tradição escrita brasileira, constante não só de papéis como de objetos relacionados com a criação e a vida dos escritores. É incalculável o que se perdeu, o que se perde por falta de tal órgão. Será que a ficção, a poesia e o ensaio de nossos escritores não merecem possuí-lo?

O museu de letras, que recolhesse espécimes mais significativas, prestaria um bom serviço (Andrade 1972).

L'appello del poeta non è caduto evidentemente nel vuoto e dopo la creazione dell'archivio-museo cominciarono le prime donazioni di collezionisti o anche, e soprattutto, degli eredi di scrittori e intellettuali, tra i quali, ovviamente, ci sono anche quelli di Clarice Lispector, le cui fonti archivistiche hanno contribuito ad arricchire un prezioso patrimonio culturale e letterario che custodisce manoscritti, oggetti e documenti personali delle figure più rappresentative delle lettere brasiliane. Per citarne solo alcuni: gli originali del romanzo *Til* (1872) di José de Alencar; *Os pássaros,* una poesia inedita di Machado de Assis, composta nel 1868; e l'archivio di Carlos Drummond de Andrade.

In questo senso, attraverso l'archivio si è configurata una costellazione letteraria e artistica che ha consacrato i nomi più importanti e ha illuminato – e continua a illuminare - il panorama culturale brasiliano, costituendo un repertorio di eccezionale ricchezza.

Non è chiaro se fosse intenzione di Clarice Lispector quella di donare, o comunque mettere a disposizione del pubblico, il suo archivio personale o se sia trattata esclusivamente di una decisione degli eredi dopo la sua morte, ma sta di fatto che, nel tempo, le risorse archivistiche dell'autrice di *A Hora da Estrela* sono considerevolmente aumentate, testimoniando forse una sorta di mutamento nella percezione di Clarice rispetto alla sua produzione letteraria e il suo ruolo di scrittrice; una volontà di auto-documentazione che sembra trovare conferma, peraltro, in quanto dichiarato durante un'intervista rilasciata nel 1976: "Agora eu aprendi a não rasgar nada. Minha empregada, por exemplo, tem ordem de deixar qualquer pedacinho de papel com alguma coisa escrita lá como está. […] Ai meu Deus, eu rasguei tanto". (Sant'Anna, Colasanti 2013, 216).

A partire dal 2004, infatti, è stata depositata presso l'Istituto *Moreira Salles* – prestigiosa istituzione culturale privata – una ricchissima collezione di libri su una varietà di argomenti: dai trucchi di magia, all'astronomia, alla matematica, alla filosofia, alla psicologia e, naturalmente, alla letteratura che rivelano non solo i gusti, ma anche le influenze letterarie; inoltre, compongono l'archivio anche fotografie, oggetti e documenti personali, la corrispondenza, altri dipinti realizzati dalla stessa Lispector, e gli originali di alcune opere. Di grande interesse sono, tra gli altri, i manoscritti delle sue ultime opere: il romanzo *A hora da estrela* (1977) e l'opera pubblicata postuma *Um sopro de vida* (1978). In particolare, vale la pena di soffermarsi brevemente su alcune caratteristiche del manoscritto di *A hora estrela,* pubblicato un mese prima della morte della scrittrice e considerato l'apice della traiettoria letteraria clariceana. In verità, non si tratta effettivamente di un manoscritto, bensì di annotazioni sparse su piccoli ritagli di carta, sul retro di buste o biglietti che testimoniano lo svolgersi di un gesto creativo attraverso una concatenazione di improvvise e luminose ispirazioni che coglievano l'autrice nella sua realtà quotidiana. Alla luce di ciò, la consultazione degli originali di *A hora da estrela* sembra confermare quanto affermato dalla scrittrice "Nunca fiquei em transe ao escrever: habituei-me a trabalhar com meus filhos brincando ao meu lado e me fazendo perguntas, eu respondendo, atendendo telefone, atendendo empregada. Lamento muito mas sou um pouco mais saudável do que inventam. Meu mistério é não ter mistério" (Lispector 1999, 199) e, al tempo stesso, offre un incontro quasi materiale e concreto con la scrittrice la cui presenza sembra impressa sulla carta; come nel caso di una traccia di rossetto lasciata, forse non proprio involontariamente, su una delle pagine.[4] Una sorta di fascinazione che trasforma l'esperienza di consultazione dell'archivio in una forma di narrazione: un'esperienza che è stata,

---

[4] È possibile consultare la versione digitale del manoscritto sul sito dell'Instituto *Moreira Salles* dedicato a Clarice Lispector: https://site.claricelispector.ims.com.br/acervo/notas-de-a-hora-da-estrela/ [Accesso: 26 aprile 2024]

difatti, oggetto di numerosi racconti da parte di coloro che hanno, per vari motivi, vissuto questo contatto con ciò che è appartenuto a Clarice, provando le emozioni (o diciamo anche le suggestioni) di un vero e proprio appuntamento con l'autrice di *A maçã no escuro*; come narra la scrittrice Paloma Vidal nella prefazione all'edizione commemorativa di *A hora da estrela*,[5] pubblicata nel 2017: "Vejo a fascinação que exerce o registro de uma escrita que vem de repente e não pode ser contida. O registro de um instante. Do instante em que algo se cria. Além, também, do testemunho de um método, que só mais tarde, […] será possível enxergar" (Vidal 2017, 18).

L'Istituto *Moreira Salles* ha valorizzato notevolmente il patrimonio archivistico di Clarice Lispector anche attraverso la sua digitalizzazione e la divulgazione su piattaforme online: in occasione del centenario della nascita di Lispector, il sito, che già accoglieva testi di studiosi, critici e riflessioni di vario tipo sull'opera della scrittrice, è stato ampliato con la creazione di sezioni che raccolgono foto, audio, video, digitalizzazioni di manoscritti, quaderni e lettere inedite. Inoltre, nel 2022, è stata organizzata la mostra *Constelação Clarice*, che ha messo in relazione la scrittura clariceana con la produzione delle artiste a lei coeve come, per citarne solo alcune: Lygia Clark, Hilda Hilst, Letícia Parente, Mira Schendel.

Inoltre, la consultazione delle fonti archivistiche è stata, naturalmente, di particolare importanza per la pubblicazione delle principali biografie di Clarice Lispector, tra cui il recente volume *À procura da própria coisa* (2021) di Teresa Montero, già autrice di uno dei primi testi biografici su Clarice Lispector: *Eu sou uma pergunta* (1999). Una biografia aggiornata, che è stato possibile pubblicare, come dichiara la stessa autrice, soltanto "porque existem arquivos públicos" (Montero 2021, 23) e che attraverso un'attenta ricerca condotta in numerosi archivi ha dato maggiore enfasi al profilo impegnato della letteratura di Clarice Lispector, per anni occultato dall'etichetta di scrittrice alienata e ripiegata su se stessa. In questa nuova edizione della biografia sono riportate, infatti, le trascrizioni di alcuni documenti, depositati, nella fase di ritorno alla democrazia dopo la dittatura militare, presso

---

[5] Il volume include le riproduzioni del manoscritto.

l'*Arquivo Público do Estado do Rio de Janeiro*, e che testimoniano i sospetti e le indagini di cui Clarice fu oggetto. La prima schedatura è datata 1950, quando Clarice Lispector fu indagata dalla *Delegacia Especial de Segurança Política e Social*, probabilmente, per presunti legami con gli ambienti di sinistra e con l'ideologia comunista. In effetti all'epoca, l'attività letteraria di Clarice non manifestava alcun coinvolgimento politico, tuttavia, la biografa ipotizza che la nazionalità russa (nei documenti non si fa riferimento al fatto che Clarice fosse naturalizzata brasiliana dal 1943), la rete di contattati e le amicizie con alcuni intellettuali di sinistra e, inoltre, con la comunità ebraica carioca (sospettata, a sua volta, di avere legami con il Partido Comunista Brasileiro) destarono, durante il governo di Eurico Gaspar Dutra – caratterizzato da una politica estera interamente allineata agli interessi degli Stati Uniti – i sospetti della polizia politica. Successivamente, fu oggetto di indagini da parte del *Serviço Nacional de Informações* (SNI), principale servizio di intelligence del regime militare, che aprì, il 6 giugno del 1973, un fascicolo sulla scrittrice per la sua partecipazione a eventi considerati sovversivi durante la dittatura. In questo caso, l'impegno di Clarice si fece sempre più evidente sia nella scrittura, in particolare nell'ambito della sua attività giornalistica, sia, per l'appunto, tramite la partecipazione di Clarice a effettive manifestazioni di protesta, come l'incontro di un gruppo di trecento intellettuali e artisti con il governatore dello Stato di Guanabara, Francisco Negrão de Lima, e la *Passeata dos Cem Mil*, svoltasi a Rio de Janeiro il 26 giugno del 1968.

Inoltre, seguendo alcune piste Teresa Montero è riuscita a portare alla luce anche un altro prezioso reperto dall'*Arquivo Nacional*: il filmato di un'intervista rilasciata da Clarice al giornalista Araken Távora per il programma *Os Mágicos* della TVE nel 1976[6] e che è stata incluso nel documentario *A descoberta do mundo* (2022) di Taciana Oliveira.

---

[6] Fino a questo importante ritrovamento di Teresa Montero si riteneva che l'unica intervista televisiva di Clarice Lispector fosse quella rilasciata a Júlio Lerner per la TV Cultura nel febbraio del 1977.

In alcuni casi sono stati gli stessi lettori che da utenti si sono trasformati in creatori di archivi. Tuttavia, tale disseminazione di documenti attraverso i vari dispositivi-archivi espone al rischio di una frammentazione e dissoluzione dei contenuti tramite un costante processo di risignificazione, poiché all'amplificazione della presenza dell'autrice e delle sue molteplici soggettività corrisponde, talvolta, un impoverimento della lettura delle sue opere oppure un'interpretazione della sua produzione letteraria eccessivamente legata alla matrice biografica. La popolarità di Clarice non sempre giova, infatti, alla ricezione e alla comprensione delle sue opere dalle quali si estraggono e decontestualizzano poche frasi che diventano 'virali', soprattutto sui social network. Questo fenomeno, potenziato, negli ultimi anni, dalla coincidenza tra pandemia e centenario della nascita della scrittrice, ha portato, sicuramente, alla realizzazione di iniziative virtuose come webinar, convegni e podcast che hanno consentito di raggiungere anche un pubblico distante dal Brasile. Tra queste vale la pena di ricordare il progetto della biblioteca sonora *Clarice 100 ears* realizzata da Brazil LAB: ovvero, un'iniziativa interdisciplinare dell'Università di Princeton che ha riunito studiosi, studenti, artisti, cantanti e attori di varie nazionalità nella registrazione di bellissime letture dei testi clariceani, costruendo un vasto archivio multilingue attraverso cui è possibile ascoltare il 'suono' della scrittura di Clarice Lispector non solo in portoghese, ma anche in inglese, francese, spagnolo, tedesco e in ucraino – lingua legata alle origini della scrittrice. Tuttavia, la popolarizzazione della figura e dell'opera di Clarice Lispector ha anche intensificato la produzione di contenuti non autentici come frasi erroneamente a lei attribuite, oppure la diffusione di hashtag sui social che raggruppano i più disparati contenuti, e persino di scherzosi e ironici meme.

Concludendo, l'organizzazione degli archivi personali, ma anche la produzione, accumulazione e rimediazione di un nuovo sapere ha rappresentato, e rappresenta, una sorta di spiraglio attraverso cui osservare la complessa figura della grande scrittrice brasiliana, tuttavia, l'intricato 'enigma Clarice' persiste negli angoli bui e nelle zone opache della sua biografia e del suo processo creativo, occultandosi allo sguardo dello studioso e del lettore che non può, e forse non deve, penetrare, accontentandosi di "fotografar essa mulher, guardá-la, e depois tentar dizê-la, sabendo que entre as palavras e ela haverá um desencontro" (Vidal 2017, 18).

BIBLIOGRAFIA

Andrade, Carlos Drummond de. "Museu: fantasia?" *Jornal do Brasil*, Rio de Janeiro (11 de julho)1972.

Agamben, Giorgio. *Che cos'è un dispositivo?* Roma: nottetempo, 2006.

Borelli, Olga. *Clarice Lispector. Esboço para um possível retrato*. Rio de Janeiro: Nova Fronteira, 1981.

Equipe IMS, *Os manuscritos de Clarice Lispector: alquimia da escrita*. Blog do Instituto *Moreira Salles*, (24 agosto) 2011. (https://blogdoims.com.br/os-manuscritos-de-clarice-lispector-alquimia-da-escrita-por-fabio-frohwein/?highlight=clarice%20) (Ultima consultazione: aprile 2024).

Foucault, Michel. "*Le jeu de Michel Foucault*" (1977), in Foucault M., *Dits et écrits* (1976-1979) [a cura di Defert D., Ewald F., Lagrange J.], vol. III, Paris: Gallimard, 1994: 298-329.

Giannachi, Gabriella. *Archiviare tutto. Una mappatura del quotidiano*. Roma: Treccani, 2021.

Lispector, Clarice. *De corpo inteiro* (a cura di Marlene Gomes Mendes). Rio de Janeiro: Rocco, 1999.

Lispector, Clarice. *Clarice na cabeceira: jornalismo* (a cura di Aparecida Maria Nunes). Rio de Janeiro: Rocco, 2012.

Montero, Teresa. *À procura da própria coisa: uma biografia de Clarice Lispector*. Rio de Janeiro: Rocco, 2021.

Nunes, Aparecida Maria. *Clarice Lispector Jornalista: Páginas femininas & Outras Páginas*. São Paulo: Senac, 2006.

Sant'Anna, Affonso Romano de, Colasanti, Marina. *Com Clarice*. São Paulo: Unesp, 2016.

Vasconcellos, Eliane. "O arquivo de Clarice Lispector". *Letras de Hoje* 28.1 (março) 1993. 87-97.

Vasconcellos, Eliane, Xavier, Laura Regina (a cura di). *Guia do acervo do Arquivo-Museu de Literatura Brasileira*, Rio de Janeiro: Fundação Casa de Rui Barbosa, 2012.

Vidal, P. (2017). "E agora – uma crônica do encontro com os manuscritos de *A Hora da Estrela*", in Clarice Lispector, *A hora da estrela*, Rio de Janeiro: Rocco, 2017.

VOZ PÚBLICA
UN (AN)ARCHIVO SONORO DE LA VIOLENCIA

Angela Di Matteo
UNIVERSITÀ DEGLI STUDI ROMA TRE

ABSTRACT: *Voz Pública,* de la mexicana Dora Bartilotti, es un proyecto que busca amplificar las denuncias de víctimas de violencia de género. Se compone de una plataforma interactiva que, al reunir experiencias directas de personas acosadas, constituye un repositorio de las violencias que los usuarios siguen juntando. Gracias a un sistema de computación embebido que contiene la base de relatos, los testimonios pasan del espacio virtual al espacio material, tomando literalmente voz en un arreglo de microbocinas e hilos conductivos entretejidos en textiles electrónicos portátiles. Contraponiéndose a la violencia del poder arcóntico del archivo (Derrida, 1995), las prendas parlantes reubican las voces subterráneas en el ágora público y transforman a las víctimas silenciadas en seres resonantes. En el marco del *material turn,* el dispositivo electrónico de vocalización de textos convierte lo digital en una documentalidad (Ferraris, 2009) escuchable y, a la vez, en una fisicidad (Dolar, 2006) cuya interfaz sonora es dotada de una agencia capaz de producir una acción política colectiva. De esta forma, los testimonios textuales y sonoros se configuran como un anarchivo (Tello, 2018) de rebelión digital, un espacio tecnopolítico (Rodotà, 1997) que, a través del uso estratégico de la plataforma online, irrumpe en la sonosfera de la vida social offline.

Voz Pública, de la mexicana Dora Bartilotti, es un proyecto nacido en 2018 y que hasta 2022 ha viajado por distintos estados de la República mexicana y hasta Medellín (Colombia), y cuyo objetivo es amplificar las denuncias de víctimas de violencia de género. Según se lee en la página web de su autora-diseñadora, la intención del proyecto "es ser un mecanismo portavoz de aquellas voces que han permanecido neutralizadas a consecuencia de una sociedad que aún discrimina a la mujer y que invisibiliza las violencias que la atraviesan, en una denuncia y demanda colectiva por recuperar nuestro derecho a la ciudad" (Bartilotti). De acuerdo con la definición de Foucault acerca de lo qué es un dispositivo, es decir, "una suerte […] de formación que, en un momento dado, ha tenido por función mayoritaria responder a una urgencia" (Agamben 2011, 250), podríamos afirmar que *Voz Pública* por cierto merece ser registrado bajo este término por su capacidad de intervenir frente a la urgencia de la violencia sexista que sigue aumentando en todas las latitudes y en todos los ámbitos.

El dispositivo se compone de tres partes que constituyen las tres fases de la obra. La primera es una plataforma interactiva (fig. 1) que reúne experiencias directas de personas acosadas y conforma un repositorio online que los usuarios van alimentando día a día.

Una vez viajaba en metro, el cual iba super lento y lleno. Solo pensaba en llegar a división del norte, en donde mi novio, de ese entonces, me esperaba para caminar a la escuela. De la nada sentí algo duro que se pegaba a mi pierna, pero pensé que era una bolsa u otra cosa. Volví a sentirlo más fuerte, y cuando volteo veo a un señor masturbándose junto a mí. Tanta gente y nadie vio ni hizo nada. Tardé en asimilar lo que pasaba, el sujeto se dio cuenta y salió corriendo. No tuve tiempo de pedir ayuda, el metro cerró sus puertas y avanzó. El sujeto desaparecido entre las demás personas. Cuando llegué con mi novio solo pude abrazarlo y llorar, evidentemente no tenía cabeza para la escuela. Tenía 16 años.

Hace casi cuatro años me violó un tipo que fue mi amigo durante mucho tiempo. No estaba segura de querer salir con él nuevamente, sin embargo, accedí a verlo varias veces. Una de ellas tomé de más y le hablé para que me ayudara. Me llevó a un hotel, en seguida me quedé dormida y cuando reaccioné él me estaba penetrando. Al otro día me levanté como si nada. Hasta después asimilé lo que había pasado y le pedí que no me volviera a buscar. Esta es la primera vez que escribo lo que sucedió...

Abandoné la universidad porque mi ex novio me acosaba y violentaba en las aulas y pasillos de la FAD-UNAM. Cuando había reuniones de amigos en común el me gritaba ¡PUTA! si me veía platicando con algún hombre. En diversas ocasiones intenté no prestarles atención a sus gritos, pero llegó a aventarme bebidas en

la cara, me imagino que por la impotencia de sentir que sus palabras no me afectaban. Le tenía mucho miedo.[1]

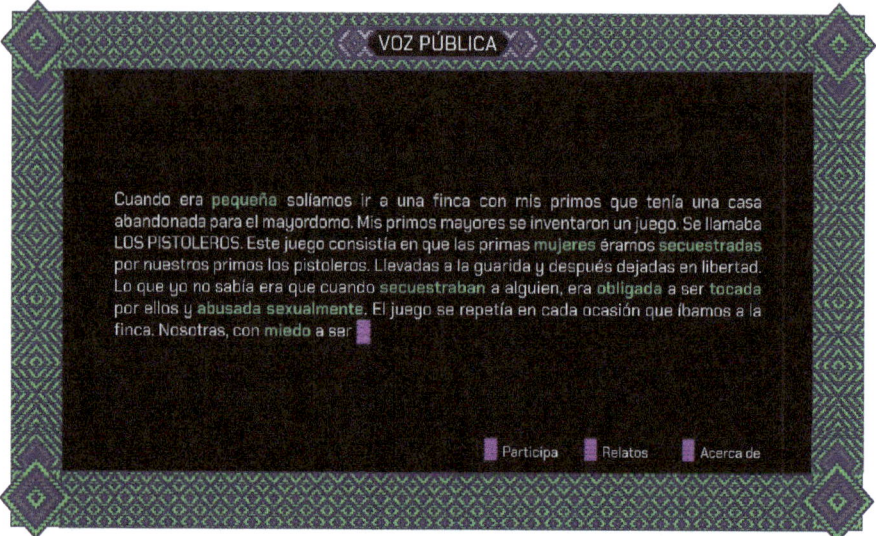

Fig. 1. Cortesía de Dora Bartilotti.

La segunda parte se compone de una serie de tejidos electrónicos
(fig. 2) que reproducen, gracias a un sintetizador de voz, los textos
de la plataforma. Mediante el uso de un sistema de computación
embebido que contiene la base de relatos (fig. 3), los testimonios
pasan del espacio digital al espacio material tomando literalmente
voz en un arreglo de microbocinas e hilos conductivos entretejidos
en textiles electrónicos portátiles (fig. 4). Estos dispositivos sonoros,
que al igual que la plataforma digital evocan la tradición textil latinoamericana, son activados en espacios públicos de las metrópolis,
especialmente en lugares como plazas, calles, parques y transportes
públicos donde, junto con el espacio doméstico, se registra el mayor
índice de violencia de género. *Voz Pública*, escribe Bartilotti, "busca
hilar voces para sumergirnos en las tramas de sus narrativas, propiciar puntos de encuentro para en conjunto bordar resistencias

---

[1] Véase: https://www.vozpublica.cc/relatos.php

colectivas, y de esta manera, tramar acciones en la urdimbre de lo público que amplifiquen la protesta a través de nuestros cuerpos portavoces" (Bartilotti).

La tercera parte del proyecto se articula a través de una serie de encuentros llamados *La Rebelión Textil: Laboratorios de textiles electrónicos y activismo feminista*. Estos talleres pretenden ofrecer una reflexión sobre el cuidado de los cuerpos y su tránsito por la escena urbana, así como de producción de nuevos tejidos electrónicos que sepan hacerse voceros de las experiencias de las integrantes de cada grupo.

En la página web de *Voz Pública* en muy pocos casos el usuario decide firmarse con su nombre y apellido. El anonimato, que desde cierto punto de vista afecta la definición misma de archivo, encuentra su justificación en el miedo por declarar públicamente la propia identidad y la identidad del agresor.

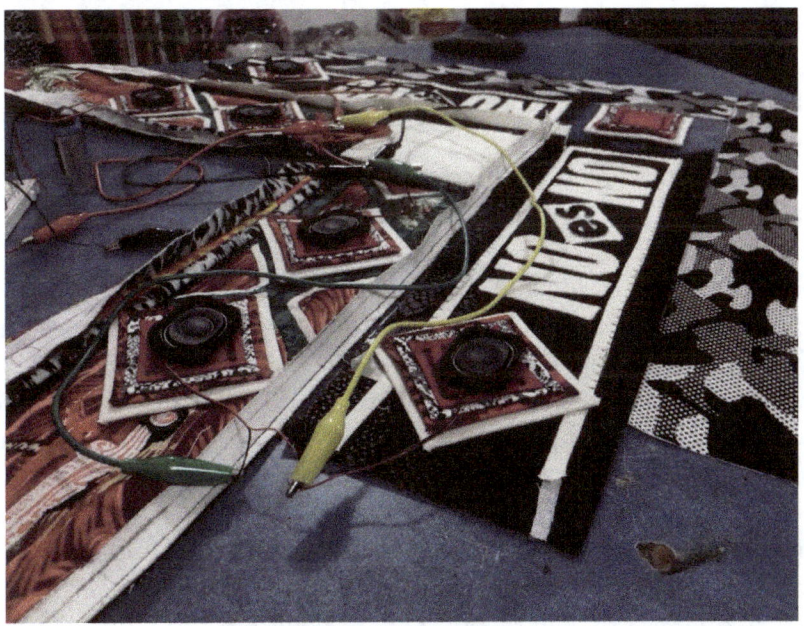

Fig. 2. Cortesía de Dora Bartilotti.

Paradójicamente, el anonimato de los testimonios es justamente lo que permite la existencia misma de este archivo que, en el momento en el que expone a los testigos, los protege de cualquier forma de venganza. Por esta razón, es mi opinión que el anonimato de la plataforma no saca autenticidad a la verdad de archivo. Si pensamos que en México el 98% de los feminicidios, delitos con evidencias y cadáveres, queda impune, resultará fácil entender que la violencia sin cadáver es todavía más ignorada por las instituciones. Las únicas mujeres que se pueden llamar por nombre son las mujeres asesinadas: las mujeres víctimas de acoso necesariamente tienen que renunciar a su identidad para no terminar en el grupo de las muertas. Como ha escrito la artista feminista Lorena Wolffer, a propósito de su labor periodística con las mujeres sobrevivientes de la violencia de género en México, "el único acto importante y verdaderamente reparador era que ellas contaran sus historias con sus propias palabras y en los términos que eligieran, que narraran lo que vivieron y cómo fue lo que vivieron" (Lorena Wolffer 2021, 134). Se entiende, entonces, que si el miedo imposibilita la totalidad de la información tanto acerca de las víctimas como de los acosadores, para los usuarios de *Voz Pública* renunciar a su nombre coincide con un apoderamiento del acto de habla: el ocultamiento permite el testimonio y facilita la circulación de la experiencia contada en primera persona.

Tal como resulta del análisis de Manuel Castells, "desde el punto de vista de los individuos, los movimientos sociales son movimientos emocionales" (Castells 2012, 30) puesto que lo que estimula en primera instancia la insurgencia no es la estrategia política (que llega en un segundo momento) sino la implicación emotiva de los sujetos que, de acuerdo con la teoría de la inteligencia afectiva, se movilizan cuando les mueve una emoción negativa (el miedo) o una emoción positiva (el entusiasmo). Para alcanzar la emoción positiva es necesario superar la ansiedad, es decir, aquel estado emocional que se activa en respuesta a un peligro externo que el sujeto no puede controlar. Justamente por esta razón, Dora Bartilotti opta por un archivo basado en el anonimato: ella crea un espacio seguro, libre de cualquier forma de inquietud y amenaza, para que quien escribe pueda hacerlo sin miedo.

Fig. 3. Cortesía de Dora Bartilotti.

Fig. 4. Cortesía de Dora Bartilotti.

ANARCHIVAR LA VIOLENCIA

Voz Pública representa un dispositivo artístico de denuncia que se coloca dentro del amplio frente del artivismo, es decir, de todas aquellas propuestas artísticas portadoras de una precisa demanda política que lleva a la luz problemáticas sociales por medio de acciones colectivas. El artivismo, asevera Vincenzo Trione, hace visible "el rostro más opaco de nuestro presente", "los infernos de nuestro siglo" (Trione 2022, 27)[2] llevando a la escena pública "una verdad que reclama ser contada", "el no-dicho de nuestro ahora" (Trione 2022, 28).[3] La vocación política del artivismo no reside tanto en su realización formal sino, más bien, en su acción transformadora dentro de la realidad social. Lejos de cierto formalismo aún vigente en la contemporaneidad del "arte por el arte", el artivismo es, de hecho, "el arte por el bien", donde el arte siempre se construye desde espacios no institucionales y el bien siempre es colectivo. Por lo tanto, se trata de formas artísticas de intervención pública que no encuentran lugar en los territorios socio-normativos y que, por lo contrario, irrumpen en la escena global a partir de sujetos periféricos, minoritarios, silenciados, marginalizados. En este sentido, procediendo de un espacio digital alternativo a los espacios *mainstream* de mayor visibilidad, *Voz Pública* recoge testimonios que nunca encontraron pública escucha para re-situarlos en los lugares más transitados de los centros urbanos. De este modo, la plaza y la calle funcionan tanto como lugares significantes (que reciben el sentido de la performance), que como lugares de plusvalor, es decir, de un valor añadido que amplifica el poder comunicativo de la obra. La calle no solo permite alcanzar un número más amplio de oyentes sino es, en muchos casos, el espacio privilegiado en el que se producen las violencias relatadas. Reubicar el relato de las violencias en el lugar en que estas ocurrieron permite a la víctima re-adueñarse del espacio público y también rehabilitarla del miedo a volver a ocupar dichos espacios (fig. 5). Con su performatividad situada, *Voz Pública* responde a una necesidad social: volver

---

[2] La traducción es mía.
[3] La traducción es mía.

escuchables las voces de las víctimas de violencia de género a través de una práctica artística pensada para romper los automatismos de un sistema cultural forjado en los dogmas hetero-patriarcales. "El derecho a manifestarse – escribe Donatella Di Cesare en su estudio sobre la revuelta – "ya no es obvio [...]. De allí el recurso a gestos creativos, formas inéditas y la capacidad de reinterpretar incluso las medidas de seguridad (Di Cesare 2012, 13). Aplicando las palabras de la filósofa italiana a la obra de Bartilotti, no será difícil leer su disidencia audio-textil como una "forma inédita" de manifestación del disenso.

Fig. 5. Cortesía de Elizabet Bj.

Si es cierto que, a la luz del giro archivístico que la digitalización de nuestra época facilita, todo puede ser documentado (Ferraris 2018), en realidad el procedimiento de documentación, por no ser una acción natural sino el producto de una voluntad humana, responde necesariamente a procesos de organización, catalogación y jerarquización de la materia documentable que establecen qué incluir y qué excluir de la construcción del archivo. En palabras de Derrida, "al ser siempre finito y, por consiguiente, selectivo, interpretativo, filtrador y filtrado, censor y represivo, el archivo representa siempre un lugar y una instancia de poder" (Derrida 2003, 61). Dentro del dispositivo archivístico, las "máquinas sociales" (Deleuze-Guattari 1998) imponen un esquema que inevitablemente refleja el mismo esquema que organiza, cataloga y jerarquiza el sistema social. De hecho, tal como explica Foucault, "el archivo es en primer lugar la ley de lo que puede ser dicho, el sistema que rige la aparición de los enunciados como acontecimientos singulares" (Foucault 2008, 170). El archivo es, por lo tanto, una ley – o un sistema de leyes – que determina la visibilidad de algunos hechos y la invisibilización de otros, donde por hechos se entienden, antes que nada, los cuerpos, las voces y las vidas de los individuos. El *poder arcóntico* del archivo, como lo denomina Derrida, es justamente expresión de una autoridad hegemónica que establece y legitima los procesos de admisión o prohibición al archivo, la única que pueda garantizar una existencia vital o la *damnatio memoriae*.

Si la biopolítica de Foucault expresa el poder sobre las vidas y la necropolítica de Mbembe el poder sobre la muerte, podríamos pensar en una *archivopolítica* como el sistema de poder que administra las memorias, las huellas, la permanencia y la documentabilidad de lo que se clasifique apto para la posteridad. Por esta razón, el archivo resulta profundamente implicado con la aparición o el ocultamiento de ciertos cuerpos – y de sus relativas instancias sociales – en la mirada pública del estado. Según las palabras de Andrés Maximiliano Tello,

> las relaciones de poder atraviesan tanto los cuerpos como los *corpus*, pues bajo el despliegue de las disciplinas no hay ningún cuerpo que no sea catalogado en un *corpus* mediante alguna tecnología de archivación. En rigor, los *corpus* van formándose con los registros que evalúan los desempeños individuales en miras a la obtención de conductas deseadas o para juzgar de un estado decretado como normal (Tello 2018, 223).

Puesto que "no hay relación de poder que no penetre simultáneamente *cuerpos individuales* y *corpus documentales*" (Tello 2018, 219), son las relaciones de fuerza que, a raíz de su vigilancia y normalización, determinan la creación y los contenidos de los dispositivos de documentación. Lo que vive en el archivo tiene que ser, necesariamente, una repetición lo que se quiere que viva en los escenarios del sistema normativo. Los cuerpos visibles, es decir, los cuerpos dotados de una vida pública y "llorable" (Butler 2020), cuentan con su correspondiente duplicación en el espacio documental. En cambio, los cuerpos despojados de un régimen de visibilidad no gozan del derecho de archivación: son *cuerpos inarchivables*, cuya memoria se ha clasificado como no digna de aparecer. Así como "una vida concreta no puede aprehenderse como dañada o perdida si antes no es aprehendida como viva" (Butler 2020, 13), del mismo modo una vida concreta no puede ser narrada si antes su voz no se considera merecedora de ser escuchada.

Frente a estas dinámicas de exclusión, *Voz Pública* se ofrece como un dispositivo de "anarchivismo" (Tello 2018), donde la "individualización de los cuerpos se consigue principalmente mediante la conformación de *corpus* documentales producidos por saberes formados a partir de distintos diagramas de relaciones de fuerzas" (Tello 2018, 224). Dando cuerpo a las voces indóciles que no se ajustan a la hegemónica organización de las voces autorizadas, tanto la plataforma digital que recoge los testimonios como las prendas que difunden su voz desobedecen las leyes del monopolio de las huellas. "El anarchivismo", escribe Tello en la que podríamos tomar como su emblemática definición, "es la pesadilla del orden actual […], el anarchivismo es la pesadilla de todo orden social que se pretenda vigente, en una época y en un lugar determinado" (Tello 2018, 7-8). Contraponiéndose a la violencia del *poder arcóntico*, Dora Bartilotti construye un espacio "anarchivístico" que promete una posibilidad de aparición donde *corpus* y cuerpo se vuelven materia presente.

Por lo tanto, el anarchivismo no solo perturba el sueño de quienes ocupan posiciones jerárquicas y acomodadas en un momento histórico concreto, sino que altera los principios de legitimidad resguardados y dispuestos socialmente por clasificaciones institucionales y mediante tecnologías de registro cotidianas de los cuerpos, sus rutinas y sus afectos (Tello 2018, 8).

Al reunir y al exponer los testimonios de una violencia sistémica que el sistema mismo sigue ignorando, y en muchos casos alimentando, *Voz Pública* no apunta a constituirse como un anti-archivo – que terminaría reproduciendo dinámicas análogas fuera del circuito normativo – sino busca subvertir el control social del archivo institucional, tanto en términos documentales como corporales.

El archivo rebelde, o *anarchivo*, de *Voz Pública* confirma lo que dice Maurizio Ferraris cuando escribe que gracias a la web se realizaría el sueño de Paul Otlet y Henri-Marie La Fontaine quienes, ya a comienzo del siglo XX, imaginaban la posibilidad de documentar todo el saber mundial "para favorecer el conocimiento entre los pueblos y propiciar la paz universal" (Ferraris 2018, 5).[4]

A pesar de ser un archivo incompleto, que no siempre proporciona datos exactos sobre personas, fechas y lugares, la página web constituye un espacio necesario de "desobediencia civil electrónica" (Fuentes 2020, 48), que busca en la dimensión inmaterial de lo digital una forma concreta para incidir en la materialidad de la vida social.

> La estrecha relación que se da entre dos medios aparentemente dispares – el cuerpo y las redes digitales – les permite a activistas y artistas configurar formas satisfactorias de colectividad corporeizada" y mediante "ensamblajes, lxs activistas enfrentan los mecanismos neoliberales de individualización, subjetivación y transferencias transnacionales. (Fuentes 2020, 30)

El proyecto de Dora Bartilotti no solo permite la difusión de un saber que, de otra forma, quedaría enmudecido por el miedo a nuevas y definitivas formas de violencias, sino que también posibilita la circulación de una información que activa e incentiva otras acciones de denuncia y sensibilización. A partir de la plataforma digital, los

---

[4] La traducción es mía.

tejidos sonoros, portadores de la voz de "las vidas precarias" (Butler 2020), se configuran como objetos catalizadores capaces de producir resonancia política en medio de las metrópolis latinoamericanas.

TEJIDOS RESONANTES

Desde el punto de vista de la articulación del proyecto, el rayo de acción de *Voz Pública* se extiende por medio de tres espacios que cooperan entre ellos: 1) la red; 2) la calle; 3) el cuerpo. El espacio digital, anónimo y voluntario, permite a los cuerpos no volver a exponerse a los peligros de los acosos, mientras la calle les permite denunciar, fuera del espacio digital, las violencias de las cuales fueron protagonistas. De esta forma, los testimonios colectivizan la memoria de la violencia dentro de una única voz que va creando, gracias a la acción artística, un sujeto plural e inclusivo. Más que a través de una estética del escrache, la performance actúa a partir de una estética relacional en la que las distintas subjetividades deciden acuerparse contra una violencia sistémica que empieza con el acoso verbal y sexual hasta terminar, en muchos casos, en feminicidios, transfeminicidios y otros crímenes de odio por razones de género. De acuerdo con la definición de Diana Russell, "el feminicidio es el extremo de un *continuum* de terror anti femenino que incluye una gran cantidad de formas de abuso verbal y físico" (Russell-Radford 2006, 56). Este *continuum* de reiteradas agresiones y violaciones es el producto de la que Rita Segato llama "pedagogía de la crueldad", es decir, "todos los actos y prácticas que enseñan, habitúan y programan a los sujetos a transmutar lo vivo y su vitalidad en cosas" (Segato 2018, 13). Dentro de este sistema, en que la violencia de género se vuelve un elemento culturalmente constituyente, "el ataque sexual y la explotación sexual de las mujeres", sigue la antropóloga, "son hoy actos de rapiña y consumición del cuerpo que constituyen el lenguaje más preciso con que la cosificación de la vida se expresa" (Segato 2018, 13).

Frente al desgarrador panorama de la violencia de género, el proyecto de Dora Bartilotti busca devolver el derecho de habla a todas aquellas personas que, al no encontrar una posibilidad de

187

escucha en las instituciones, recurren a formas alternativas de denuncia. La búsqueda de la artivista mexicana por encontrar una herramienta conceptualmente fácil de manejar y que asegure, al mismo tiempo, una eficacia política se coloca dentro una más larga tradición de artistas y pensadores que vienen ideando expresiones inteligibles para visualizar la violencia extrema que se da en el contexto latinoamericano y global. Adriana Cavarero, en su ya paradigmático *Horrorismo* (2009), encuentra un nombre para designar las catástrofes de nuestro tiempo justo a través del término por ella acuñado que da el título al volumen. Del mismo modo, Enrique Díaz Álvarez (2021), en su texto sobre el testimonio como acto de supervivencia, escribe que su objetivo es tratar de *encarar* la violencia "no solo en el sentido de hacer frente al problema, sino también en el de dotar de rostro y lugar al derrotado, al desechado, al desaparecido" (Díaz Álvarez 2021, 16). Así como Cavarero busca un nombre y Álvarez un rostro, Bartilotti busca una voz – "una palabra que aparece" diría Díaz Álvarez – que cuente el horror por medio de sus propias frecuencias, llegando a comunicar tanto con el sistema cognitivo como con el sistema sensorial del público.

Los dispositivos de *Voz Pública* dan vida a los textos en su doble sentido etimológico: "texto" como "palabra" y "texto" como "trama". La palabra escrita de los testimonios toma físicamente cuerpo en la voz del aparato de síntesis vocal entretejiéndose, al mismo tiempo, en el entramado de las prendas. El enunciado se hace cuerpo y la fisicidad de las voces hace que la materia sonora pueda habitar el espacio público: las palabras, transformadas en hilos y sonidos, se encarnan en un objeto escuchable y visible a la vez. Por lo dicho, *Voz Pública* reproduce plenamente el principio de conexión entre "textos" y "tejidos" de una forma única: en su *sonografía* las voces de las mujeres, entrelazándose las unas con las otras entre las bocinas y las fibras, se convierten en un organismo colectivo.

Voz pública es testimonio, rastro, mapa y manifiesto. Es un límite y una decisión. No solo es el cuerpo de una mujer, es un cuerpo colectivo integrado por las palabras de muchas, por el hilar y deshilar de varias que juntas hacen un grito que dice estamos vivas, cuyo deseo es reescribir la forma en que ocupan el espacio y la ciudad (Nepote).

Cuando se eliminan esas voces del paisaje sonoro (*soundscape*) en el que la violencia ha ocurrido, el espacio casi se convierte en un desierto sonoro, puesto que la ausencia, aunque solo de una parte del archivo acústico, amputa la realidad social. De hecho, el sonido es una experiencia que determina la identidad de un lugar, tanto en su vertiente geográfica como cultural, que se caracteriza por tres distintos orígenes: origen biológico (biofonía), origen geofísico (geofonía), origen antrópico (antropofonía) (Amodeo-Rodríguez, 2021, 18). Por consiguiente, sacar algunas voces del espacio común significa no solo empobrecer el paisaje sonoro sino, sobre todo, modificar su contenido. En cambio, recolocar dentro del ágora las *voces perdidas* coincide con devolverles una visibilidad política que conlleva la transición desde la acción involuntaria del "oír" a la acción voluntaria del "escuchar". Tejer las voces junto con los tejidos y así reubicarlas en su sonosfera de procedencia recompone el ecosistema antropofónico de la colectividad, puesto que los tecnotejidos parlantes obligan a los transeúntes a detenerse en las voces nunca antes escuchadas. Los testimonios se hacen audibles ya no en un sentido metafórico: literalmente la voz de la víctima aparece, toma cuerpo y habla, llegando a modificar la experiencia acústica de toda una comunidad de oyentes. Según explica Daniel López Gómez,

> Los modos de hablar (lenguas, acentos, registros, etc.); los sonidos específicos que producimos con nuestro cuerpo (chasquidos, suspiros, gritos, palmadas, etc.); las músicas que componemos y escuchamos, todo ello son tecnologías sonoras a través de las cuales forjamos nuestros grupos primarios. (López Gómez 2005, 35-36)

De esta forma, los textos vocalizados regresan a su espacio de pertenencia no solo para recoserlo de su eliminación sino, también, para invadirlo gracias a una irrupción sonora que interfiere con las enunciaciones sonotópicas de cada contexto. Dicha interferencia se manifiesta, en su naturaleza anarchivística, como la interrupción del orden actual, "el estallido imprevisto de la revuelta" (Tello 2018, 267).

La creación y activación de las prendas-testimonio se configuran, entonces, como "prácticas sonoro-performáticas" capaces de "activar voces que, desde su intimidad y microespacialidad, tensionen rastros olvidados y, al mismo tiempo, posibiliten elaborar nuevos discursos de memoria desde la contemporaneidad" (Álvarez 2022, 161). A lo largo de los procesos de creación de esta memoria que reclama ser escuchada, los objetos electrotextiles representan "dispositivos que generan sentidos por medio del ensamblaje de objetos, espacios, cuerpos" (Piper Shafir 2017, 192-193): es justamente en la coyuntura de estos tres elementos que los tejidos sonoros adquieren su razón de ser.

> Los objetos – visibles, tocables, sensibles – operan como articuladores entre el pasado y el presente en la medida en que son dotados de vida social. Funcionan como repositorios vivos del pasado mediante el desempeño de la relación humano-objeto que trae el pasado de forma sensorial, visceral, emotiva y vívida a quien recuerda, y operan como "lugares portátiles" que transportan a las personas a diferentes sitios y tiempos. (Piper Shafir 2017, 193)

Esta "vida social" de la cual habla Piper Shafir no solo corresponde, en el caso del proyecto de Dora Bartilotti, en la circulación de las prendas en los espacios de la vida pública sino, también, en su activación: las prendas *hablan*, como si fueran dotadas de una vida propia. Y justamente en esta vitalidad se realiza la relación humano-objeto: el objeto está hecho de palabras humanas (los textos del archivo digital) que se materializan en el dispositivo electrónico y que, gracias a la voz, regresan a lo humano. Bajo la perspectiva del *giro material* se entiende que, a diferencia de otros objetos silentes (no exclusivamente en el sentido acústico de la palabra) – cuyo valor simbólico solo deriva de una atribución externa – el dispositivo de vocalización de textos convierte lo digital en una "documentalidad" (Ferraris 2009) escuchable y, a la vez, en una fisicidad cuya interfaz sonora es dotada de una agencia capaz de producir una acción política colectiva. "It is a voice", diríamos con las palabras de Mladen Dolar, "in search of a body" (Dolar 2006, 60), es decir, una voz que busca nuevos cuerpos para volver a habitar espacios no violentos y así poder ser escuchadas.

De hecho, si bien el lugar en el que encuentran alojamiento los testimonios es una dimensión digital, en realidad su incidencia acústico-textual toca directamente los cuerpos implicados. Parafraseando el célebre desafío de John Austin, la pregunta que tendríamos que hacernos hoy debería ser: "¿Cómo hacer cosas con las redes?". La respuesta a esta pregunta se encuentra en la participación "tecnopolítica" (Rodotà 1997), un fenómeno propio de las últimas décadas en la que las tecnologías de la información y la comunicación están dando nuevas formas a la política, creando esferas públicas distintas de aquellas construidas a través de los canales políticos tradicionales, y modificando incluso la naturaleza de las organizaciones sociales. Los movimientos tecnopolíticos producen formas de ciudadanía digital que se contraponen a los discursos dominantes a través de irrupciones antisistémicas que impulsan cambios glocales exigiendo una democracia plural y radical.

Bajo esta perspectiva, resultará claro que el activismo digital no es virtual. La acción tecnopolítica no es simplemente una llamada a participar desde la virtualidad (según el que en el mundo anglosajón toma el nombre de *clicktivism*) sino una acción que usa estratégicamente las herramientas tecnológicas como herramientas de agrupación y organización que desde la red llegan a modificar la vida social de los individuos. "En la era de lo hipermedial – escribe Marcela Fuentes – cuando las plataformas de redes sociales nos incitan a revelar 'qué está pasando', la performance se 'convierte en si misma' al reverberar a través de plataformas conectadas, materializando modalidades compuestas (humanx-máquina) del 'en vivo'" (Fuentes 2020, 24). El activismo digital producido por *Voz Pública* modifica la visión política del mundo de los usuarios y de los y las que, accediendo a la plataforma, escuchando las prendas sonoras y participando en los talleres, entran en contacto con ese repositorio. La difusión online de un espacio en el que se expone la narración en primera persona de historias violentas reubica "acosos y abusos como parte del conjunto de violencias que potencialmente conducen al feminicidio" (Fuentes 2020, 200), activando una red de concientización y movilizaciones concretas en el mundo offline. La acción *en* y *desde* la red se manifiesta como una acción multidimensional que surge, en un primer momento, en el marco de un espacio protegido y seguro y luego, gracias a los tejidos sonoros expuestos en espacios públicos y los Laboratorios, sobrepasa los límites virtuales para sumarse a las numerosas movilizaciones feministas que denuncian violencias e impunidad. "Este híbrido de ciberespacio y espacio urbano", afirma Castells, "constituye un tercer espacio que yo llamo el *espacio de la autonomía*" (Castells 2012, 213), de donde es posible tejer "redes de indignación y esperanza" (Castells, 2012) que sepan reconstruir una nueva memoria para el futuro luchando contra las violaciones del presente.

La revuelta sonora de la máquina anarchivista de *Voz Pública* interfiere en la jerarquía discursiva y biopolítica latinoamericana, transformando a las víctimas silenciadas en seres resonantes.

BIBLIOGRAFÍA

Agamben, Giorgio. "¿Qué es un dispositivo?" *Sociológica*, 73 (2011): 249-264.

Álvarez, Laura. "Lo sonoro como itinerario por la memoria. La mediatización como proceso curatorial." *Revista Estudios Curatoriales*, 15 (2022): 153-165.

Amodeo, Martín Raúl – Rodríguez, Agustín Eduardo. "Territorios inaudibles, las islas de barro no hacen ruido," en Minsburg R. (comp.), *II Simposio Internacional en Arte Sonoro: mundos sonoros, cruces, circulaciones, experiencias*. Buenos Aires: Universidad Nacional de Tres de Febrero, 2021.

Butler, Judith. *Marcos de guerra. las vidas lloradas*. Barcelona: Paidós, 2020.

Castells, Manuel. *Redes de indignación y esperanza. Los movimientos sociales en la era de internet*. Madrid: Alianza Editorial, 2012.

Cavarero, Adriana. *Horrorismo. Nombrando la violencia contemporánea*. Barcelona: Anthropos, 2009.

Deleuze, Gilles – Guattari, Felix. *El anti-Edipo. Capitalismo y esquizofrenia*. Barcelona: Paidós, 1998.

Derrida, Jacques. *Papel Máquina. La cinta de máquina de escribir y otras respuestas*. Madrid: Trotta, 2003.

Díaz Álvarez, Enrique. *La palabra que aparece. El testimonio como acto de supervivencia*. Barcelona: Anagrama, 2021.

Di Cesare, Donatella. *El tiempo de la revuelta*. Madrid: Siglo XXI, 2021.

Dolar, Mladen. *A voice and nothing more*. Massachusetts Institute of Technology, 2006.

Ferraris, Maurizio. *Documentalità. Perché è necessario lasciar tracce*. Bari-Roma: Laterza, 2018.

Foucault, Michel. *La arqueología del saber*. Buenos Aires: Siglo XXI, 2008.

Fuentes, Marcela. *Activismos tecnopolíticos. Constelaciones de performance*. Buenos Aires: Eterna Cadencia, 2020.

López Gómez, Daniel. "Tecnopolítica del sonido: del instrumento acústico a la antropotecnia sonora," en Antenbi, Andrés y González, Pablo – Cambrón, Miguel Alonso – Ayats, Jaume – Berenguer, José Manuel – Delgado, Manuel – García López, Noel – Garí, Clara – López Gómez, Daniel. *Espacios sonoros, tecnopolítica y vida cotidiana. Aproximaciones a una antropología sonora*. Barcelona: Orquestra del Caos – Institut Català d'Antropologia, 2005.

Nepote, Mónica. "*Voz Pública*. Dora Bartilotti," Museo Universitario del Chopo/Cultura UNAM. https://www.chopo.unam.mx/01ESPECIAL/artesvisuales/voz-publica-esp.html (Última consultación: octubre de 2024).

Piper Shafir, Isabel. "Los lugares de memoria como estrategia de construcción del sujeto víctima," en Gatti G. (ed.), *Desapariciones. Usos locales, circulaciones globales*. Bogotá: Siglo del Hombre Editores, 2017.

Rodotà, Stefano. *Tecnopolitica. La democrazia e le nuove tecnologie della comunicazione*. Roma-Bari: Laterza, 1997.

Russell, Diana – Radford, Jill. *Feminicidio. La política del asesinato de las mujeres*. México: UNAM, 2006.

Segato, Rita. *Contra-pedagogias de la crueldad*. Buenos Aires: Prometeo Libros, 2018.

Tello, Andrés Maximiliano. *Anarchivismo. Tecnologías políticas del archivo*. Buenos Aires-Madrid: La Cebra, 2018.

Trione, Vincenzo. *Artivismo. Arte, politica, impegno*. Torino: Einaudi, 2022.

Wolffer, Lorena. "Instantáneas transfeministas desde/en la Ciudad de México," en Diéguez I. – Longoni A., *Incitaciones transfeministas*. Córdoba: DocumentA/Escénicas, 2021.

SITOGRAFÍA

Bartilotti, Dora. *Voz Pública*. https://www.dorabartilotti.com/voz-publica/ (Última consultación: octubre de 2024).

PAUL AUSTER'S *THE BOOK OF ILLUSIONS*
A NARRATIVE CASE OF ARCHIVAL EXCLUSION

Vincenzo Maggitti
UNIVERSITÀ DEGLI STUDI ROMA TRE

ABSTRACT: This essay focuses on the form of the archive in the fictional writing of Paul Auster's novel *The Book of Illusions* (2002). In the text, the word archive recurs from the beginning as the place where the twelve films of silent film director Hector Mann are found. The director, like the films mentioned in the novel, never existed, but Auster uses the fictional character of Mann to tell the Hollywood story of an outsider, whose South American origins call into question some of the codes of the comedy genre to which his work belongs, at least the known and archived part of it. The reader learns about these and other films through the archival research of the protagonist and narrator of the novel, who outlines the various aspects of the *queer* parable of the archival material, from a relic of the past to a trace of the present. In this contribution, I have analyzed the dynamics of this research, in terms of how they invest and articulate the concept of the archive in the context of the relationship between cinema and literature. In doing so, I have taken into account the historicity inherent in the transition from silent to sound film and its repercussions on the archival function of literature.

After Derrida's reworking of the concept of archives in terms of what, in his view, is the disquieting spreading of the archival impulse in our everyday life, we can definitely endorse the statement that "a novel, a film, or a tweet is as much of an archive as any museum" (Huebert 2016, 248). With Paul Auster's *The Book of Illusions*, we cover two of the three items here qualified as archival. Auster's book is certainly a novel, but it also contains, in the grain of its texture, lots of films. Those films, moreover, are not existing films, but we believe them as real because the whole novel aims to make their ephemeral, unsubstantial presence the very reason why the narrator tells us about them and, eventually, why the novel itself has been written.

Auster's *Book of Illusions* (no title has ever been more truthful to its matter) is a novel that not only refers to invented movies as they were real, but where the (fictional) director of these films from the silent era of movie history does become the center of the protagonist's quest. When the story begins, actually, David Zimmer, the main character of the novel, has already written and published a book on Hector Mann, the underestimated film director. This book is the output of a research that Professor Zimmer set up as a detour from the literary concerns that have paved his academic career in the field of comparative literature, up to the point when a plane crash abruptly erased his family life and brought him to the verge of self-effacement. Writing this book (*The Silent World of Hector Mann*, Fig. 1) implies that Zimmer re-enters the active world in search of the forgotten films by Mann and travels to different places, both in the US and Europe, to visit the several film archives that host Mann's twelve films and study them closely.

The transatlantic scattering of Mann's films is not the result, recurring in postmodern fiction, of production troubles and misadventures which have often doomed silent movies to a random surfacing of copies in geographically unexpected situations, even though, like in postmodern fiction, the phantom of one or more lost reels will soon lurk on the researcher's horizon; in fact, it has been planned on purpose by the anonymous senders of the twelve films, as Zimmer realizes from the very source of his first 'mediated' encounter with Hector Mann, a documentary about silent-film comedians that he comes upon on TV while mindlessly zapping. Thus, he understands that, after the first package was delivered in December 1981,

> [A]t irregular intervals over the next three years, eight similar packages were sent to major film archives around the world: the Museum of Modern Art in New York, the British Film Institute in London, Eastman House in Rochester, the American Film Institute in Washington, the Pacific Film Archive in Berkeley, and, again, to the Cinématèque in Paris (Auster 2002, 12).

Fig. 1. This is not the fictional cover of the invented book, but the real cover of a cd, released in 2010 by singer and performer Duke Special.

The word 'archive' and the world of (film)archives come immediately to the fore in the narrative premises of the story, as they play an important role in feeding the narrative drive of the protagonist with the plots and the devises of those, among the scrutinized films, which are given full access to the diegetic level through Zimmer's close reading. Under the theoretical perspective of this essay, the focus on the film themselves more than on Hector Mann's life, defines the book that Zimmer wrote before the storyline begins, and whose title *Silent World* perfectly matches the film-centered discourse, as the real new archive of the almost forgotten director. By including the detailed plots of his films, their narrative rendition, supported by a discussion of the technical devices used to endow the films with a communicative and expressive language of their own, Zimmer's book on Mann acts as a substitute for the multiple archival dissemination of his works.

But what type of archive is generated by this intermedial appropriation that Zimmer carries out in his academic book? To answer this question, we must draw from the seminal and theoretical distinction proposed by Aleida Assmann in her essay "Canon and the Archive". What Zimmer does is using several archives to let Hector Mann enter the canon of silent-films comedians, from which the material ignorance of most of his movies had barred him so far. Thus, Zimmer actually reframes the contents of the archives for a redefinition of the past in the present, acting as an academic researcher is expected to do, when he/she interprets the contents of any historical archive that has been preserved through a passive form of cultural memory. As Assmann observes:

> As part of the passive dimension of cultural memory, however, the knowledge that is stored in the archive is inert. It is stored and potentially available, but it is not interpreted. This would exceed the competence of the archivist. It is the task of others such as the academic researcher or the artist to examine the contents of the archive and to reclaim the information by framing it within a new context (Assmann 2008, 103).

Auster's novel outlines this very process by fictionalizing the encounter between the researcher and the archive in a weird combination that must take into account how Mann's films have been archived. As just anticipated before, the nine titles that were missing from the list of his complete works have been added to preexisting archives by anonymous people who have apparently taken on an active role in the process of building a working memory for the disappeared film director. As the TV voice off reportedly comments at the end of the program above mentioned, this service had been appreciated by the film community, in relation to which Zimmer, who is not a 'film person' by his own admission, acts as the odd man, the exception of a researcher who crosses the personal, as well as cultural, borders of the disciplinary fields to throw life and light on an archived figure, liable to cultural as well as to historical oblivion.

HECTOR, BARTLEBY AND INVISIBILITY

Another fictional trait reinforces the use of the archive as a triggering device for the plot, when Zimmer receives a letter of invitation to a meeting with the no-more-heard-of Hector Mann, gracefully sent from his wife Frida Spelling. Living outside the borders of the US citizenship, Mann succeeded in erasing his persona from any institutional archive, but now the recruiting of his neglected films by a researcher has made his past meaningful again in the present time of the book publication. For Mann the archive, as a cultural institution passively preserved for an optional, not necessarily predictable, reprisal, could have been a place of definite burial, simply duplicated in the written form by Zimmer, had not his book been made the transitional object of a fictional narration of the director's life "before" the archive. Any form of rewriting, mostly when a different medium is involved, reshapes the content in a new political arena, so what conventionally makes the archive a passive act of resistance always suspended between remembering and forgetting gets transformed in Auster's novel through a consistent and well-reproduced artificiality in the construction of the film archival references.

Before getting to Mann's films, it is his figure as actor and performer that has to be molded in the narrative, also via the agency of an archival pattern. By introducing him through the device of a TV documentary, Auster inserts him in a net of historical comedians whose images and familiar faces are taken from the archives, and not only from the institutional ones. A closer intimacy between Zimmer and the reader is obtained through this shared vision, where the appeal is to our subjective archives, because of the mediatized habit to see those faces and those bodies on TV, that has made them familiar and therefore archival, and ready to be summoned just by mentioning their names (Chaplin, Keaton) on the page. At the same time, Mann's exceptionalism in comparison to the other more classical comedians, is made the core topic in the film stock character's presentation, relating it to his physical traits ("too tall to play an out-and-out clown, too handsome to act the part of an innocent bungler as other comics did." Auster 2002, 32); in fact, Hector Mann looks so different from the others that his performances seem to upset the rules of comedy, turning his acting into the part of a "romantic hero who had wandered onto the set of the wrong film" (Auster 2002, 32). Instead of the typical misfit, Mann comes to visually embody the South American dandy, the Latin Lover. The estrangement thus provoked in the audience, for his being involved in unexpected comical situations, is reflected in the reframimg of an 'archive' which, actually, has yet to be set up in its wholeness: Auster's novel, indeed, retraces the expansion of the archive in progress with the awareness of the existence of not officially archived material. The novel, then, becomes the untold story of Hector Mann's life, biographical and professional, after his alleged disappearance, dovetailing with Zimmer's book on Mann's recognized films, which seems to be duplicated in the novel, i.e. in those chapters which actually could have been put directly from Zimmer's publication, consisting, as they are, of detailed descriptions and comments of Mann's features.

It must be remembered, anyway, that Zimmer does not comment about all the twelve films of Hector Mann's silent period. Actually, he selects from his film 'expertise', only to discuss those titles which he thinks better help understand the filmmaker's personality. This selection enhances the theoretical connection with the operational constitution of an archive, that the novel seems to be mirroring in a constant effect of *mise en abyme*. One of the two films which are wholly recounted in the novel is *Mr Nobody*, a title forbearing identity matters at the core of a seminal transition in the history of movies. It is Mann's eleventh picture: the protagonist is a rich businessman who turns invisible to human eyes, a fictional condition foreshadowing his more than likely future as a director in an industry where "the art that Hector had worked so hard to master would no longer exist (Auster 2002, 39). The chosen industrial reference in the film is the not less American sounding "Fizzy

Pop beverage Corporation", and the dissolving of the public support is clearly stated in the novel, always in relation to the invention of sound[5]: "Hector spoke with a heavy Spanish accent, and the moment he opened his mouth on-screen, American audiences would reject him." (Auster 2002, 39). After the first shock, Hector (we are not given any fictional name for the character, to further highlight his overlapping with the director) reacts by checking his new condition to the detriment of passersby on the city streets, knocking off a hat or sticking out his foot and tripping a pedestrian. All these actions belong to the repertoire of comedians and their funny reels, but they are evidence as well of the anarchist mood that characterized most of their films, up to the point, discussed earlier in the novel, that another film by Mann, *The Prop Man*, briefly sketched in Zimmer's recounting, becomes "an illustration of Proudhon's well-known anarchist dictum: *all property is theft*" (Auster 2002, 36 author's italics). In *Mr Nobody*, detachment from society and its rules is told with unparalleled force and it will take another break of the law to ensure that the swindler, the Company's vice president, is caught by the police. Though wrapped in the slapstick style of the film, Hector's fading out of societal constraints claims for a reflection on America's market-dominated world which has his founding voice in a seminal non-character of American literature: Bartleby, anonymously quoted by Auster in the third chapter by replying "I would prefer not to"[6] to his friend on the phone, like "our old friend in the dead-letter office." (Auster 2002, 65).

The citation from Melville is imbued with a performative aim, though in a way that differs from the functional use of the *exergue* in an essay or in a fictional text. Citations are "cultural artifacts that have been wrenched from their original contexts and placed together under a form of protective custody" (Greetham 1999, 1). In the definition of "protective custody" there is an assessment of the main function of the archive, related to the preservation in the

---

[5] A recurring topic in contemporary novels integrating movies in their plot (Renard 2003, 53).
[6] This is Bartleby's constant reply to his boss's requests of complying with office tasks. From Herman Melville, "Bartleby, the Scrivener: A Story of Wall Street" (1856).

present of documents from the past. Moreover, the connection between archive and quotation has been explicitly proposed by Derrida as a relevant issue when formulating what he considers to be the "question of the archive": where it begins, and how its borders can be marked, excluding other texts or materials. When they appear as epigraphs of a text, citations dwell in a zone of *betweenness* where they "interrogate the integrity of the archive from which they have been drawn (and redrawn) and the one into which they have been imported" (Greetham 1999, 1). Being inserted into the narrative text, the unquoted quote from Melville's short-story in *The Book of Illusions* takes on a different nuance, performing a role which counteracts the repressive one envisaged by Derrida in the archive. In fact, the 'old friend' (*Bartleby*) that Zimmer cites is an archival key to understanding the nineteenth century's American root of withdrawal from society that allows to interpret both Zimmer and Mann as figures of a quest for invisibility, albeit they come from such different narrative layers.

For both Zimmer and Mann, invisibility becomes a choice made to overcome personal and tragic circumstances. Zimmer, as said above, has to negotiate the loss of his family in an airline accident, whereas Mann considers disappearing as the only option after a quarrel between his two lovers had tragically ended up in a homicide. They differ, though, in the process of reaching oblivion. Zimmer takes leave from his job and simply stops seeing his colleagues or accepting their invitations, until Mann walks into his life, forcing him to conclude "that there was something inside me I had not previously imagined, something other than just *pure death*" (Auster 2002, 9 my italics). Mann, on the other side, actually concocts his disappearance, making sure no trace is left, and disguises himself by removing his mustache, the feature through which he could have been more easily identified, also for the use he made of it in his films: "an instrument of communication", whose wriggling and fluttering was "as clear and comprehensible as a message tapped out in Morse code" (Auster 2002, 29). Forgetting and remembering are key items in the archival system, and they play a core function in the narrative display of traumatic experiences in the novel as well.

THE ARCHIVAL QUEER TURN IN AUSTER'S *BOOK OF ILLUSIONS*

The core theme of invisibility is not only central in *Mr. Nobody*, but it concerns conceptually all the films. In the epiphanic TV documentary, Mann is presented as the odd man out among his fellow comedians, mostly because of his early vanishing from the screen. Quite early in the novel, the narrator acknowledges the fact that there are other films directed by Mann that have been gathered in archival space by their filmmaker, albeit with the intention of having them burned after his death. These films are forced to exclusion from the archive, a kind of operation imitating, in a more dramatic fashion, what can happen when the material bound to archivization appears to be redundant to the archival institutional agents, judged as unable to satisfactorily complete the outlined archival portrait of the artist. Those films doomed to exclusion, however, could actually reframe Mann's portrait as they have a distinctive trait in comparison to the ones commented and closely analyzed by Zimmer, having been made after the introduction of the technical device able to record sound (Hector Mann had supposedly 'died and gone' in 1929, the same year sound was introduced to film-audience). In the history of cinema this represented a watershed, whose consequences affected both the production system of the movie industry at large and the visual language that directors had designed in their silent works, and whose achievement is fully acknowledged and praised by Zimmer when he describes it as "thought translated into action, human will expressing itself through the human body (Auster 2002, 15)."

When Zimmer learns that Mann is still alive, and that he has been making unreleased films in his seclusive retire of Tierra del Sueno, in Mexico, he gets involved in the attempt to save Mann's 14 secret films from utter and definite invisibility, as:

[T]he day after Hector dies, [Frieda will] take his films into the garden and burn them all—every print, every negative, every frame he ever shot. That's guaranteed. And you and I will be the only witnesses. (Auster 2002, 208)

The character speaking these lines is Alma Grund, who introduces herself, being uninvited guest at Zimmer's place, as the daughter of Charlie Grund, the cameraman who had worked with Mann at Kaleidoscope (the film company) and had later followed him to Mexico when Mann had moved there *incognito*. Like Zimmer, she has made Hector Mann's story into a life interest, and her book on the post-US years of the director's life, which she literally turns into an oral recounting for Zimmer during their journey to his residence, is one more archival piece in the novel's mosaic. Together with Frida, she seems to be part of those 'guardians' of documents, whom Derrida has used as synonyms of the more ancient Greek 'archons',[7] the superior, obviously male, magistrates that shaped the first recognized meaning of the word archive as the place where they lived and commanded. But opposite to Frida, she absolutely craves for a possibility that the hidden movies can be added to the archive that Zimmer has happened to set up in his book. For this reason, she decides to involve Zimmer by extending to him the metaphorical role of guardian. Since Zimmer intentionally uses the word "witness" (Auster 2002, 80), we must infer that in Auster's novel the archetypal role, besides being newly re-gendered, has been dramatically changed into an act of visually memorizing the film, thus entrusting personal memory with a historical task that has been allotted to other tragic, unspeakable experiences shaping the twentieth century. Here tragedy displays itself in the unbearable loss that Mann, like Zimmer, has suffered from his son's death, bringing him to the excruciating decision not to make films anymore, then

---

[7] "As is the case for the Latin *archivum* or *archium* (a word that is used in the singular, as was the French *archive*, formerly employed as a masculine singular: *un archive*), the meaning of *archive*, its only meaning, comes to it from the Greek *arkheion*: initially a house, a domicile, an address, the residence of the superior magistrates, the archons, those who commanded." (Derrida 1995, 9). In the novel, Mann's house in Terra del Sueno restores the pristine scene of the *arkheion*, but the archons are women.

developed into the even more self-tormenting punishment of forgoing an audience for his private films and, thus, archiving the trauma.

When seen through these lenses, archive and trauma, as Assmann briefly comments in her essay, come to share a privileged position in the postcolonial and post-structuralist theories of literature. *The Book of Illusions* concerns both theoretical stances. It is postcolonial as Hector Mann is an 'undercover' South American, whose final escape to Mexico to cut all possible attachments to his previous life in the US marks the reworking of immigration routes. And it is definitely post-structuralist, starting with the metanarrative display of the contradictory and unreliable reconstructions of Mann's life in newspapers after his sudden disappearance, but mostly for its diving into the depth of a film language which, though dead and 'archived', can be restored to new meanings by the narrator's recounting.

The fact that the silent movies, and their language, are *dead* is held by Zimmer as the reason why "they probably spoke more deeply to us now than they had to the audiences of their time." (Auster 2002, 15) In this sentence we can spot the echo of the time-reversing ability of communicative persistence in the archives. Once again Assmann, rewriting Foucault: "The archive is the basis of what can be said in the future about the present when it will have become the past" (Assmann 2008, 102).

The Book of Illusions contains a fictionalized sample of how this chronological concept can be turned into narrative discourse, when Zimmer decides to take a break from his new project of translating Chateaubriand's *Mémoirs d'outre-tombe* (a death-resounding text of procrastinated biography whose title is already a *myse en abyme*, stating the link between archive and post-humanity) and pulls out his old research files on Hector Mann from the closet where they had been stacked. He feels the urge to look at the papers again to check for any possible clue that could lead him to believe Mann still alive after receiving another letter by Frida, where she confides to him the existence of other feature films, made after 1929 and never screened to outsiders, that Mann, ninety-year-old and seriously ill, wants her, as quoted above, to destroy within 24 hours after his death. Zimmer's closet is his private archive on Mann, the output of a research done through the access to different archives, collecting "all sort of precious material: clipping, photos, microfilmed documents, xeroxed articles, squibs from ancient gossip columns, every scrap of print I had been able to lay my fingers on that referred to Hector Mann." (Auster 2002, 79). However, being archived, the material is placed on the forgetting track, once the published book has made it obsolete and, somehow, dispensable with. Thus reopened, the closet reveals the limits of its archival presumption, mirroring but reframing, at the same time, Derrida's definition of archive fever.

The 'new' archive of Mann's invisible and unseen films raises an issue of definition, that reflects, at the same time, a problem of category. The fight against the archival storage Mann's films would be subjected to, had not Mann himself left definitive disposition about their destruction is what, according to David Huebert, "exemplifies a queered vision of the traditional archive." (Huebert 2016, 247). The queer element is detectable in the lack of faith both in the futurity of the archive and in his canonical recognition. On the contrary, Zimmer exemplifies the connection between archive and canon: this is what happens at the end of *The Book of Illusions*, when Zimmer quotes from a fictitious article published on *Sight and Sound*, where Hector Mann is defined as *"the last great practitioner of the art of silent slapstick"* (Auster 2002, 317; author's italics), and tells he was invited to become an honorary member of the first Mann's fan club, established in 1994. Definitely Zimmer has a more hopeful vision and expectation of the future, in terms of the archive, as he assumes someone will find the copies that Alma has doubtless made of the films before they were burned, and before committing suicide.

The title of Alma's book on Mann also sounds replete with hope for the future, focusing, as it does, on *The Afterlife of Hector Mann* - a title echoing but reversing Chateaubriand's one as well – and telling his story as if he had come back from the realm of the dead. The book is a manuscript that Zimmer finds in Alma's study and whose relevance to the understanding of Mann's decision to burn his films is emphatically stated by the narrator: "The answers were in the book, the reasons were in the book, the origins of the idea that had led to this moment were in the book" (Auster 2002, 284). But Zimmer fails to be the guardian angel of paper, as Margaret Atwood calls archivists and librarians (Atwood 1997, 31). The unpublished book, just like the unreleased films, will be sacrificed to fire by Frida, in a synecdodichal homage to her husband's will, in order to keep everything hidden about the experimental and fantastic 'posthumous' films by Mann. On the opposite, Alma turns out to be a real *guardian* as she provides Zimmer with a notebook to let him keep a frantic, almost illegible record, but later found resourceful by Zimmer, of the film they were meant to see only once in a lifetime: *The Inner Life of Martin Frost*. The film, actually, ends with the throwing of a book into the fire, the sentimental story written by Martin, that he decides to burn after realizing its mysterious power to suck life away from his mate Claire.

There is definitely a new insight in Auster, also on the relationship between film and literature, reworking the idea that literature can preserve film memory even against all the odds of tackling the problem of a different kind and system of language. After recounting the film in chapter seven, Zimmer comments on the effort he has made with the transcription of his telegraphic shorthand: "but once I had a fair copy of the dialogue and had broken down the story into numbered scenes, it became possible to reestablish contact with the film" (Auster 2002, 271).[8] In *The Book of Illusion*, literature becomes itself a possible film archive, where the illusion of making the reader see a film through words, to rephrase Conrad as spokesman of a recurring twentieth century writers' aspiration, is intertwined with the view that films "function as a trace of a lost life just as they are marked indelibly by the traces of lost lives" (Boulter 2011, 28).

Here Boulter is drawing on his interpretative idea that the Freudian unconscious is like an archive of indelible memories, where there is no chance of selecting only the materials that we really want to remember. In Mann's only film that survives the burning - as a result of the mnestic reconstruction made by Zimmer through his notes - the personal and intimate loss of Mann's dearest ones would con-

---

[8] A film with the same title had been later made by Paul Auster in 2007, deepenig the *myse en abyme* prospect held in the transmedial reworking of the novel.

verge in the same stream of his professional regret for not having developed his career in Hollywood. Though recognizing the relevance of this idea to analyze how characters in Auster's novel cope with trauma in an archival perspective, I would rather like to finally focus our attention on the possible use of the word "traces" in relation with the secret films, setting it in contraposition to the word "messages". According to Jakob Burckhardt's original definition, a trace is a document (text or monument) from an ancient time that has not been officially chosen to be representative of the power which addressed it to posterity, like messages are. To apply this difference to Mann's film, I'll draw from Assmann's suggestion that these categories, once generalized, could be useful tools in her method of distinguishing a canon from an archive. If we analyze Mann's cinematographic production through this grid, it is possible to round up my previous reflections on canon with some conclusive remarks on how Auster manages to rewrite the concept of archive by grafting it into the textual composition of *The Book of Illusions*.

At first blush, Mann's officially archived films can aspire to the canon of Silent American Comedy after Zimmer's book has culturally salvaged them from being just stored in passive repository and caught the (future) attention of the film director's admirers. These films are what Assmann calls cultural relics: "open to new contexts, lend themselves to new interpretations" (Auster 2002, 99). Mann's unreleased films, the ones in the unknown archive that Zimmer is (partially) admitted to as a first witness, are not meant to become cultural relics for a double reason: they were made without the intent of being shown to any contemporary audience, even less so of shaping their 'message' to posterity, and, besides, their material destruction prevent them from their future rebirth as 'traces'. Unless, as it happens with Zimmer's notebook and in Auster's novel, someone reestablishes contact with them, finding the key to the inner speech that articulates their structure.

REFERENCES

Assmann, Aleida. "Canon and Archive," in Erll, A. and Ansgar Nün-
ning, eds., *Cultural Memory Studies: an International and Interdiscipli-
nary Handbook*. Berlin: De Gruyter, 2008. 97-107.

Atwood, Margaret. *In Search of Alias Grace: On Writing Canadian Historical
Fiction*. Ottawa: University of Ottawa Press, 1997.

Auster, Paul. *The Book of Illusions*. New York: Henry Holt, 2002.

Auster, Paul. *The Inner Life of Martin Frost*. US, New Yorker Films, 2007.

Boulter, Jonathan. *Melancholy and the Archive. Trauma, Memory, and History in the Contemporary Novel*. London: Continuum, 2011.

Derrida, Jacques. "Mal d' archive: Une impression freudienne," 1994. (in
English as "Archive Fever: A Freudian Impression." *Diacritics* 25, 2
Summer, 1995: 9-63).

Greetham, David. "Who's In, Who's Out: The Cultural Politics of Archival Exclusion." *Studies in the Literary Imagination* 32.1 (Spring
1999): 1-28.

Huebert, David. "Archival Futurism in Paul Auster's *The Book of Illusions*." *Canadian Review of American Studies* 46. 2 (Summer 2016): 245-
264.

Melville, Herman. "Bartleby, the Scrivener: A Story of Wall Street." (*Put-
nam's Magazine*, 1853) in Yothers, B., eds., *Piazza Tales*. Peterborough,
Ontario: Broadview, 2018.

Renald, Paul. "Quand le roman actuel fait son cinéma. Pierre Alferi, Paul
Auster, Didier Blonde, Tanguy Viel." *Positif* 506 (Avril 2003): 53-56.

GLI AUTORI E LE AUTRICI

ERIKA YESSENIA AQUINO ORDINOLA ha conseguito un master in Letteratura ispanoamericana presso la Pontificia Universidad Católica del Perú. Ha pubblicato lavori creativi in diverse riviste e il libro di poesia *Laberintos y transfiguraciones* (2015). I suoi ambiti di ricerca sono gli studi di genere, la memoria, la narrativa e il teatro. I suoi lavori critici sono apparsi su *Espinela, Revista de Literatura Hispanoamericana, Travaux et Documents Hispaniques* e *Letras*. In ambito critico, ha pubblicato "El desencuentro de la mujer y la sexualidad femenina, y la resistencia de la memoria en la post violencia. Un análisis crítico desde el film *La teta asustada*" (*Travaux et Documents Hispaniques*, 2019) e "Hombres de caminos de Miguel Gutiérrez Correa o cómo narrar la violencia colonial" (*Letras*, 2022). Attualmente è dottoranda di ricerca in Letteratura ispanoamericana presso la Pontificia Universidad Católica del Perú e insegna presso lo stesso ateneo.

GUIDO BAGGIO è Professore Associato di Filosofia teoretica nel Dipartimento di Filosofia, Comunicazione e Spettacolo dell'Università Roma Tre. È autore di *Filosofia e patologia in D.F. Wallace. Solipsismo, noia, alienazione… e altre cose (poco) divertenti* (2022), *La mente bio-sociale. Filosofia e psicologia in G.H. Mead* (2015) e *Fuori prezzo. Lyotard oltre il postmoderno* (2016). È inoltre co-curatore di *Ricostruire. I luoghi di memoria nelle Americhe* (2023), dell'antologia *Emozioni. Da Darwin al pragmatismo* (2020) e di *Pensare l'affettività* (2021) e *L'empatia tra teoria e clinica* (2023). Ha pubblicato in volumi collettanei e riviste internazionali vari contributi su pragmatismo, filosofia della mente e filosofia e letteratura.

MICHELA BELLA è Assegnista in Ricerca in Filosofia teoretica all'Università del Molise. È stata Honorary Research Associate presso il Department of Science and Technology Studies dell'University College London (2017-2022) e Post-doc Research Fellow presso l'Université de Nantes e LeMans (2018-2019). È autrice di *Ontology after Philosophical Psychology. The Continuity of Consciousness in William James's Philosophy of Mind* (Lexington 2019) e co-editor di *Women in Pragmatism: Past, Present, and Future* (Springer 2022, con N.S. Miras Boronat).

FEDERICO CANTONI è Dottore di ricerca in Visual and Media Studies presso l'Università IULM di Milano con una tesi dedicata ai processi di formazione dell'identità e alle dinamiche intergenerazionali nella narrativa argentina di HIJOS e attualmente Assegnista di Ricerca presso l'Università di Salerno. I suoi interessi di ricerca includono: letteratura e memoria, letteratura e Diritti Umani, processi di formazione identitaria, letteratura e liminalità, narrazioni inter- e transmediali. Tra le ultime pubblicazioni: "Encuentros imposibles. Montajes anacrónicos en las obras de hijos de desaparecidos argentinos" (*Orillas*, 2021); "Encuentros imposibles. Montajes anacrónicos en las obras de hijos de desaparecidos argentinos" (*Altre Modernità,* 2022); "L'inferno del confine: fantasmi e visioni in *Carne y Arena*" (con Camilla Balbi, *Orillas*, 2022).

FRANCESCA CASAFINA ha conseguito nel 2019 il Dottorato in Scienze Politiche-Studi di Genere presso l'Università Roma Tre e attualmente è Assegnista di Ricerca presso il Dipartimento di Scienze Politiche della stessa università. È autrice della monografia *La memoria vivida. Corpi, genere e violenza in Colombia* (2021) e curatrice, con Bruna Bianchi, dell'antologia *Oltre i confini. Ecologia e pacifismo nella riflessione e nell'attivismo femminista* (2021). Le sue ricerche riguardano la storia dei diritti umani, il rapporto fra genere, memoria e violenza e l'antropologia dell'umanitario, in America latina e in particolare in Colombia, temi su cui ha pubblicato saggi su varie riviste, fra cui "Le memorie dei corpi nel Río Magdalena in Colombia. Percorsi fra antropologia e storia", (*Letterature d'America*, 2022) e "Il problema della violenza in Colombia" (*Ricerche di Storia Politica*, 2021).

LEO CHERRI è Dottore di Ricerca in Letteratura (UBA-CONICET). Ha studiato il rapporto tra immagine e letteratura in America Latina, prendendo come caso di studio l'opera di Mario Bellatin. Tra le sue pubblicazioni si segnala: "Lo real y las sirenas del presente: Cucurto, posautonomía e imperio" (Contreras S., *Realismos, cuestiones críticas*, 2013). In collaborazione con altri colleghi, ha curato i volumi *Saberes Subalternos* (2019) e *Mario Bellatin: literatura y margen* (2020). Attualmente lavora presso l'Universidad Nacional de Tres de Febrero (UN-TREF) come coordinatore del Programa de Estudios Latinoamericanos Contemporáneos e Comparados e segreterio di redazione di *Chuy. Re-*

vista de Estudios Literarios Latinoamericanos. È docente del corso magistrale in Studi Letterari Latinoamericani. Ha partecipato alla stesura del Progetto Horizon 2020–MSCA-RISE 2019 "Archives in Transition: Collective Memories and Subaltern Uses".

CAMILLA CATTARULLA è Professore Ordinario di Lingua e Letterature Ispanoamericane presso l'Università Roma Tre. Dal 2018 al 2024, sempre presso Roma Tre, è stata Direttore del Centro Interdipartimentale di Studi Americani (CRISA). Si è occupata di letteratura di viaggio, dell'emigrazione e dell'esilio, di diritti umani, dei rapporti tra iconografia e letteratura e tra letteratura e politica, di pratiche e rappresentazioni del cibo, temi sui quali ha pubblicato monografie e saggi su riviste e volumi collettivi in Italia e all'estero. Per Roma Tre coordina dal 2021 il Progetto Horizon 2020–MSCA-RISE 2019 "Archives in Transition: Collective Memories and Subaltern Uses".

LUIGIA DE CRESCENZO è Ricercatrice di Letteratura portoghese e brasiliana presso l'Università degli Studi Roma Tre e Dottore di Ricerca in Studi Euro-Americani presso lo stesso ateneo. I suoi principali ambiti di ricerca sono la letteratura brasiliana del Novecento, con particolare riferimento all'opera di Clarice Lispector e alla scrittura femminile; la letteratura portoghese naturalista e gli scrittori portoghesi contemporanei José Régio e José Saramago. Fra le sue più recenti pubblicazioni, la monografia *Clarice Lispector. Corpi disciplinati, corpi (dis)obbedienti* (2019); "O Livro de Alda de Abel Botelho: degenerescência e patologia social no Portugal finissecular" (*Cultura Latinoamericana*, 2022); "O Homem Duplicado de Saramago: o mal-estar no (re)conhecimento de si à luz de Freud" (*José Saramago e a Literatura Comparada. Livro de Homenagem do Centenário*, 2023).

EDUARDO DEL CAMPO CORTÉS è giornalista, scrittore e docente di giornalismo. Dal 2022 lavora come ricercatore post-doc presso la Facultad de Filología di Siviglia, nell'ambito del programma Margarita Salas. Ha conseguito il Dottorato di Ricerca in Filología presso l'Università di Siviglia con la tesi *Juan Goytisolo, cronista de la guerra* (2020). Si è laureato in Ciencias de la Información (1995) e in Filología Hispánica (1997) a Siviglia, è stato borsista Intercampus in Colombia (1995) e studente Erasmus a Napoli (1996), e ha svolto studi dottorali di Letteratura a New York (1997-1999). Ha seguito i conflitti sociali in decine di Paesi, dalla Libia all'Afghanistan, dall'Iraq al Congo, passando per la Spagna. Oggi pubblica su *El Español*. La sua ricerca si concentra sul rapporto tra giornalismo, letteratura, società e storia. *Las guerras de Goytisolo* (2021) è il suo settimo libro. Ha recentemente pubblicato "Las huellas de América en Sevilla, del siglo XVI al XXI (Baggio G., Bella M., Di Matteo A., *Ricostruire. I luoghi di memoria nelle Americhe,* 2023); "El *Diario palestino* de Juan Goytisolo" (*Poligramas*, 2022).

ANGELA DI MATTEO è Dottore di Ricerca in Studi Euro-Americani e insegna Lingua e Letterature Ispanoamericane presso l'Università degli Studi Roma Tre. È autrice di *Nuovo Teatro Guadalupano. La Madonna di Guadalupe nel teatro messicano del Novecento* (2019) e di saggi pubblicati in riviste e in volumi collettivi nazionali e internazionali dedicati al teatro, la poesia e la narrativa ispanoamericana. Attualmente, i suoi ambiti di ricerca comprendono la violenza di genere, la trasmissione della memoria migrante e della memoria traumatica, fenomeni di riscrittura e adattamento nelle letterature ispanoamericane del XX e XXI secolo. Tra le sue ultime pubblicazioni si segnalano: "La mujer, el indio, el ciervo. La trinità eco-indigeno-femminista in *Poema de Chile* di Gabriela Mistral" (Bianchi, B., Casafina, F., *Oltre i confini. Ecologia e pacifismo nella riflessione e nell'attivismo femminista,* 2021); "Fotografiar las sombras: el *Destino Final* de los aviones de los vuelos de la muerte" (*Confluenze*, 2022); "De Buenos Aires a la Ciudad de México: reconstruir la memoria pública desde una perspectiva de género" (Baggio G., Bella M., Di Matteo A., *Ricostruire. I luoghi di memoria nelle Americhe,* 2023).

CRISTINA GIORCELLI, già Professore Ordinario di Lingue e letterature angloamericane presso l'Università degli Studi Roma Tre, ha scritto, tra gli altri, su W. Irving, E. A. Poe, M. Fuller, H. James, S. Crane, K. Chopin, E. Wharton, W. C. Williams, L. Zukofsky. Dal 1980 dirige la sezione nordamericana della rivista di fascia A *Letterature d'America*. Ha curato la serie *Abito e identità* (Palermo, ILA Palma). È stata Presidente dell'Associazione Italiana di Studi Americani (1989-1992) e Vicepresidente dell'Associazione Europea di Studi Americani (1994-2002).

Daniel Link è Professore Ordinario e scrittore. Dirige la Maestría en Estudios Literarios Latinoamericanos e il Programa de Estudios Latinoamericanos Contemporáneos y Comparados presso l'Universidad Nacional de Tres de Febrero (UNTREF) e tiene corsi di Literatura del Siglo XX presso l'Universidad de Buenos Aires (UBA), dove è anche coordinatore della Cátedra Libre de Estudios Filológicos Latinoamericanos "Pedro Henriquez Ureña". Per UNTREF coordina il Progetto Horizon 2020–MSCA-RISE 2019 "Archives in Transition: Collective Memories and Subaltern Uses" di cui è anche membro del Comitato esecutivo. Tra le ultime pubblicazioni si segnalano: *Autobiographie d'un lecteur argentin* (trad. di Charlotte Lemoine, Gallimard, 2022); "Estilística de la carne (Barroco y Siglo XXI)" (*El lugar sin límites*, 2022); edizione e prologo a *Correspondencias (1947-1972)* (EDUNTREF, 2022), libro che raccoglie le lettere tra Enrique Pezzoni e Raimundo Lida.

Vincenzo Maggitti insegna Lingue e letterature angloamericane presso l'Università Roma Tre. Si occupa di Letteratura e cinema/televisione; del romanzo hollywoodiano; del concetto di Great American Novel e la sua incidenza sul canone letterario; della teoria letteraria afroamericana. Tra le ultime pubblicazioni si segnalano: "*The Affair*: Authorship and Melodrama in Complex TV" (Buonomo L., Trevisan P., *Cultures on the Screens: Family, Identity, Gender and Language in Television Series*, 2022); "Retoriche e linguaggi della critica letteraria afroamericana: appunti sulla 'legacy' della Signifying Monkey di Henry Gates, jr." (*Acoma*, 2021); "*La Valle Dell'Eden*: Steinbeck, Kazan, Latella" (*Iperstoria*, 2020-22).

Susanna Nanni è Professoressa Associata di Lingua e Letterature Ispanoamericane presso l'Università degli Studi Roma Tre. I suoi interessi di ricerca includono: il rapporto tra storia e finzione nella letteratura ispano-americana contemporanea, la violenza di genere e i diritti umani nella letteratura per bambini e ragazzi, il teatro della memoria e della post-memoria, la pedagogia della memoria, la scrittura della/e memoria/e nelle seconde generazioni (figli di *desaparecidos*, esuli, repressori), le rappresentazioni dell'esilio e della migrazione (con particolare interesse per il fenomeno della *desaparición* in America Latina e nel Mediterraneo). Partecipa a progetti di ricerca nazionali e internazionali e tra le ultime pubblicazioni si segnalano: *El desafío pedagógico en tiempos de pandemia. Memoria y derechos humanos entre Argentina y Mediterráneo desde un aula virtual* (2022); la curatela del numero monografico "Multiformità della memoria" (*Letterature d'America*, 2022); "Silencios e identidades en tránsito: fragmentos del exilio y el desexilio en la segunda generación argentina en Italia" (Basile T., González C., *El exilio argentino de les hijes en sus narrativas*, 2023).

219

NOTES

NOTES

NOTES

www.ingramcontent.com/pod-product-compliance
Lightning Source LLC
Chambersburg PA
CBHW070837030726
47504CB00005B/1130